산업안전보건법
국제비교

리걸플러스+ 135

산업안전보건법 국제비교

정진우 지음

한국학술정보

■ 머리말

지금까지 우리나라에서 노동법에 대한 연구는 주로 근로기준법과 노동조합법 등을 중심으로 이루어졌고, 산업안전보건법에 대한 연구는 전무하다고 할 정도로 소홀하게 다루어져 왔다. 그러나 산업안전보건법은 근로자의 생명·건강과 직결되어 있고 근로복지에서도 큰 비중을 차지하고 있기 때문에 노동법에서 결코 간과해서는 안 될 중요한 분야이다.

그간 우리나라에서 산업안전보건에 관한 연구는 공학적·이학적 연구를 중심으로 주로 미시적 차원에서 이루어져 왔으나, 산업안전보건 분야 역시 법을 통하여 비로소 정책이 실현되고 집행된다는 점을 감안할 때, 법학적 관점에서의 연구가 필수불가결하다.

특히 산업안전보건의 역사가 상대적으로 일천하고 그 법제가 충분히 선진화되어 있다고 볼 수 없는 우리나라의 경우, 선진외국의 산업안전보건법제에 대한 소개와 비교법적 연구는 아무리 강조해도 지나치지 않는다고 말할 수 있다.

그런데 우리나라는 언제부터인가 경제규모의 성장에 자신감을 얻어서인지, 아니면 산업안전보건법이 선진국과 대등한 수준이 되었다고 착각해서인지 외국의 산업안전보건법제에 대한 관심과 연구가 소홀해지고 있다는 인상을 강하게 받고 있다.

그러나 다른 법과 마찬가지로 산업안전보건의 발전 역시 우리만의 경험적 고민으로는 그 발전에 한계가 있다. 자칫 우물 안의 개구리가 될 수 있다. 우리보다 앞서 산업화를 경험한 나라의 실제 입법사례와 국제기준에 대한 참조를 통하여 발전과정의 시행착오를 최소화하고 발전기간을 단축할 수 있다.

또한 외국의 산업안전보건법의 올바른 참조를 위해서는 외국법의 전체적인 체계를 반드시 이해할 필요가 있다. 전체적인 맥락에 대한 이해 없이는 특정 부분에 대한 내용을 제대로 파악할 수 없기 때문이다.

법제의 변경에는 '개선'도 있지만 '개악'도 있을 수 있다. 법제에 대한 충분치 않은 검토와 잘못된 이해가 개악이나 실효성 없는 변경이라는 결과를 초래한 것을 많이 보아 왔다. 그때마다 외국법제에 대한 충분한 조사와 검토가 있었더라면 그렇지 않았을 것이라는 아쉬움을 많이 느꼈다.

이에 필자는 우리나라 산업안전보건법제의 발전을 위해서는 무엇보다 외국의 산업안전보건법제에 대한 체계적이고 올바른 이해가 중요하다고 생각하여 주요선진국의 산업안전보건법을 깊이 있게 연구하여 왔다. 본서는 필자의 『산업안전보건법론』(2014)과 함께 그 오랜 연구 결과의 산물이다.

본서는 산업안전보건법제와 정책에 대한 폭넓고 깊이 있는 이해를 돕기 위한 이론서이다. 이론서는 실무서와 달리 당장 눈앞의 문제 해결에는 직접적인 도움이 안 될 수 있지만, 문제의 근본적인 분석과 해결방향 설정에 큰 도움이 된다.

따라서 본서는 산업안전보건을 깊이 있게 공부하고자 하는 대학(원)생, 기업의 안전보건관계자뿐만 아니라, 산업안전보건 정책담당자, 연구자들에게도 유익한 자료가 될 수 있을 것이라 생각한다.

참고로, 이 책은 종전의 『산업안전보건법 국제비교 − 독일/미국/영국/일본/EU』(2013) 책에 선진외국의 최근의 산업안전보건법령 개정 내용을 반영하고, 좀 더 상세한 설명이 필요한 부분에 대해 보필(補筆)하는 등 책의 내용을 전체적으로 보완하는 한편, 책 제목을 개명하면서 새롭게 출간하는 형식을 취하였다.

아무쪼록 본서가 우리나라 산업안전보건법의 법리에 대한 백가쟁명식의 논의와 산업안전보건제도의 선진화에 조금이라도 기여할 수 있기를 바라 마지않는다.

2015년 2월 27일
정진우

CONTENTS

머리말 / 5

제1편 총론: 각국의 산업안전보건법제의 개요

1. 산업재해 발생상황 / 22
2. 법의 체계 및 성격 / 23
3. 적용범위 / 25
4. 감독 / 27
5. 소결 / 28

제2편 독일

제1장 산업안전보건법의 구조 / 31

제1절 공법상의 산업안전보건법 / 38
 1. 노동법 / 38
 2. 사회법: 산재보험법 / 58
제2절 민법상의 산업안전보건규정 / 61

제2장 일반적 기술·지식의 법규범화 / 64

제3장 산재보험조합의 자율적 규범 / 69

제1절 산재보험조합 / 70
 1. 성립경위 및 법적 성격 / 70
 2. 조직 / 72
 3. 직무 / 73

제2절 산재예방규칙 / 76

    1. 구 제국보험법 제708조 및 710조 / 76

    2. 작성·시행절차 / 79

    3. 법적 성격 / 80

제3절 해석규정 / 82

    1. 준칙(Richtlinie) / 83

    2. 실행규정(Durchführungsregeln) / 83

제4장 종업원대표에 의한 사업장 산재예방규제 / 85

제1절 사적 전개 / 86

제2절 의무적 공동결정 / 89

제5장 근로계약상의 안전배려의무 / 93

제1절 안전배려의무의 위상 / 93

    1. 기본적 의무로서의 배려의무 / 93

    2. 배려의무의 이론적 기초 / 94

제2절 안전배려의무의 적용영역 및 법적 성질 / 97

    1. 적용영역 / 97

    2. 법적 성질 / 98

제3절 안전배려의무의 내용 / 100

    1. 내용과 한계 / 100

    2. 노무영역·설비 및 기구의 안전 / 101

    3. 노무급부의 규율 / 102

제4절 안전배려의무 위반의 법적 효과 / 102
    1. 이행청구 / 102
    2. 노무급부의 거절 / 104
    3. 손해배상청구 / 105
제5절 공법상의 산업안전보건법규와의 관계 / 107

제6장 최근의 산업안전보건정책의 동향 / 108
    1. 위험성평가 / 108
    2. 산재보험조합 및 산재예방규칙의 정비 / 111

제3편 미국
제1장 OSHAct 제정 경위 / 117

제2장 OSHAct의 구조 / 119
제1절 적용범위 / 120
제2절 일반의무조항 / 124
    1. 개설 / 124
    2. 입법 경위 / 125
    3. 특정기준과의 관계 및 운용의 실제 / 128
    4. 위반 판단기준 / 131
    5. 일반의무조항에 대한 평가 / 138
제3절 산업안전보건기준 / 141
    1. 기준의 개요 / 142
    2. 기준의 구분 / 145
    3. 기준의 분류 및 종류 / 148
    4. 제정된 기준의 사법심사 / 150
제4절 기록보존의무 / 152

제3장 OSHAct의 의무이행 확보 / 157

제1절 산업안전보건 감독관 / 157

제2절 사업장 감독 / 158

    1. 감독의 우선순위 / 159

    2. 감독의 과정 / 161

제3절 위반통고 및 제재 / 165

    1. 위반 통고 / 165

    2. 벌칙(Civil and Criminal Penalties) / 167

제4절 위반통고에 대한 이의신청 / 170

제5절 긴급금지명령 / 172

제4장 OSHAct의 법적 성격 / 174

제1절 OSHAct와 사법적 청구의 가능성 / 174

    1. OSHAct의 사법적 효력의 유무 / 174

    2. 이행청구권의 가능성 / 175

    3. 불이익취급과 민사소송의 가능성 / 178

제2절 OSHAct의 법적 의의 / 179

    1. 손해배상청구소송과 OSHAct의 법적 의의 / 180

    2. 노무급부거절 소송과 OSHAct의 법적 의의 / 184

제5장 최근의 산업안전보건정책의 동향 / 186

    1. 자율적 보호 프로그램(VPP) / 186

    2. OSHA의 중점 감독프로그램 / 187

제4편 영국

제1장 HSWAct 제정 경위 / 191

제2장 HSWAct의 구조 / 194
제1절 적용범위 / 195
제2절 일반적 의무 / 197
　　1. 개설 / 197
　　2. 근로자에 대한 사업주의 의무 / 198
　　3. 비근로자에 대한 사업주와 자영업자의 의무 / 199
　　4. 비근로자에 대한 시설 지배·관리자의 의무 / 200
　　5. 유해배출물 관련시설 관리자의 의무 / 201
　　6. 제조자 등의 의무 / 202
　　7. 근로자의 의무 / 202
　　8. 기타 의무 / 203
제3절 안전보건청(HSE) 및 HSE 이사회 / 203
　　1. 안전보건청(HSE) / 204
　　2. HSE 이사회[구 안전보건위원회(HSC)] / 206
제4절 안전보건규칙과 실행준칙 / 207
　　1. 안전보건규칙 / 207
　　2. 실행준칙 / 221

제3장 HSWAct의 특징 / 224
　　1. 합리적으로 실행 가능한 범위 / 224
　　2. 규제의 유연성 / 226

제4장 HSWAct의 의무이행 확보 / 227

제1절 집행절차 / 227
  1. 개선명령 / 228
  2. 금지명령 / 229
제2절 제재 / 230
  1. 형사책임 / 230
  2. 민사책임 / 232
제3절 안전대표 및 안전위원회 / 233

제5장 HSWAct의 법적 성격 / 236

제1절 HSWAct와 사법적 청구의 가능성 / 236
  1. HSWAct 위반에 근거한 손해배상청구권의 유무 / 236
  2. HSWAct 위반에 근거한 이행청구의 가부 / 238
제2절 불법행위 소송에서의 HSWAct의 법적 의의 / 239
제3절 안전주의의무 / 242
  1. 안전한 작업장 / 244
  2. 안전한 설비와 도구 / 244
  3. 안전한 작업시스템 / 245
  4. 적격의 동료근로자 배치 / 245

제6장 최근의 산업안전보건정책의 동향 / 246

  1. 안전보건 재활성화 전략 / 246
  2. 산업보건 장기전략과 2001~2004년 행동계획 / 247
  3. 사업장 안전보건관리시스템 / 248
  4. 법인 과실치사법 / 252

제5편 일본

제1장 노동안전위생법 제정 경위 / 273

제2장 노동안전위생법의 목적 및 특징 / 276
1. 노동안전위생법의 목적 / 276
2. 노동안전위생법의 특징 / 277

제3장 노동안전위생법의 구조 / 279
제1절 서설 / 279
제2절 적용범위 / 280
    1. 사업주 / 280
    2. 국가공무원 / 282
    3. 지방공무원 / 283
    4. 선원 및 광산보안 / 284
제3절 산업안전보건규칙 / 284

제4장 안전보건관리체제 / 287
제1절 일반사업의 안전보건관리체제 / 287
    1. 총괄안전위생관리자 / 287
    2. 보좌기관 / 288
    3. 안전위생추진자 / 291
    4. 산업의 / 292
    5. 작업주임자 / 293
    6. 작업지휘자 / 294
    7. 안전위원회 및 위생위원회 / 295

제3장 EU의 산업안전보건법제 / 348

제1절 기본명령 / 348
1. 적용범위 및 정의 / 349
2. 사업주의 의무 / 349
3. 근로자의 의무 / 352

제2절 부속명령과 개별명령 / 353
1. 기본적 구조 / 353
2. 작업 장소에 관한 명령 / 354
3. 직장에서 근로자가 화학적·물리적·생물학적 인자에 노출되는 위험으로부터의 보호에 관한 명령 / 355
4. 화학물질 명령 등의 새로운 명령 / 356

제3절 주요 제도 / 358
1. 기계류 명령과 유럽규격(EN) 및 적합성 인증제도 / 358
2. 화학물질 방출사고 등에 대한 명령 / 360
3. REACH 규칙 / 362
4. CLP 규칙 / 367

참고문헌 / 369
국문색인 / 375
영문색인 / 378

제1편 총론
각국의 산업안전보건법제의 개요

이 책의 목적은 산업재해예방 분야에서 오랜 역사를 가지고 있고 각자 독특한 체계를 가지고 있는 국가라 할 수 있는 독일, 미국, 영국, 일본 등 개별국가와 유럽 각국의 법제에 지대한 영향을 미치고 있는 유럽연합(EU)의 산업안전보건법제가 각각 어떠한지를 구체적으로 살펴보고자 하는 데 있다. 이들 나라는 여러 가지 면에서 재해예방 선진국이라고 말해지고 있는 만큼 이들 나라에 대한 연구를 통하여 선진적인 산업안전보건법제의 전체적인 윤곽을 파악할 수 있을 것으로 생각된다.

그동안 우리나라에서는 외국의 산업안전보건법제에 대한 체계적인 소개가 되어 있지 않고 이에 대한 개설서도 전무한 실정이다. 그러나 산업안전보건에서 후발국의 위치에 있는 우리나라의 산업안전보건법제가 하루빨리 선진국 수준으로 근접되도록 하기 위해서는 선진외국의 산업안전보건법제에 대한 연구와 이해가 필수불가결하다고 할 수 있다. 그리고 외국 법제의 전체적인 체계와 구조에 대한 기본적인 이해가 선행되지 않고 단편적인 지식과 정보에만 의존할 경우에는 외국법의 내용을 온전하게 이해하기 어렵고 법 해석·적용 또한 그릇되게 할 공산이 크다. 따라서 주요선진국의 산업안전보건법제에 대한 전체적인 연구는 매우 의미 있는 작업이라고 생각한다.

이 책의 구성에 있어서는 각 국가 간에 가급적 유사한 체계를 취하되, 각국의 산업안전보건법제가 상이한 체계를 가지고 있고 각국별로 이론·실무적으로 중요하게 여겨지는 부분이 서로 다른 점을 감안하여 부분적으로는 국가별로 상이한 구성을 취하는 것으로 한다.

제1편에서는 먼저 각국의 산업안전보건법제를 개괄적으로 설명하고, 각국 산업안전보건법제의 구체적인 내용에 대해서는 제2편 이하에서 상세히 살펴보는 것으로 한다.

1. 산업재해 발생상황

한 나라의 산업재해 발생상황을 파악하기 위한 지표로서는 전체재해율·강도율·도수율 등 여러 가지가 있을 수 있다. 그러나 산업재해 발생상황을 국가 간에 비교하는 데 있어서 가장 일반적으로 사용되는 것은 산재사고에 기인한 사망자의 비율을 나타내는 사고성사망만인율이다. 일반재해의 경우 산업재해의 인정범위·인정기준 등이 국가별로 상이하고 보고되지 않는 것이 적지 않게 있기 때문에 이를 비교하는 의미가 그다지 크지 않기 때문이다.

산재사고 사망만인율을 산재통계 적용대상을 기준으로 각국별 공식발표자료에 의하여 살펴보면, 2010년 기준으로 독일의 경우 0.18,[1] 미국이 0.38,[2] 일본은 0.22,[3] 그리고 영국은 선진국 중에서도 특히 낮은 0.05[4]의 수치로 각각 나타나 있다. 이러한 수치는 ILO 기준에 따른 각국의 ILO 보고자료(2010년)[5]에 의하여 산출할 경우에도 독일 0.18, 미국 0.35, 영국 0.06[6]으로서 국가별 공식 발표자료와 대동

---

1) http://baua.de

2) http://stats.bls.gov/iif/oshcfoiarchive.htm

3) http://www.jaish.gr.jp

4) http://www.hse.gov.uk/statistics/overpic.htm

5) http://laborsta.oil.org

소이하게 나타난다. 우리나라의 경우, 산재사고 사망만인율이 2010
년 기준으로 전자의 통계가 0.97, 후자의 통계가 0.94인 점을 감안할
때, 선진 각국보다 훨씬 높은 재해율을 보이고 있다는 것을 쉽게 알
수 있다.

우리나라와 재해예방 선진국 간에 재해율에 있어 이렇게 큰 격차
가 벌어져 있는 이유를 찾기 위해서는, 각국의 산업별 구성, 중소기
업(대기업)의 비중 및 산재예방체계 등에 대한 종합적인 진단이 필요
할 것으로 생각된다. 하지만 그중에서도 산업안전보건법제의 체계·구
조 및 내용과 이의 실제적 운용에 대한 구체적인 파악이 가장 선행
적으로 이루어져야 할 것으로 생각된다.

2. 법의 체계 및 성격

주요선진국의 산업안전보건법은 국가별로 법의 제정경위, 사회·경
제적 환경 등이 서로 다른 관계로 그 체계와 성격 역시 각각 다르게
발전하여 왔다.

먼저 독일은 산업안전보건법이 다원화되어 있는 대표적인 나라이
다. 1996년 제정된 「산업안전보건보호법」이 사업주와 근로자에 대
한 일련의 기본적 의무 내지 일반적 원칙을 규정하는 등 기본법으로
서 역할을 하고 있지만 여전히 개별구체적인 규정이 「산업안전보건
보호법」, 「노동안전법」, 「제품안전법」(구 「기계·기구안전법」), 「사
회법전」(SGB) 등에 분산된 상황에 있다고 말할 수 있다. 그리고 독일
에서는 산업안전보건법규가 기본적으로 공법으로 이해되고 있지만

---

6) 일본은 ILO에 산재사고 사망률을 100만 근로시간당 산재사고 사망자 수를 기준으로 보고하
   고 있어 ILO 통계상으로는 산재사고 사망만인율이 산출되지 않는다.

동시에 사법적 효력 또한 갖는 것으로 일반적으로 인식되고 있다.

1970년에 세계 최초로 포괄적인 산업재해예방 입법으로서 제정된 미국의 산업안전보건법인 「직업안전보건법」(Occupational Safety and Health Act, 이하 「OSHAct」라 한다)은 미국 전역, 모든 업종에 대하여 적용되는 종합적인 산업안전보건 입법이다. 그러나 동법은 각 주 정부가 지방공무원에 대한 법적용을 포함하여 독자적으로 산업안전보건법을 제정하는 것을 인정하고 있다. 그리고 OSHAct의 법적 성격과 관련해서는 동법은 학설과 판례에 의하여 순수하게 공법적 성격을 가지고 있고 사법적 청구권을 창설한 것은 아니라고 해석되고 있다.

1974년에 제정된 영국의 산업안전보건법인 「사업장 보건안전법」(Health and Safety at Work etc Act 1974, 이하 「HSWAct」라 한다)은 직장에서 일하는 또는 직장의 활동에 의해 영향을 받는 모든 자가 적용을 받는 종합적이고 기본적인 법으로 위치되어 있다. 영국의 산업안전보건법과 그 집행기관은 동법이 제정되기까지는 여러 개의 법률과 기관으로 분산되어 있었지만, 영국은 동법 제정에 의하여 산업안전보건법과 집행기관을 일원화하고 법 운용의 효율성을 제고하게 되었다. 그리고 동법은 기본적으로는 로벤스(Robens) 보고서를 기초로 하여 산재예방을 위한 규제와 제재를 근본원리로 한 입법, 즉 형사제재에 의하여 집행되는 입법으로서 제정되었다. 그러나 규칙(regulations)의 위반에 대해서는 당해 규칙이 반대의 취지를 명시하고 있지 않는 한 사법적 효력 또한 인정하고 있다.

미국과 영국의 산업안전보건법의 특징으로는 위반 시 벌칙이 수반되는 일반의무조항을 가지고 있는 점이다. 이 일반의무조항은 산업안전보건기준이 설정되어 있지 않는 사항이라고 하더라도 동 조항을 근거로 사업주를 처벌할 수 있다는 점에서 법의 적용을 유연하게 하는 역할을 하고 있다.

일본의 「노동안전위생법」은 1972년에 그 당시까지 「노동기준법」의 일부에 편입되어 있었던 산업안전보건 규정과 노동재해방지단체 등에 관한 법률의 일부 규정을 통합하는 형태를 취하면서 산업안전보건에 관한 독립적인 법으로서 제정되었다. 산재예방 입법으로서는 「노동안전위생법」 이외에도 그 부속법으로서 「작업환경측정법」, 「노동재해방지단체법」, 「진폐법」이 제정되어 있지만 「노동안전위생법」이 산업안전보건 분야의 기본법으로서 위치를 차지하고 있는 것에는 변함이 없다. 「노동안전위생법」의 성격과 관련해서는 동법이 기본적으로는 공법으로서 탄생되었지만 그렇다고 하여 동법의 사법적 효력이 부정되는 것은 아니라고 일반적으로 인식되고 있다.

3. 적용범위

산업안전보건법의 적용범위는 각국별로 다소 상이하다. 먼저 독일은 가사사용인을 제외하고는 직접적인 근로계약관계의 유무에 관계없이 법적 관계를 가지고 노무급부를 하는 자 모두에게 적용된다. 다시 말해서 가내노동 종사자, 「선박법」·「연방광업법」의 적용을 받는 사업의 취업자를 제외하고는, 기본적으로 근로자뿐 아니라 양성훈련생, 유사근로자(Arbeitnehmerähnliche Personen), 공무원 등을 포함한 사실상 모든 취업자(Beschäftigte)를 그 적용대상으로 하고 있다.

미국의 연방 산업안전보건법인 OSHAct는 원칙적으로 업종이나 직종에 의한 제한은 없고 농업·종교단체·사립교육기관 등을 포함한 모든 분야의 민간 부문의 사업주와 근로자에게 적용된다. 단, 선원·광산·천연가스와 같이 산업안전보건에 관하여 다른 연방법에 의한 기관이 산업안전보건기준을 제정하고 집행하는 경우에는 동법의 적용이 배제된다. 그리고 동법은 연방정부 및 주·지방정부에는 적용되지 않지만, 주정부의 산업안전보건법이 주정부 또는 지방정부의 공무원에 대하여 당해 법령을 적용하고 있는 경우가 적지 않게 존재한다.

영국의 산업안전보건법인 「HSW Act」는 가사사용인을 제외한 모든 근로자에게 적용될 뿐만 아니라 취업활동에 의해 영향을 받는 일반대중의 안전보건까지 확보하는 것을 그 목적으로 있다. 이것에 의해 종래 적용이 배제되어 있었던 교육·의료·레저·일부 수송업 등도 동법에 의해 보호를 받게 되었다. 동법에는 특히 위험물의 보존 및 사용, 그 불법소유 등에 대해서도 규정이 되어 있는데 위험물은 취업장소에 관계없이 어디서 발견되더라도 모두 적용대상이 된다. 그리고 본법 제정과 함께 안전보건청(Health and Safety Executive: HSE)의 발족에 의해 5개의 안전보건 감독기관(공장 감독, 폭발물 감독, 탄광·채석 감독, 원자력시설 감독, 알칼리 공기오염 감독)이 1개의 기관으로 통합됨으로써 현재는 안전보건 집행기관이 거의 일원적으로 운영되고 있다고 말할 수 있다.

그리고 일본의 「노동안전위생법」은 산업재해 예방에 관한 일반법으로서 원칙적으로 모든 업종의 근로자에 대하여 포괄적으로 적용되고 있다. 다만 동거의 친족만을 사용하는 사업의 취업자, 가사사용인에 대해서는 그 적용이 제외되어 있고, 「선원법」의 적용을 받는 선원, 비현업 일반직 국가공무원, 지방공무원, 국회·재판소·방위청 직원 그리고 「광산보안법」의 일부(보안 분야)에 대해서는 적용의 중복을 피하는 한도에서 동법의 적용제외가 이루어지고 있다.

4. 감독

각국의 근로감독제도는 법 집행 역할에 따라 일반직 제도(generalist systems)와 전문직 제도(specialist systems)로 구분할 수 있다. 본 연구의 대상국가 중 영국, 미국, 독일은 전문직 제도에 속하고 일본은 일반직 제도에 속한다고 볼 수 있다.

미국은 산업안전보건청(Occupational Safety and Health Administration, 이하 'OSHA'라 한다)의 지방관서에 소속되어 있는 산업안전보건 감독관(compliance officer)이 산업안전보건규정의 이행에 한정하여 근로감독을 전문적으로 수행한다.

영국은 안전보건청(HSE)과 지방자치단체에 각각 소속되어 있는 감독관이 감독의 대상을 역할 구분하여 사업장 안전보건 분야의 감독을 책임지고 있다. 안전보건청의 감독관은 제조업, 건설업 등 유해위험 분야를 담당하고 지방자치단체는 서비스업 등 유해위험이 상대적으로 낮은 분야를 담당한다.

한편 독일은 주정부 소속 영업감독관과 산재보험조합(Berufsgenossenschaften) 소속 기술감독관이 이원적으로 산업안전보건감독을 수행하는 특이한 구조를 취하고 있다. 그리고 독일 주정부의 감독관의 경우 사업장 내 안전보건뿐만 아니라 근로시간에 관한 법규의 감독도 수행하고 있고 주정부에 따라서는 환경업무에 대한 감독도 아울러 수행하고 있는 경우도 있다.

우리나라와 유사한 감독체계를 가지고 있는 일본은 도도부현 노동국과 노동기준감독서 소속 근로감독관이 산업안전보건뿐만 아니라 근로시간·임금 등의 일반근로조건에 관한 감독업무도 아울러 관장하고 있다. 산업안전보건행정에 요구되는 전문성은 주로 산업안전전문관과 산업위생전문관 제도를 통하여 확보하고 있다.

5. 소결

　주요선진국의 산업안전보건법제는 이상에서 보인 개략적인 설명
으로부터도 알 수 있듯이 여러 가지 점에서 서로 다른 점을 보이고
있다. 이는 산업안전보건의 역사, 법의 제정경위 등이 서로 다른 데
서 기인할 뿐만 아니라 산업안전보건을 둘러싼 각국의 경제적·사
회적 제 요인이 상이한 것도 이에 영향을 주었다고 보아야 할 것이
다. 이러한 의미에서는 산업안전보건법제에 대해서 단일의 모델이라
고 말할 수 있는 것은 존재하지 않는다고 볼 수 있고, 오히려 이러한
점이 각국의 산업안전보건법을 비교법적으로 연구하여야 할 최대의
이유라고 말할 수 있다.

제2편 독일

제1장 산업안전보건법의 구조

우리나라에서의 산업안전보건법은 독일에서는 기술적 노동보호법이라고 말해지고 있다. 근로자의 생명·건강에 기술적 요인이 미치는 영향을 규제의 대상으로 하는 점에서 해고로부터의 보호, 노동시간 제한 등을 취급하는 사회적 노동보호법과 구분하고 있다. 독일에서는 우리나라의 산업안전보건법에 상당하는 입법, 즉 근로자의 안전과 건강을 확보한다고 하는 관점에서 체계적으로 정비된 통일법전은 존재하지 않고(즉, 일원적인 법 정비는 되어 있지 않다), 노동법·사회법, 공법·사법의 다양한 법체계로 분산된 다중적이고 복합적인 구조를 이루고 있다.

1996년에 독일 산업안전보건법의 기본법이라 말할 수 있는 「산업안전보건보호법」(정식 명칭 '취업자의 산업안전보건의 개선을 위한 노동보호조치의 실시에 관한 법률', 통칭 ArbSchG)이 제정되었지만, 기본적인 규정만이 통합되었을 뿐이고 개별구체적인 규정이 각 법체계(「산업안전보건보호법」, 「노동안전법」, 「사회법전」 제7편 등)에 분산된 상황은 여전히 변하지 않고 있다. 그러나 1996년 8월에 발효된 「산업안전보건보호법」이 독일의 산업안전보건법규의 기초를 이루고 있다는 것은 틀림없는 사실이다. 동법은 산업안전보건의 범위 내 있는 사업주와 근로자[1])에 대한 일련의 기본적 의무 내지 일반적

---

1) 독일의 경우 산업안전보건 보호대상은 「산업안전보건보호법」을 비롯하여 관련 시행령에서 근로자(Arbeitnehmer)가 아닌 취업자(Beschäftigte)로 규정하고 있으나, 이 책에서는 다른 나라

원칙을 규정하고 있다.

그리고 1974년 12월부터 실행된 「노동안전법」(정식명칭은 「산업의, 안전기사 및 기타 노동안전전문직원에 관한 법률」, 통칭 ASiG)에는 사업주에 의한 산업의 및 산업안전전문직원의 임용, 이들의 직무, 자격요건, 전문지식을 행사할 때의 독립성과 산업안전보위원회 설치 등이 규정되어 있다.

한편, 「기계·기구 및 제품 안전에 관한 법률」(Geräte- und Produktsicherheitsgesetz: GPSG)은 산업용 기계의 안전을 목적으로 한 기존의 「기계기구안전법」(Gerätesicherheitsgesetz: GSG)과 일반소비자제품(Produktsicherheitsgesetz: ProdSG)의 안전을 목적으로 한 「소비자제품안전법」을 통합하여 2004년에 제정된 법률로서, 개인이 자기가 사용할 목적으로 제조되는 제품과 군사적 목적으로 사용되는 기술적 작업기계 및 식품 분야를 제외한 모든 기계·기구 및 제품의 안전을 포괄적으로 적용하는 일반법으로 제정되었다.

산업안전보건의 보다 구체적인 형태는 법규명령(Rechtsverordnung)에 의하여 실현되는데, 「산업안전보건보호법」 제18조는 그것의 제정 권한을 연방정부에 부여하고 있다.[2] 법규명령 중 특히 중요한 명령으로서 2004년에 전면 개정된 「사업장 기계·기구 등의 안전한 사용에 관한 시행령」(Arbeitsstättenverordnung: ArbStättV)이 있다. 동 명령의 세부적인 사항은 「사업장 안전보건기준」(Arbeitsstättenrichtlinien)[3]

와의 비교법 연구 차원에서 직접 조문을 인용하는 등 특별한 경우를 제외하고는 근로자로 표현하기로 한다.

2) 연방정부는 연방 상원의 동의를 얻어 「산업안전보건보호법」에 근거한 의무의 보충을 위하여 사용자 및 그 책임부담자가 하여야 할 조치 및 취업자의 행위준칙에 대하여 법규명령을 책정할 권한을 가진다(산업안전보건보호법 제18조 제1항).

3) Richtlinien은 법률 및 법규명령의 실시준칙을 정한 규정으로서 행정관청을 구속하지만 재판관을 구속하지는 않는다. 재판관은 법률에만 따라야 하기 때문이다(「기본법」 제97조, 「독일재판관법」 제25조).

에 규정되어 있는데, 이것은 「사업장 기계·기구 등의 안전한 사용에 관한 시행령」과 더불어 작업장 측정, 가동면적, 교통로에서의 차 간 안전거리, 소음기준치 및 보건실의 설치에 이르기까지 작업 장소, 작업과정 및 작업환경의 정비에 대한 상세한 규정을 포함하고 있다.

그 밖에 중요한 법규명령으로서는 근로자를 유해위험물질로 인한 피해로부터 보호하는 것을 주된 목적으로 하여 유해·위험물질의 분류·포장·표시, 물질안전보건자료, 유해성 평가 등에 대하여 규정하고 있는 「유해위험물질 보호령」(Verordnung[4]) zum Schutz vor Gef ahrstoffen: GefStoffV), 작업용의 기계·기구 및 설비가 근로자의 안전과 건강에 유해·위험을 초래하지 않도록 하기 위하여 이들의 제공·사용에 대한 구체적인 요건, 즉 안전보건상의 필수요구사항[5] 등을 구체적으로 규정하고 있는 「사업장 기계·기구 등의 안전한 사용에 관한 시행령」(Betriebssicherheitsverordnung: BetrSichV, 구「작업용 기계·기구 사용령」), 여러 사용자의 근로자들이 동시에 작업을 하는 건설현장 근로자의 안전보건수준을 향상시키기 위한 안전보건개선계획의 작성, 총괄조정책임자의 임명 등 건설현장의 안전보건관리가 규정되어 있는 「건설현장 안전보건령」(Baustellenverordnung: BaustellV), 생명공학제품개발, 식품, 농업, 폐기물처리, 폐수처리, 건강관리 부문 등에서 병원체 등을 접촉할 우려가 있는 근로자에 대한 보호조치가 규정되어 있는 「생물학적 인자 안전보건령」(Biostoffverordnung: BioStoffV), 작업의 특성 및 부적절한 인간공학적 작업조건으로 인하

---

4) Verordnung은 법률상의 의무 이행을 위해 연방정부가 연방상원의 동의를 얻어 제·개정한다.
5) 이 필수요구사항은 대체로 EU의 기준(Richtlinie)에 근거하고 있다. 제조업자 또는 수입업자가 EU 지역 내에 일정한 기계·기구 등을 유통시킬 때에는 당해 기계·기구 등이 안전보건상의 필수요구사항을 충족하고 있다는 것을 증명(자기적합성 선언)하는 기술사양서를 작성·보존하고, 제품에 CE마크(EU기준에서 규정된 안전규격에 적합하다는 것을 증명하는 마크)를 부착하여야 한다.

여 근로자에게 요통 등 안전보건상의 유해위험이 초래될 수 있는 수작업에 의한 화물취급작업에 대한 보호조치를 규정하고 있는「중량물 취급령」(Lastenhandhabungsverordnung: LasthandhabV), 적절한 개인보호장비를 선정・제공하고 이것의 착용과 관리에 대한 의무를 규정하고 있는「개인보호구 사용령」(PSA-Benutzungsverordnung: PSA-BV)이 있다. 그 밖에 특별한 활동영역에서의 산업안전보건규칙으로서「압축공기 작업령」(Druckluftverordnung: DruckLV), 비디오 디스플레이 기계[6] 자체・작업 장소・작업환경 등의 요건, 안구 및 시력검사 등을 규정하고 있는「단말기 작업 시 안전보건령」(Bildschrimarbeitsverordnung: BildscharbV)이 제정되어 있다.

EU 기본조약 제137조 제2항은 EU에 노동보호에 관한 최저기준규칙에 대하여 명령을 발령할 권한을 부여하고 있다. EU는 그 권한을 전면적으로 사용하여 그동안 많은 명령을 공포하였다. 그중에서도 가장 중요한 것은「EU 산업안전보건 기본명령」[정식 명칭「근로자의 안전 및 보건의 개선을 촉진하는 조치의 도입에 관한 기본명령」(89/331/EEC)]인데, 이것은 안전 및 건강에 대한 위험방지를 위한 광범위한 규정을 포함하고 있다. 이 기본명령의 기준에 의하여 상기「산업안전보건보호법」이 탄생되었다. 또「EU 산업안전보건 기본명령」을 기초로 하는 개별명령의 하나는 작업공간, 작업 장소 및 작업환경에 관한 최저기준규칙을 정하고 있는데, 이는 독일의「사업장안전보건에 관한 시행령」에 해당되는 것이다. 나아가 EU명령에는 기계・기구 등의 안전한 사용, 개인적 보호장구의 사용 및 VDT 작업 등에 관한 개별명령이 있다.[7]

---

6) 디스플레이의 절차(방법)에 관계없이 글자, 숫자 또는 그래픽을 표시하기 위한 컴퓨터 단말기 등의 모니터를 말한다.

7) 이상의 서술은 주로 Löwisch, Arbeitsrecht, 8. Aufl. 2007, SS. 272-273을 참고하고 있다.

한편 국가적인 산업안전보건법규는 오늘날 직접적인 건강, 사고의 위험으로부터 근로자를 보호하는 것에 한정하지 않고, 가능한 한 인간적인 노동을 형성·정비하는 것에 대해서도 배려하려고 하고 있다. 이 경우 먼저 문제가 되는 것은, 노동을 인간의 육체적·정신적 체질에 적합하게 하는 것이다. 이 문제의 연구는 노동과학의 문제이다. 이 노동과학은, 특히 작업 장소의 인체측정학적인 정비, 특히 기계의 설치, 근육노동 및 요구되는 주의(집중)에 의한 감각·신경에의 부담 등에 관한 지식(이른바, 인간공학)을 발전시켜 오고 있고, 그리고 노동의 동기부여, 일정한 작업과정의 인간심리에 대한 영향 등에 대해 해명하여 왔다(이른바, 노동심리학). 이것에 대한 규정은, 특히 사업장 기계·기구 등의 안전한 사용에 관한 시행령에 규정되어 있다. 산업안전보건에 관한 EU명령 또한 이 문제를 취급하고 있는데, 예를 들면 1990년의 「VDT 작업에 관한 최저필요조건명령」(90/270/EEC)은 화면, 키보드, 작업의자의 인간공학적 형성·정비, 정기적인 눈검사, 그리고 휴식에 대해서 규정하고 있다. 그리고 종업원대표(Betriebsrat)[8]의 관여 및 공동결정 또한 노동의 인간적인 형성·정비의 문제와 직접적으로 관련되어 있다.[9]

「산업안전보건보호법」의 적용범위는 「EU의 산업안전보건 기본명령」의 기준에 상응하여 모든 취업영역에 걸치고, 특히 공공행정의 영역 및 교회시설도 포함된다. 이에 따라, 동법은 근로자 개념이 아니라 독특한 취업자 개념을 사용하고 있는바, 이 취업자에는 근로자뿐만 아니라 유사근로자(Arbeitnehmerähnliche Personen), 공무원, 법관, 군인, 직업훈련 중인 자도 포함되어 있다(제2조 제2항).

---

8) Betriebsrat는 종업원대표위원회, 사업장위원회 등으로 번역할 수도 있지만, 종업원대표가 1인으로 구성될 수도 있기 때문에 '종업원대표'로 표기하기로 한다.

9) Löwisch, a. a. O., S. 275.

독일에서는 국가 차원의 산업안전보건규정 외에 「사회법전」 제7편 제15조에 근거하여 산재보험조합이 제정하는 산재예방규칙(BG-Vorschriften: BGV)[10])에 의해서도 산업안전보건상의 조치가 실시되고 있다. 이것의 일반조항은 2004.1.1.부터 시행된 산재예방규칙의 '총칙'(BGV A) 중 A1 제2조[11])이다. 이에 의하면, 사업주는 산업재해, 직업병 및 노동에 의한 건강위험의 방지를 위한 필요조치를 강구하여야 하는데, 이에 대한 적절한 조치를 위하여 국가는 산업안전보건법규, 산재예방규칙 등을 정하고 있다(제1항). 그리고 사업주는 총칙 A1 제2조 제1항에 따른 조치를 하는 경우, 「산업안전보건보호법」 제4조의 일반적 원칙으로부터 출발하여야 하고(제2항), 동법 제3조 제1항 제2문·제3문 및 제2항에 맞추어 계획·조직·이행하여야 하며(제3항), 안전보건에 반하는 지시를 하여서는 안 된다(제4항).

이 일반조항은 일부는 일반적인 산재예방규칙들에 의해, 그리고 다른 일부는 일정 부문에 특수한 산재예방규칙들에 의해 구체화되어 있다. 그리고 이들 산재예방규칙은 다수의 기술적 작업장비에 관한 기술적인 요건과 작업과정에 관한 규정을 포함하고 있다. 최근의 산재예방규칙에서는 안전기술적인 목적만을 규정하고 있고, 각각의 목적의 달성을 보장하는 기술적인 상세규정은 시행규정 속에 규정되어 있다. 그것은 구속력을 갖지 않는 지침적 해결책을 의미하고, 규범이 예정하는 안전보건수준을 유지하는 한 그러한 시행규정으로부터 일탈하는 것도 가능하다.[12])

---

10) BG-Vorschriften(BGV)는 Unfallverhütungsvorschriften(UVV)이라고도 하며, 이전에는 VBG라고도 표기하였다.

11) 과거의 VBG 1 제2조 제1항에 해당하는 조항으로서 2004.1.1부터 시행되었다.

12) Löwisch, a. a. O.(Fn. 77), S. 274.

산업안전보건법규의 감독·지도에 대해서는, 국가적인 산업안전
보건법규는 「영업법」(Gewerberordnung: GewO)[13]에 근거한 각 주정
부의 영업감독관에 의하여, 그리고 산재예방규칙은 사회법전 제7편
에 근거한 산재보험조합[14]의 기술감독관에 의하여 이원적으로 행해
지고 있다.[15] 이 사업장 감독·지도에서 사업장의 종업원대표[16]는 「사
업장조직법」(Betriebsverfassungsgesetz: BetrVG) 제89조에 의하여 보조적
인 역할을 수행하는 것으로 되어 있다. 그리고 이러한 규칙에 대한 위
반은 질서위반 또는 범죄행위로서 처벌된다(「산업안전보건보호법」
제25조, 제26조 및 「사회법전」 제7편 제209조).[17]

---

13) Gewerberordnung는 「공장법」이나 「공장령」 또는 「영업령」이라 번역하기도 하며, 황제의 칙령
으로 공포되어 Ordnung으로 표기되어 있다. 법적 성격과 지위를 띠고 있지만 오늘날의 법체
계상으로는 시행령에 해당된다(박두용 외, 『산업·고용구조의 변화에 따른 산업안전보건법
체계 및 규율방법의 변화 필요성에 관한 연구(학술연구보고서)』, 한국산업안전공단 산업안전
보건연구원, 2005, 230쪽 참조).

14) 법정 산재보험조합은 「사회법전」 제4편 제29조에 따른 권리능력 있는 공법상의 사단으로서
국가의 법적 관리하에 있지만, 사용자 측과 근로자 측 각각의 대표에 의해 운영되며, 상공업
부문, 공공 부문, 농업 부문의 세 부문으로 이루어져 있다.

15) 기술감독관은 원칙적으로 국가의 산업안전보건법규의 집행권한은 없으나 동 법규의 위임을
받은 특별한 경우에는 이를 감독할 수 있다. 영업감독관과 기술감독관은 중복되는 업무를
피하기 위하여 정보를 서로 교환하고 업무집행을 조정하며 그들의 업무영역이 겹치는 부문
을 합동으로 방문하면서 상호 협력적으로 일하고 있다.

16) 종업원대표는 공장, 본사, 지점, 영업소 등 사업장 단위로 설치된다. 그 대상 사업장은 종업
원대표 선거자격을 가지는 근로자가 상시 5인 이상 고용되어 있는 민간기업 사업장이다(「
사업장조직법」 제1조). 관공서에는 별도의 「공공부문직원대표법」(Personalvertretungsgesetz)에
근거하여 공공부문직원대표기구로서 공공부문직원대표가 설치된다. 이것은 설치되지 않는
경우에 처벌되는 것은 아니라는 의미에서는 강제 설치는 아니지만, 설치하는 것이 원칙으로
되어 있다. 그러나 실제로 종업원대표가 존재하는 것은 법적용 대상 사업장의 10%에 머무
르고 있고, 동 위원회가 설치되어 있는 사업장에 고용되어 있는 근로자 비율은 서독 지역에
서 46%, 동독지역에서 38%이다(WSI Mitteilungen 9/2007, S. 513).

17) 이상의 내용은, 주로 정진우, 『산업안전보건법론』, 한국학술정보(주), 2014, 93-100쪽에 의한다.

제1절 공법상의 산업안전보건법

1. 노동법

가. 영업법[18]

1996년 산업안전보건보호법의 발효 전에는 공법상의 산업안전보건법의 중핵은 영업법(Gewerbeordnung, 통칭 GewO)에 있었다. 그중에서도 안전과 보건 양면에 걸치는 작업환경 정비의 일반적 의무조항으로서 성격을 가지는 동법 제120조a[19]는 독일 산업안전보건법 체계에 있어서 매우 중요한 위치를 점하고 있었는데 본 규정은 다음과 같이 규정하고 있었다.

"상공업을 경영하는 사업주는 그 작업공간·경영설비·기계 및 기구를 그 근로자가 생명·건강에 대한 위험으로부터 보호받도록 하기 위해 사업의 성격이 허락하는 범위에서 정비·관리 및 규제하여야 한다."

본 규정에서 말하는 '상공업을 경영하는 사업주'에 대해서는 「영업법」 제6조 제1항의 규정에 의하여 다음의 사업에 대해서는 그 적용이 제외되어 있었다. ① 어업, ② 약국의 개설·이전, ③ 유상의 아동교육, 학교교육, ④ 변호사, 공증인의 업무, ⑤ 법률자문 업무, ⑥ 회계감사 및 회계감사 사무소의 운영, ⑦ 세무사 및 세무사 사무소, 세무대리인의 업무, ⑧ 이민에 대한 상담사업, ⑨ 공공교통의 정

---

18) 「영업법」은 1996년 「산업안전보건보호법」 시행 이후 상당 부분의 규정이 「산업안전보건보호법」으로 흡수, 대체되었지만, 여기에서는 그 변경 전후의 내용을 이해할 수 있도록 하기 위해 종전의 「영업법」에 규정되어 있는 내용을 중심으로 설명하는 것으로 한다.

19) 현재 동 조항은 삭제되어 1996년 「산업안전보건보호법」 제3조 등에 통합되어 있다.

류소, 수선안내, 선박에 있어서의 선장과 승무원의 관계 그리고 광업 등에 대해서는 이 법률에 명문의 규정이 있는 경우에 한하여 적용되고 있었다. 그러나 이러한 적용 제외는 1996년 「산업안전보건보호법」에 있어서는 모두 제거되어 있다.

그리고 '사업의 성격이 허락하는 범위에서'라는 제한은 본 조항이 사용자의 경제적·기술적 가능성을 무시하고 적용될 위험에 대응하는 한편 산업의 마비를 초래하지 않도록 하기 위해 마련된 것이다.[20] 그러나 이 조항은 EU명령과 부합되지 않는다는 이유에서 많은 비판이 제기되었고, 그 해석에 있어서는 「기본법」[21] 제2조가 규정하는 인격의 발전 또는 생명·신체의 불가침의 요청으로부터 일정한 제약이 가해졌다.[22]

이와 같이 제120조a는 민간상공업을 경영하는 사업주에 대하여 불필요한 경영상의 장해를 주지 않는 범위에서 일반적인 의무를 정한 규정인바, 본 규정에 의하여 사업주가 취해야 할 조치는 그것 자체로는 추상적이기 때문에 반드시 명확하다고는 할 수 없다. 따라서 연방노동사회부 또는 각 주정부의 관할 당국은 「영업법」 제120조e의 규정에 의하여 제120조a의 규정을 구체화하는 법규명령의 발령 권한을 부여받았다. 동 규정에 근거하여 그동안 1975년 「사업장 안전보건에 관한 시행령」 및 그 개정령, 1993년 「유해위험물질에 관한 시행령」[23] 등 의회입법에 필적하는 중요한 시행령과 기타 많은 법규명령이 제정되어 왔다.[24]

---

20) LAG Düsseldorf(Urteil) vom 3.12.1964, BB(1965), S. 245.

21) 우리나라의 「헌법」에 해당한다.

22) LAG München LAGE §618 BGB Nr. 4 등 참조.

23) 이 시행령은 2005년에 그 명칭이 「유해위험물질 보호령」으로 바뀌었다.

24) 법규명령의 발령권한을 근거 지우는 「영업법」 제120조e의 규정 역시 현재에는 「산업안전보건보호법」 제18조의 규정으로 흡수, 대체되어 있다.

또한 각 주에 설치된 영업감독기관은 「영업법」 제120조d의 규정에 의하여 사업주를 대상으로 행정행위로서의 효력을 갖는 개별적인 지시권한을 부여받고 있다.[25] 이 행위는 행정집행법에 따라 행해지는데 고의 또는 과실로 이를 위반한 사업주는 동법 제147조 제1항 제1호에 의해 1만 마르크 이하의 과태료가 부과된다.[26]

한편 기업을 대상으로 산업안전보건법령의 준수에 대한 지도감독을 실시하는 영업감독행정은 「영업법」 제139조b에 근거하여 이루어진다. 영업감독기관은 각 주정부의 행정기관인바, 직접적으로는 각 주 노동부의 관할하에 있다. 「영업법」 제139조b 제1항은 영업감독을 효과적으로 수행하도록 하기 위해, 영업감독기관에 예고 없이 사업장 감독을 수행할 권리를 포함한 사법경찰권한을 부여하고 있다.

나. 산업안전보건보호법

1996년 8월 21일에 발효된 「산업안전보건보호법」(ArbSchG)[27]은 1989년의 「EU 산업안전보건 기본명령」의 국내법화를 위하여 현행 「영업법」, 「노동안전법」, 「제국보험법」, 「화학물질법」 등에 분산되어 있는 일반규정 또는 원칙규정을 중심으로 산업안전보건법규를 정리·통합하기 위하여 제정된 것이다. 현재 독일의 산업안전보건 분야의 기본법이라고 말할 수 있는 성격의 법률이다.

「EU 산업안전보건 기본명령」의 국내법화의 본래의 기한은 1992

---

25) 「영업법」 제120조d는 「산업안전보건보호법」 제22조 제3항으로 흡수, 대체되어 있다.

26) 과태료 부과규정은 「산업안전보건보호법」 제25조 제2항으로 흡수, 대체되어 있다.

27) 이 법률의 정식 명칭은 「노동과정에서의 취업자의 안전과 건강보호의 개선을 위한 산업안전조치의 이행을 위한 법」(Gesetz über die Durchführung von Maßnahmen des Arbeitsschutzes zur Verbesserung der Sicherheit und des Gesundheitsschutzes der Beschäftigten bei der Arbeit)이다.

년 12월 31일이었지만 제1차 법안[28]이 연방노동사회부의 주도에 의해 연방의회에 상정된 것은 1993년 11월이었다. 그것도 결국은 주로 자유민주당(FDP)과 기독교사회동맹(CSU)의 반대로 심의가 완료되지 않은 채 폐안이 되어 불가피하게 다시 제출될 수밖에 없었다.[29] 제2차 법안은 제1차 법안이 좌절된 경험을 토대로 각 주정부의 요청을 받아들여 종래의 산업안전보건법규를 본격적으로 통합하고 규범목적의 고도화를 목적으로 하여 「EU 산업안전보건 기본명령」보다 내용이 증가되어 있던 부분을 간략화하고 동 기본명령을 그대로 국내법화하는 형태로 1995년에 의회에 상정되어 1996년 6월 13일에 연방의회에서 가결되었다.

그 내용은 확실히 산업안전보건법규의 기본법답게 일반적이고 원칙적인 규정을 중심으로 구성되어 있고 전체 5부로 되어 있다. 이 중 본편은 제1부만이고, 제2부 이하는 본편의 규정을 받아 또는 필요에 따라 기존 법규의 개정을 도모하는 것이다. 본편은 5장으로 나뉘어 있고, 그중 본법 최대의 특징을 보이는 것은 제1장에 규정된 본법의 적용영역이다. 이에 의하면, 본법의 적용사업은 「영업법」상의 일반규정 등과는 달리 상공업뿐만 아니라 관공서 · 자유업 · 종교단체 · 기타 영리성 유무에 관계없이 모든 조직에 미치고 있다. 적용대상도 개인 가정에서 작업에 종사하는 가사사용인 및 「선박법」, 「연방광업법」의 적용을 받는 사업의 취업자[30]를 제외하고는(「산업안전보건보호법」 제1조 제2항), 직접적인 근로계약관계의 유무에 관계없이 법적 관계

---

28) 본 법안에 대한 상세한 내용은 Bücker/Feldhoff/Kohte, Vom Arbeitsschutz zur Arbeitsumwelt(1994), S. 187ff.

29) Vogl, Das neue Arbeitsschutzgesetz, NJW(1996), S. 2753, 2754.

30) 「선원법」 및 「연방광산법」이 적용되는 자에 대해서는 이들에게 적용되는 법규정이 존재하는 한에 있어서는 이 법률은 적용되지 않는다(「산업안전보건보호법」 제1조 제2항).

를 가지고 노무급부를 하는 자 모두에게 미친다. 즉, 동법은 ⅰ) 근로자, ⅱ) 직업훈련생, ⅲ) 가내노동 종사자[31] 및 이와 등등한 자를 제외한 유사근로자(Arbeitnehmerähnliche Personen), ⅳ) 공무원, ⅴ) 법관, ⅵ) 군인 등 사실상 모든 취업자(Beschäftigte)를 적용대상으로 하고 있다(제2조 제2항). 법의 목적에 있어서도, 「산업안전보건보호법」은 「영업법」에 규정된 산업재해(사고재해와 직업병) 예방을 넘어, 노동에 기인한 건강상의 위험방지[32]와 인간적인 노동의 형성조치를 추가적으로 포함한다고 규정하고 있다(제2조 제1항).[33]

다음으로 제2장은 본법의 핵심이라고도 말할 수 있는 사업주의 기본적 의무·일반적 원칙 및 개별적 의무를 규정하고 있는데, 이것에 의해 「영업법」 제120조a의 규정은 삭제되게 되었다(제4부). 이 중 본법의 기본이념을 말하는 제3조 제1항 및 제4조를 설명하면 다음과 같다.

"제3조(사용자의 기본적 의무) ① 사업주는 취업자의 산업안전보건에 영향을 미치는 조건을 배려하면서 필요한 산업안전보건조치를 강구하지 않으면 안 된다. 또한 사업주는 그 조치의 효과에 대하여 심사하고 기타 필요에 응하여 적절한 대응을 하지 않으면 안 된다. 그리고 그때에는 취업자의 안전보건의 개선을 추구하는 것이지 않으면 안 된다."

"제4조(일반적 원칙) 사업주는 산업안전보건 조치를 실시할 때 이

---

31) 가내노동 종사자가 제외되어 있는 것은 「가내노동법」 중에 이미 특별한 산업안전보건규정이 두어져 있기 때문이다(동법 제12조~제16조a).

32) 노동에 기인한 건강상의 위험은 '다양한 요소로 된 인과관계과정'(multifaktorielle Kausalverläufe)을 통해 보다 잘 이해될 수 있는데, 육체적 곤란, 악천후 조건뿐만 아니라 심리적 부담, 시간적 압박, 단조로움, 교대제·야간근무 등도 하나의 원인에 해당된다(Kollmer·Klindt, ArbSchG, 2. Aufl., 2011, §2 Rdnr. 21).

33) Kollmer·Klindt, ArbSchG, 2. Aufl., 2011, §17 Rdnr. 7.

하의 일반적 원칙을 전제로 하지 않으면 안 된다. ⅰ) 노동은 생명 및 건강에 대한 위험이 최대한 제거되는 동시에 현존하는 위험이 최소한으로 억제되도록 행해지지 않으면 안 된다. ⅱ) 위험은 그 근원으로부터 제거되어야 한다. ⅲ) 일정한 안전보건조치를 취할 때에는 기술기준, 산업의학, 산업위생학 및 기타 확정적인 노동과학적 지식이 고려되지 않으면 안 된다……. ⅵ) 특히 위험한 작업을 하고 있는 자들에 대해서는 그 위험에 대해 특별한 배려가 행하여져야 한다……. ⅶ) 취업자에 대해서는 적절한 지시가 주어지지 않으면 안 된다."

그리고 제5조의 위험성평가 의무규정은 사용자단체 측으로부터 강한 반발이 있었지만 사업주에게 폭넓게 재량을 인정하는 법 형식을 채용하는 것에 의해 마침내 의회의 승인을 얻게 된 규정이다.[34] 동 규정에 의하면 사업주는 취업자의 노동에 관련하는 위험을 평가하는 것에 의하여 어떠한 산업안전보건조치가 필요한가를 확인하여야 한다(제5조 제1항). 이 경우 사업주는 원칙적으로 업무형태별로 평가를 하여야 하지만 동종의 근로조건을 가지고 있는 경우에는 하나의 작업장 또는 작업(Tätigkeit)을 평가하는 것으로 충분하다(제5조 제2항). 그리고 동조 제3항에서는 작업장의 형성·설치, 물리적·화학적·생물학적 영향 등 대표적인 유해위험요인을 열거하고 있다.

사업주 간의 협동의무를 규정하는 제8조는 사업장 내 하청사업을 상정한 것이고, 제9조는 작업장으로부터의 즉시 퇴거를 포함한 특별한 위험에 대한 대응을 규정하고 있다. 그리고 제10조는 긴급활동에 대해, 제11조는 건강관리에 대해 각각 규정하고 있으며, 제12조는 사업주에게 취업자를 대상으로 충분하고 적당한 방법에 의하여 취업자의 채용, 직무의 변경 및 새로운 노동수단·기술 도입 시 취업자

---

34) Vogl, 앞의 논문, S. 2755.

의 업무개시 전에 안전보건에 관한 지도를 하도록 의무화하고 있다.

한편 제3장(제15조~제17조)은 취업자의 권리 및 의무를 체계적으로 규정하고 있는데, 여기에서 취업자는 종래의 단순한 법령준수 의무의 범위를 넘어 사용자의 의무수행을 포괄적으로 보좌하는 의무를 부과받고 있는 한편 구체적 근거에 의해 사용자가 취한 안전보건조치가 불충분하다고 생각되는 경우 최종수단으로서 감독기관에 신고할 권리를 정하고 있다.

제4장(제18조~제20조)은 연방정부의 법규명령 제정권한 그 내용 및 범위 등에 대해 규정하고 있다. 동 규정에 근거하여 현재 「작업용 기계기구 사용령」, 「건설현장 안전보건령」, 「단말표시장치 조작령」, 「생물학적 인자 안전보건령」, 「개인보호구 사용령」, 「중량물 취급령」 등의 법규명령이 정해져 있다.

제5장은 연방정부와 주정부 및 산재보험운영기관이 공동으로 국가 차원의 산업안전보건정책을 개발·이행할 것(제20조의a)과 연방정부와 주정부 및 산재보험운영기관의 대표자 각 3인씩으로 구성·운영되는 '국가산업안전보건회의'35)(제20조의b)를 정하고 있다.36)

마지막 장인 제6장(제21조~제26조)은 합법성 감독 시 관할 당국과 산재예방조합의 협동, 관할 당국의 감독권, 명령발령권, 사용자의 사업장 내 자료 작성의무, 관할 당국의 일반적 행정규칙의 제정권, 행정벌 및 형사벌 등에 대한 내용을 정하고 있다.

이상과 같이 본법은 기존의 법규 및 법리를 본질적으로 개정하는 것이라고는 말할 수 없고, 각종의 법체계에 분산되어 있던 산업안전보건법규의 원칙규정을 통합한 것에 지나지 않는다. 그런데 본법이

---

35) 국가산업안전보건회의는 2008년 12월에 설치되었다.
36) 국가산업안전보건회의에는 사업주단체 및 근로자단체 전국연맹의 대표자가 사회적 파트너로서 자문을 위해 각 3인씩 참여한다(제20조의b).

규정하는 원칙은 독일 산업안전보건법규 전체에 걸쳐 있는 배경이 념을 정확하게 반영한 것이라고 말할 수 있고, 향후 각종 산업안전 보건법규 개정 시 이에 대한 나침반 역할을 할 것으로 예상된다.

다. 제품안전법

후술하는 산재예방규칙을 비롯하여 일찍이 독일의 산업안전보건 법규는 직장의 기계·기구의 안전에 대해 원칙적으로 주문자인 사 업주 측에 대하여 필요한 보호설비를 갖추고 법정기준을 충족하는 기계·기구를 반입하는 의무를 부과하고 있었다.[37] 그러나 사업주, 특히 중소기업의 사업주의 경우에는 과도하게 복잡한 기계·기구의 안전기술관리를 행하는 것이 현실적으로 많은 곤란을 동반한다.

그래서 독일에서는 1963년의 「기계안전에 관한 ILO협약」(제119호)이 제정·성립된 것을 계기로 1968년에 「기계안전법」(Maschinenschtzgesetz) 을 제정하여 기술적 노동수단[38]의 제조자·수입업자에 대하여 위험한 기계·기구의 유통을 금지하는 조치를 취하게 되었다. 즉, 기계·기구의 제조·수입업자는 동법에 의하여 사용자 및 제3자가 산업안전보건 법규, 산재예방규칙 및 일반적으로 승인되고 있는 기술기준에 따라 기계·기구를 올바르게 사용하는 경우에는 사고 발생 위험이 없는 그러한 종류의 기계·기구 이외에는 시장에 유통시켜서는 안 된다.

상기 1968년 「기계안전법」은 1980년에 「기계·기구안전법」(Gerätesicherheitsgesetz, 통칭 GSG)으로 명칭이 변경되었고, 또 1980년 「기

---

37) 예를 들면, 구 산재예방규칙 총칙 제1편 제14조는 "사업주는 기계를 주문할 때 그 기계가 안전한 노동에 대응하는 조건을 충족하고 산재예방규칙이 요건으로 하는 보호조치를 구비하 도록 미리 지정하여야 한다"고 규정하고 있다.

38) 동법 제2조 제1항에 의하면 기술적 노동수단이란 공구, 작업기구, 기계, 소형기중기 설비 등 '사용의 준비가 갖추어진' 작업수단을 말한다.

계·기구안전법」은 2004년에 「기계·기구 및 제품안전법」(Geräte- und Produktsicherheitsgesetz, 통칭 GPSG)³⁹⁾으로 바뀌었다. 본법은 사업장에서 사용되는 기계·기구 및 설비(Arbeitsmittel)의 안전을 목적으로 한 기존의 「기계·기구안전법」(Gerätesicherheitsgesetz)과 가정용품, 스포츠용품, 장난감 등 일반소비자제품의 안전을 목적으로 한 「소비자제품안전법」(Produktsicherheitsgesetz, 통칭 ProdSG)⁴⁰⁾을 통합하여 제정되었다. 본법은 2011년 12월에 인정 및 시장감시 요건을 규정한 EU규칙 765/2008/EG를 이행할 목적으로 「제품안전법」(Produktsicherheitsgesetz, 통칭 ProdSG)⁴¹⁾으로 대체되었다.

본법은 개인이 자기가 사용할 목적으로 제조되는 제품과 군사적 목적으로 사용되는 기술적 작업기계·기구·설비 및 식품·의약품 분야를 제외한 모든 기술적 기계·기구·설비 및 소비자제품⁴²⁾의 생산(수입)·유통(전시 포함) 시의 안전을 포괄적으로 적용하는 일반법으로 제정되었다. 그리고 본법은 대량생산이든 개별 주문생산이든 생산방법과 관계없이 경제활동을 목적으로 하는 행위에 적용되며, 중고품·개조품·재활용품과 제조용도와 다르게 사용되는 제품 등 다른 사람에게 사용하도록 하는 경우라면 모두 적용대상이 된다. 따라서 산업용기계를 리스하여 사용하거나 소비자에게 무상으로 제공하는 경우도 적용된다. 그러나 화학물질과 식품, 의약품 등과 같이 별도의 개별안전법(「화학물질법」과 「식품법」, 「의약품법」 등)이 존

---

39) 본 법률의 정식 명칭은 「기술적 노동수단 및 소비자제품법」(Gesetz über technische Arbeitsmittel und Verbraucherprodukte)이다.

40) 본 법률의 정식 명칭은 「제품의 안전요구규제 및 CE마크의 안전에 관한 법」(Gesetz zur Regelung der Sicherheitsanforderungen an Produkte und zum Schutz der CE-Kennzeichnung)이다.

41) 본 법률의 정식 명칭은 「시장으로의 제품 제공에 관한 법」(Gesetz über die Bereitstellung von Produkten auf dem Markt)이다.

42) 본법의 적용대상에는 상업적 또는 경제적 목적에 기여할 수 있거나 근로자의 신체·생명을 위태롭게 할 수 있는 '감시를 필요로 하는 설비·장치'(Überwachungsbedürftige Anlagen, 예: 보일러, 엘리베이터)도 포함된다(「제품안전법」 제1조 제2항 참조).

재하는 경우에는 각각의 개별안전법이 우선적으로 적용된다.

본법에 따라 제조물 유통 시 안전보건에 관한 일정한 요건이 충족되도록 하여야 하고, 사용자의 안전보건, 기타 법익이 제품용도에 적합한 사용과 예상 가능한 오사용으로 위험에 처해지지 않도록 하여야 한다(제3조). 그리고 제조자(대리인), 수입자는 사용자가 통상적 또는 합리적으로 예상할 수 있는 사용기간 동안 제품에서 발생하는 위험성(Risiko)을 평가하고 이 위험성에 대하여 안전조치를 할 수 있도록 사용자에게 필요한 정보를 제공하며, 제조자(대리인) 또는 수입자의 이름, 주소를 기재하고 제품의 식별을 위한 표식을 하여야 한다(제6조 제1항). 또한 제조자(대리인), 수입자는 위험의 회피를 위해 경고, 리콜 등의 적의조치를 취하기 위한 대책을 강구하여야 한다(제6조 제2항).

라. 노동안전법

1973년 「노동안전법」(정식명칭: 「산업의(産業醫)·안전기술자 및 기타 산업안전전문직원에 관한 법」, 통칭 ASiG)은 「영업법」(Gewerbeordnung, 현행 「산업안전보건보호법」)을 중심으로 하는 국가감독법과 후술하는 「제국보험법」(Reichversicherungsordnung, 현행 「사회법전」 제7편)을 중심으로 하는 사회법에 필적하는 법으로서 사업장 내 전문적 안전보건조직의 형성(산업의 및 산업안전전문직원의 임용·임무·자격요건, 산업안전보건위원회의 설치 등)을 의무 지우고 있다. 여기에서 말하는 '노동안전'(Arbeitssicherheit)이란, 실무상 발전해 온 개념으로서 신체와 정신에 대한 위험의 회피를 위한 모든 조치를 포함하는 것이다.[43]

---

43) Spinnarke, Arbeitssicherheitsrecht von A-Z 2.Aufl. 1992, S. 69.

본법은 가사, 선박업 및 광업조업자의 일부를 제외한 모든 사업주에 대해서 그를 보좌하는 산업의(Betiebsarzt)와 산업안전전문직원(Fachkraft für Arbeitssicherheit)의 선임 및 산업안전보건위원회(Arbeitsschutzaus-schuß)의 설치를 의무 지우는 것에 의하여 각 사업장의 안전보건수준의 향상 및 산재예방을 실현하는 것을 그 목적으로 하고 있다.

본법이 그 적용단위로 하는 것은 기업(Unternehmen)이 아니라 개개의 사업장(Betrieb)이다. 따라서 동법에 근거한 조치는 사업장마다 취해져야 한다.44) 연방 「사회법원」의 판단에 의하면 「노동안전법」에서 말하는 '사업장'은 「사업장조직법」에서 말하는 '사업장'과 개념상 동일하다고 해석되고 있다.45)

본법 제정의 배경으로서 제시되는 것으로서는, ① 영업감독관 및 기술감독관의 증원에 의해서는 개개의 사업장의 특성에 맞는 적절하고 충분한 안전보건대책을 마련·실시하는 것이 매우 어렵다는 판단에 이르렀다는 점, ② 산업의 및 산업안전전문직원 등 사업장 내 안전보건제도가 기능하고 있는 사업장에서 산업재해 발생빈도가 낮았던 점, ③ 금일의 안전보건문제가 매우 고도의 전문적 지식을 필요로 하게 되었다는 점, 특히 작업관련질환이나 스트레스 등 사업장 단위의 전문적 관리가 필요한 질병이 다발하고 있었던 점, ④ 사업장 외 감독관의 배치에 비해 사업장 내 안전보건제도의 설치가 진척되고 있지 않았던 점, ⑤ 각 국제노동기관의 권고, 독일 국내에서의 노사협정, 유럽경제공동체위원회의 권고, 독일 연방의회의 결의 등 다양한 배경적 노력이 있었던 것이 지적되고 있다.46) 동법 제정의 목적에는, 이러한 제 사실에의 대응에 추가하여 기업 내, 특히 중

---

44) BSG 8. Mai 1980, 8a Recht Urteil 44/79 und 26. Juni 1980, 8a Recht Urteil 106/79.

45) BSG 26. Juni 1980, 8a Recht Urteil 106/79.

46) BT-Drucksache, 7/260, S. 1.

소기업 내에 있어서의 산업안전보건대책의 질적 향상 도모 등도 있었으리라는 것은 충분히 짐작된다.

본법이 규정하고 있는 내용에는 다음과 같은 특징이 존재한다. 첫째, 본법은 전통적인 산업안전보건의 틀, 전형적으로는 구「영업법」제120조a에 의한 규제범위를 넘어 노동생리학적, 노동심리학적 요소를 포함하는 '작업관련질환'의 예방을 목적으로 하고 있다.[47]

둘째, 여기에서 '작업관련질환'이란 직무와 그 발생 간에 협의의 인과관계의 존재가 요구되는 직업병과는 달리 - 따라서 사회법전 제7편 제9조 제2항의 개방조항의 적용을 받지 않는 질환으로서 원칙적으로 산재보험조합에 의한 재해보상이 되지 않는- 업무와 일상생활의 각각에 존재하는 요인이 복합적으로 작용하여 발생하는 질환이다. 본법은 이와 같은 질환의 예방업무를 질병과 업무 간의 인과관계를 가장 알기 쉬운 입장에 있는 사업장 내 안전보건제도에 맡기고 그 실효를 도모한 것이라고 생각된다.

셋째, 본법의 목적에는 1972년에 「사업장조직법」 제90조 및 제91조에서 처음으로 채용된 '노동의 인간적 형성'이라는 법 개념이 도입되어 있다(동법 제6조 제1항 제1문). '노동의 인간적 형성'이란, 전통적인 '건강보호'의 개념을 넘어 주로 인간공학의 견지에서 신체에 부정적 영향을 주는 과도한 부담을 예방적으로 회피하는 것을 상정한 개념이다.[48]

넷째, 본법에 포함되는 규정에는 기본적인 요건을 정하는 일반규정 외에는 존재하지 않는다. 예를 들면, 본법 제2조 및 5조는 사업주가 업종별, 재해 및 건강위험의 정도, 종업원의 수·구성(여성, 소년,

---

47) 예를 들면 산업의의 직무에 관한 「노동안전법」 제3조 제1항 제1호 및 제3호.

48) Fittung · Auffarth · Kaiser · Heither · Engels, Betreibsverfassungsgesetz, 18. Aufl., 1996, vor §89 Rdnr. 2 und 7.

외국인 등), 사업장의 구성방법에 따라 일정 수, 일정 시간, 일정 자격을 가지는 산업의 및 산업안전전문직원을 선임해야 한다는 의무를 규정하고 있지만, 그 수, 시간, 자격에 관한 상세한 내용은 산재예방조합이 정하는 산재예방규칙에 의하는 것으로 되어 있다(「사회법전」 제7편 제15조 제1항 제6호).

다섯째, 산업의 및 산업안전전문직원을 중심으로 하는 사업장 내 안전보건제도의 형성에 종업원대표의 관여를 규정하고 있다. 즉, 사업주는 산업의 및 산업안전전문직원을 임명 및 해임할 때 종업원대표의 동의를 얻어야 한다. 이것에 의해 근로자 및 그 대표조직인 종업원대표와 산업안전보건 전문가 간의 신뢰관계 증진 및 전문가의 사업주로부터의 독립성 강화를 도모하고 있다.

여섯째, 통상적으로 근로자 수가 20인 이상인 사업장에 대하여 산업안전보건위원회의 설치를 의무화하고 있다. 동 위원회는 산업안전보건문제에 대한 노사의 협의기구로서 사업주, 2명의 종업원대표, 산업의 및 산업안전전문직원, 안전대표(Sicherheitbeauftragte)로 구성된다. 그리고 직무에 있어서는 산업안전보건문제에 대한 권고에 그치고 구속력 있는 결정을 내릴 권한은 없다.

마. 작업장 안전보건에 관한 시행령

「작업장 안전보건에 관한 시행령」(Arbeitsstättenverordnung, 통칭 ArbStättV)은 1996년 「산업안전보건보호법」 시행에 동반하는 개정 이전에는 「영업법」 제120조a 내지 제120조c 및 「상법전」 제62조에 관련된 제139조g가 적용되는 상공업에 속하는 기업을 적용대상으로 하고 있었다(구 시행령 제1조 제1항). 그러나 현재에는 동 시행령 제

1조의 규정에 의하여 원칙적으로 모든 작업장에 적용되고(제1항), 다만 「연방광업법」 적용사업과 여행업, 시장거래, 공공교통수단(도로 상의 자동차·철도·항공 등), 목초지·삼림·기타 부지(제2항)에 대 해서는 적용되지 않는다. 따라서 본 시행령의 적용범위는 농업, 관공 서 및 자유업 등을 포함하는 것으로서 광범위한 업종에 걸쳐 있다.[49]

본 시행령은 작업장의 설치·운영, 작업장 운영을 위한 특별요건, 비흡연자 보호, 작업실·위생실[50]·휴게실·대기실·응급처치실· 숙소, 이동구역의 면적, 이동용 통로, 조명·실내온도·환기·소음 등 작업장소, 작업과정 및 작업환경에 대한 상세한 규정을 포함하고 있다. 또한 바닥·벽·천장·지붕, 창문·천창, 출입문 등에 대한 기준을 규정하고 있다.

그리고 본 시행령 제3조 제1항은 연방노동사회부에 작업장위원회 (Ausschuss für Arbeitsstätten)의 결정에 따라 '작업장의 안전보건에 관한 지침'(Arbeitsstättenrichtlinien)을 제정(발표)할 권한을 부여함으 로써 동 시행령의 구체화를 보장하고 있다. 이 지침 자체는 법적 구 속력을 가지고 있지 않으며, 그 내용에는 일반적으로 승인된 기술규 정 등의 실무·학술상의 일반적 인식이 채용되어 있는 것이 다수 발 견된다.

바. 유해위험물질 보호령

「유해위험물질 보호령」(Gefahrstoffverordnung, 통칭 GefStoffV)은 유해위험물질로부터 취업자를 포함한 근로자와 환경을 보호하기 위

---

49) 본 시행령은 1975년에 제정되었고, 2004년 8월 12일 전면 개정된 바 있다.
50) 화장실, 세면장, 탈의실 등을 말한다(제2조 제4항 제3호).

한 목적으로 1986년 제정되었다.[51] 그리고 유럽연합 규범의 국내법
으로의 전환요청 등을 계기로 1999년, 2005년, 2010년 3차례에 걸
쳐 개정(시행)이 이루어졌다.

본 시행령은 「화학물질법」(Gesetz zum Schutz vor gefährlichen Stoffen:
Chemikaliengesetz, 통칭 ChemG), 「폭발물방지법」, 「원자력법」, 「방사
선보호령」 등 유해위험물 관련 규제를 하는 다른 많은 법령과 함께
유해위험물질의 접촉 및 유통 시에 관계자에게 조치하여야 할 각종
의무를 부과하고 있다.

본 시행령은 「산업안전보건보호법」[제18조(명령권한의 부여) 및
제19조(EU 및 국가 간 협정)] 및 「화학물질법」[제3a조, 제3b조(유해
성 판단기준), 제13조 이하(분류, 포장 및 표시에 관한 규정), 제17조
(금지와 제한), 제19조(취업자의 보호를 위한 조치) 및 제20b조(위원
회) 등]에 근거하고 있다.[52] 「산업안전보건보호법」 제정 이전에는
「화학물질법」에 의한 위임이 동 시행령의 제정근거였다. 기타 「유
해위험물질 보호령」의 입법근거가 되는 법률로는 「가내수공업법」
(Heimarbeitsgesetz), 「폭발물법」(Sprengstoffgesetz), 「연방환경보호법」
(Bundesimmissionsschutzgestz) 등이 있다.

본 시행령 제2조에서 말하는 유해위험물질이란, ① 제3조에 따른
유해위험 물질(Stoffe) 및 제제(Zubereitungen)[53](제2조 제1항 제1호),
② 폭발성이 있는 물질, 제제 및 성형품(Erzeugnisse)(제1항 제2호),
③ 제조 또는 취급[54] 과정에서 제1호 및 제2호에 명시된 물질로부

---

51) 본 시행령이 시행되면서 그때까지 시행되고 있던 작업물질령(Arbeitsstoffverordnung)은 폐지
되었다.

52) Pieper, Arbeitsschutzrecht, 5. Aufl., 2011, GefStoffV vor § 1 Rndr. 5.

53) 다음에 열거된 특성(Eigenschaften)을 하나 이상 가지고 있는 물질 및 제제를 말한다. 폭발위
험성, 인화성, 고(高)발화성, 발화하기 쉬운(leichtentzündlich), 발화성, 고독성, 독성, 건강침해
성, 부식성, 자극성, 민감성, 발암성, 변이원성, 생식독성, 환경위험성이 그것이다.

터 발생 또는 방출되는 물질, 제제 및 성형품(제1항 제3호), ④ 제1
호 내지 제3호의 요건을 충족하지 못하지만 물리화학적, 화학적 또
는 독물학적(毒物學的) 특성(Eigenschaften) 및 그들이 사업장에 존
재 또는 사용되는 방법과 양식으로 인하여 취업자의 건강과 안전을
위협할 수 있는 물질 및 제제(제2조 제1항 제4호), ⑤ 작업장 한계치
(Arbeitsplatzgrenzwert)[55]를 넘어선 모든 물질(제2조 제1항 제5호)을
가리킨다.

그리고 본 시행령 제10조(발암성·변이원성·생식독성 물질 취급
업무에 대한 특별보호조치)에서 규정하고 있는 발암성·변이원성·
생식독성 물질이란, ① EU명령의 분류기준[56]을 충족하는 물질(제2
조 제3항 제1호), ② 발암성·변이원성·생식독성 물질로서 한계농
도(Konzentrationsgrenze)[57]를 초월하는, 제1호에서 언급한 물질을 하
나 또는 그 이상 함유하고 있는 제제(제2조 제3항 제2호), ③ 제20
조 제4항에 의하여 고시된 규칙(Regeln)과 지식(Erkenntnis)에 따라
발암성, 변이원성 또는 생식독성으로 표시되는 물질, 제제 또는 공
정(제2조 제3항 제3호)을 가리킨다.

---

54) 사용, 소비, 사업소 내에서의 이송, 저장, 보관, 가공처리를 말한다(「화학물질법」 제3조 제10호).

55) 측정기간 동안 작업장 공기 중 물질의 시간가중치 평균농도의 한계치(Grenzwert)를 말한다.
　　이 값은 일반적으로 특정 물질의 어떤 농도까지가 취업자의 건강에 급성의 또는 만성적인
　　유해한 영향을 미치지 않는지를 표시한다.

56) 유럽연합위원회가 유해위험물질의 분류, 포장 및 표시에 관한 회원국의 법령과 행정규칙의
　　표준화(Angleichung)를 위하여 1967년 6월 27일 제정되고 2009/2/EG에 의하여 2009년 1월
　　16일 개정된 EU명령 67/548/EWG의 부록6 참조.

57) 한계농도는 다음의 기준에 따른다(제2조 제3항 제2문). ⅰ) EU명령 67/548/EWG 및 1999/45/EG
　　를 개정·폐지하고 EU규칙 1907/2006을 개정하기 위한 유럽의회·이사회의 「물질과 혼합물
　　(Gemische)의 분류, 포장 및 표시에 관한 EU규칙 1272/2008」(2008.12.16) 의 부록6 제3장
　　<표 3-2>(EU규칙 790/2009에 의하여 개정), ⅱ) 물질 또는 물질들이 EU규칙 1272/2008의
　　부록6 제3장 <표 3-2>에 한계농도가 표시되어 있지 않은 경우에는 EU명령 제1999/45/EG
　　의 부록2 B장.

본 시행령은 EU의 「분류, 라벨링 및 포장에 관한 규칙」(CLP 규칙)[58] 및 「화학물질 등록, 평가, 인가에 관한 규칙」(REACH 규칙)[59]의 유해위험물질 정보와 관련된 규정(유해위험성 판단기준, 분류·표시·포장, 안전보건자료)을 두고 있다[제2장(제3조~ 제5조)].[60]

사업주는 「산업안전보건보호법」 제5조에 따른 작업환경의 평가(Beurteilung der Arbeitsbedingungen)의 요소로서의 위험성평가(Gefährdungsbeurteilung)를 위하여 근로자가 유해위험물질에 관련된 업무를 수행하고 있는지 또는 업무를 수행하는 과정에서 유해위험물질이 발생 또는 방출될 가능성이 있는지에 대하여 밝혀야 한다(제3장 제6조).

그리고 제7조에서는 사업주의 기본적 의무(Grundpflichten)로서, ① 대체 및 최소화의 원칙, ② 안전보건조치의 우선순위, ③ 노출조사 등을 규정하고 있다. 이 기본적 의무는 「2005년 유해위험물질 보호령」의 여러 조문에 흩어져 있던 규정들을 취합한 것이다.

또한 본 시행령은 유해위험물질을 취급하는 활동에 대하여 일반적인 보호조치(제8조)와 추가적인 보호조치(제9조)를 취할 것을 의무화하고 있다. 그리고 제10조의 특별보호조치에서는 발암성·변이원성·생식독성 물질 또는 제제를 취급하는 업무의 경우에 준수해야 할 특별보호조치에 대하여 규율하고 있다. 종전의 측정의무는 노출정도의 조사의무로 변화되었다. 따라서 노출 정도의 확정은 측정 이외의 방법으로도 이행될 수 있게 되었다.[61] 또한 제11조에서는 물리·화학적 영향, 특히 화재·폭발위험에 대한 특별보호조치에 대

---

58) 상세한 내용은 제6편 제3장 제3절 참조.

59) 상세한 내용은 제6편 제3장 제3절 참조.

60) Pieper, Arbeitsschutzrecht, 5. Aufl., 2011, GefStoffV vor § 1 Rndr. 11a.

61) Pieper, Arbeitsschutzrecht, 5. Aufl., 2011, GefStoffV vor § 1 Rn. 11a.

하여 규율하고 있다.

본 시행령은 위에서 설명한 사항 외에도 작업중단, 사고 및 긴급
상황에 관한 사항(제13조), 취업자에 대한 교육·지도에 관한 사항
(제14조), 다수 기업의 공동작업에 관한 사항(제15조) 및 유해위험물
질의 금지·제한(제16조, 제17조)에 대하여 규정하고 있다.

사. 사업장 기계·기구 등의 안전한 사용에 관한 시행령

「사업장 기계·기구 등의 안전한 사용에 관한 시행령」(Betriebssi-
cherheitsverordnung, 통칭 BetrSichV)[62]은 기계·기구 등의 제공·사
용과 관련하여 근로자의 안전과 건강을 확보하기 위해 사업주가 준
수하여야 할 안전보건기준을 구체적으로 규정한 법규명령이다.

본 시행령은 사업주의 작업장비(Arbeitsmittel)[63] 제공[64]과 근로자
들의 사업장에서의 작업장비 사용[65] 및 「제품안전법」 제2조 제7조에
서 규정하는 '감시를 필요로 하는 설비·장치'(überwachungsbedürftige
Anlagen)의 운영에 적용된다(제1조). 본 시행령의 주된 내용은 다음
과 같다.

먼저 사업주는 안전한 작업장비의 제공 및 사용을 확보하기 위하

---

62) 동 시행령은 종전의 '작업용 기계·기구 사용령'(Arbeitsmittelbenut-zungverordnung, 통칭 AMBV)
과 감시를 필요로 하는 설비·장치(보일러, 압력용기, 전기설비, 아세틸렌, 카바이드, 가연물의
저장·운반설비, 의료기기 등)에 대한 개별 시행령(Einzelverordnungen)을 폐지, 통합하여 2004
년에 제정된 법규명령이다.

63) 사업장 기계·기구 등의 안전한 사용에 관한 시행령에서 말하는 작업장비란, 기계·기구, 장비,
장치 또는 설비를 말하는 것으로 그 범위가 매우 광범위하다(사업장 기계·기구 등의 안전한
사용에 관한 시행령 제2조 제1항 참조).

64) '제공'이란 본 시행령에 부합하는 작업장비만을 근로자가 사용할 수 있도록 하기 위하여 사
업주가 이행하는 모든 활동을 의미하며, 조립작업과 설치작업을 포함한다(제2조 제2항).

65) '사용'이란 장비의 점검·가동·중지 및 사용, 유지보수, 수리, 확인, 고장 시의 안전조치,
개조, 해체는 물론 운반과 같이 작업장비에 관련된 모든 활동을 의미한다(제2조 제3항).

여 위험성평가(Gefährdungsbeurteilung)를 실시하여야 한다(제3조). 그리고 작업장비의 제공 및 사용에 관한 전반적인 요구조건을 충족하여야 하며, 특히 인간공학적인 면을 감안하여야 한다(제4조). 또한 사업주는 폭발방지 요구조건에 중점을 두어야 한다(제5조, 제6조).

한편, 사업주는 근로자에게 처음으로 제공되는 작업장비에 대한 일반적인 최소요구사항과 특정 작업장비에 대한 최소요구사항을 충족하여야 하며(제7조, 부록1), 작업장비의 안전이 설치조건에 영향을 받을 경우 작업장비가 올바르게 설치되고 안전하게 운영될 수 있도록 설치 후, 처음 사용 전 및 조립 후에 점검을 받도록 하여야 한다(제10조).

또한 사업주는 작업장비에 기인하는 유해위험요인에 대한 적절한 정보와 작업과정에서 사용되는 작업장비에 대한 설명서(Betriebsanweisung)[66]를 근로자에게 이해할 수 있는 형태와 언어로 제공하여야 한다(제9조 제1항). 그리고 작업장비를 사용하는 근로자에게 작업장비의 사용이 수반할 수 있는 유해위험요인 등에 대하여 적절한 교육을 실시하고, 수리·보수·개조작업을 수행하는 근로자에게는 적절하고 특별한 교육을 제공하여야 한다(제9조 제2항).

아. 산업의학적 예방조치령

본 시행령은 산업의학적 예방조치에 의하여 직업병을 포함한 노동이 원인인 질병을 조기에 발견하여 예방하는 것을 목표로 한다. 동시에 산업의학적 예방은 취업능력의 유지와 사업장 건강보호의

---

66) 이 설명서에는 최소한 사용조건, 예견 가능한 비정상적인 상황, 작업장비의 사용에 관한 경험 등에 대한 정보가 포함되어 있어야 한다(사업장 기계·기구 등의 안전한 사용에 관한 시행령 제9조 제1항 제2호).

지속발전에 기여하는 것이 요구된다(제1조 제1항).

산업의학적 예방검진은 의무검진, 권유검진, 자원검진으로 구분된다. 의무검진은 특히 위험한 특정업무에 대하여 이루어지는 검진을 말하고, 권유검진은 위험한 특정업무에 대하여 사업주가 제안하는 검진을 가리키며, 자원검진은 사업주가 근로자에게 가능하게 하여야 하는 검진을 말한다(제2조).

사용자는 위험성평가에 기초하여 적절한 산업의학적 예방이 이루어지도록 배려하여야 한다(제3조 제1항). 그리고 산업의에게는 작업장상황, 특히 검진의 계기, 위험성평가의 결과에 관한 모든 필요한 정보를 제공하고, 작업장 순회를 가능하게 하여야 하며, 산업의의 요구가 있으면 의무검진의 원인, 일시, 결과가 기록된 예방목록을 열람할 수 있도록 하여야 한다(제3조 제2항).

사업주는 의무검진의 목록을 작성하여 근로관계가 종료될 때까지 보관하여야 하고, 근로관계가 종료된 경우 당사자에게 그와 관련된 자료의 사본을 교부하여야 한다(제4조 제3항).

의무검진의 이행은 취업의 전제조건이다. 사업주에 의해 의무검진이 이루어지지 않는다면 사용자는 「민법전」 615조에 따라 근로자에 대해 수령지체에 빠지게 된다. 이러한 관계에서는 사업주가 의무검진을 수행하지 않았음에도 해당 업무를 수행하도록 근로자에게 지시한다면, 근로자에게 「민법전」 제273조에 따라 그리고 보조적으로 「민법전」 제134조에 따라 급부거절권이 부여된다.[67]

의사는 산업의학적 예방검진 자료를 분석하여 평가한다. 평가결과 불충분한 보호조치가 판명되면, 이를 사업주에게 통보하고 보호

---

67) Pieper, Arbeitsschutzrecht, Kommentar für die Praxis, 5. Aufl., 2012, §4 Arbeitsmedizinvorsorgeverordnung Rdnr 3.

조치에 대하여 제안을 하여야 한다(제6조 제4항). 산업의로부터 통보를 받은 사업주는 위험성평가를 확인(반복)하고 즉시 부가적으로 필요한 조치를 하여야 한다.

개별근로자와 대리인은 「연방데이터보호법」 제34조에 의해 당사자 개인에 관련된 자료들을 열람할 권리를 갖는다.

2. 사회법: 산재보험법

독일에서는 종래의 「사회보험법」, 「고용촉진법」, 「사회부조법」 등 다양한 사회보장입법을 통일적인 「사회법전」으로 편찬하는 작업이 진행되어 왔다. 산재보험의 경우도 종래의 「제국보험법」(1911년 제정)의 일부분으로서 존재하여 왔던 공적 산재보험을 거의 그대로 승계하여 「사회법전」 제7편에 편입하는 법률이 1996년 8월 7일 연방의회에서 가결되었다.

「사회법전」 제7편[68]은 제1장 제1조에서 산재보험의 임무를 산업재해가 발생한 후의 보상 외에 '산업재해·직업병 및 노동과 관련하는 건강상의 위험을 예방하는 것'(제1호)이라고 명시하고 있다.[69]

독일의 산업안전보건법규에서 가장 특징적인 점의 하나는 이와 같이 그 입법·운용권한이 국가기관에 추가하여 '사회법상의 산업재해의 보험자'(Unfallversicherungsträger), 특히 상공업, 해운·어업,

---

68) 사회법전 제7편은 10개의 장으로 되어 있는데 그 구성은 다음과 같다. 제1장 산재보험의 임무, 피보험자의 인적 범위, 보험사고, 제2장 예방, 제3장 보험사고의 발생 후의 급부, 제4장 사업주, 사업장 소속 구성원 및 기타의 자의 책임, 제5장 소속, 제6장 재원의 징수, 제7장 산재보험자의 다른 급부주체와의 협력 및 제3자와의 관계, 제8장 자료의 보호, 제9장 과태료, 제10장 경과규정.

69) 산재보험의 임무에 대하여 종래의 「제국보험법」은 ⅰ) 산업재해의 예방과 ⅱ) 산업재해가 발생한 후의 보상이라고 규정하고 있었지만 사회법전의 새로운 규정은 산업재해, 직업병 및 '노동과 관련하는 건강상의 위험'의 예방이라고 기술하고 있다.

농업 분야에 있어서의 산재보험을 관장하는 산재보험조합에 맡겨져
있는 것이다. 산재보험조합의 보험자에 대하여 그 개요를 설명하면
다음과 같다.

가. 산재보험의 부문

산재보험은 종래 일반 산재보험, 농업 산재보험, 해운 산재보험의
3개 부문으로 구성되어 있었지만(「제국보험법」 제538조), 「사회법전」
제7편에서는 해운업 산재보험을 상공업 산재보험의 한 부문으로 하
고 있기 때문에 현재는 산재보험이 상공업 산재보험과 농업 산재보
험 2개로 구분되어 있다고 말할 수 있다.

각 부문은 모두 통상적으로 업종(산업)별 및 지역별(특히 농업 산
재보험의 경우)로 조직된 동업조합인 산재보험조합에 의해 자치적으
로 운영되고 있다. 산재보험의 보험자가 원칙적으로 정부가 아니라
업종별로 조직된 동업조합이라고 하는 점은 독일 산재보험의 발족
이래의 전통이라고 말할 수 있다. 업종 또는 산업의 부문을 어떻게
구분하는가에 대해서는 일반의 산업분류뿐만 아니라 재해예방의 실
효성, 재해위험의 동일성·유사성, 급부능력의 보유 등의 관점이 고
려되고 있다.

나. 산재보험조합

현재 상공업 산재보험의 보험자로 되고 있는 것은 9개의 산재보
험조합이다(「사회법전」 제7편 제114조 별표1).[70] 그리고 농업 산재

---

70) 2008년 10월 30일 통과된 「산재보험 현대화법」(Unfallversicherungsmodernisierungsgesetz, 통칭

보험의 보험자는 9개의 산재보험조합으로 되어 있는데(「사회법전」 제7편 제114조 별표2),[71] 정원업 산재보험조합을 제외하고는 지역별로 조직되어 있다. 그 외에 연방(제125조), 주(제128조), 시군구(제129조)가 각각의 업무에 대하여 산재보험의 보험자로 되어 있다.[72]

산재보험조합은 당해 산업(업종)에 속하는 사업을 관할하지만(제132조), 1개의 사업에 2개 이상의 다른 부문을 가지고 있는 경우에는 '주된 사업'에 속하는 산재보험조합이 관할하는 것으로 되어 있다(제131조 제1항). 그리고 산재보험조합은 그 관할하에 두어져 있는 사업에서 발생하는 산업재해를 예방·보상할 의무를 지고 있다(제133조 제1항).

다. 보험자의 임무

산재보험의 보험자의 가장 중요한 임무는, 첫째는 산업재해를 방지하는 것이고, 둘째는 산업재해의 발생 후 재해자, 그 가족 및 유족에 대하여 다음의 방법에 의하여, 즉 ① 재해자의 소득능력의 회복, 노동 및 직업의 촉진(직업원조, 재활) 및 재해결과의 경감, ② 재해자, 그 가족 및 유족에 대한 현금급부라고 하는 방법에 의하여 보상을 하는 것이다(「사회법전」 제7편 제1조). 이와 같은 예방과 보상의 통합적 수행(「사회법전」 제1편 제23조)은 1884년의 비스마르크의 사회정책에 근거한 일련의 사회보험 입법 당시 이미 도입되어 있었

UVMG)에 따라 「사회법전」 제7권 제222조 제1항이 신설되기 전에는 상공업 산재보험조합은 35개가 존재하였다.

71) 농업 산재보험조합은 종전에는 전국적으로 20개 존재하였고, 2017년 12월 31일까지 1개로 통합될 예정이다(http://www.iva.de/ticker/1317312480).

72) 연방 산재보험조합은 「사회법전」 제224조에 따라 1개로, 주 산재보험조합은 「사회법전」 제223조 제1항에 따라 주마다 1개로 각각 통합하는 것으로 예정되어 있다.

고 산재보험 보험자에게는 '보험지출이 증가되지 않기 위해서라도 산재예방활동에 진력한다'는 구조적 압력이 작동하고 있다. 특히 산재보험조합에게는 일정한 조건하에서 산업재해 예방을 위한 기구·기계·설비, 지시 및 조치 등에 관한 산재예방규칙을 제정할 권한이 위임되어 있는바(「사회법전」 제7편 제15조, 제16조), 이것이 동 조합의 산재예방활동의 기축을 이루고 있다.

한편 산재예방규칙의 규제대상은 작업장뿐만 아니라 유해위험물질, 노동수단 등 광범위한 영역에 걸쳐 있고, 「영업법」, 「사업장 안전보건에 관한 시행령」, 「화학물질법」, 「제품안전법」, 기타 많은 국가법 규범과 중첩되어 있다.[73] 또한 영업법의 경우와 동일하게 산재보험조합(기술감독관)에는 「사회법전」 제7편 제17조 제1항 및 제19조 제2항에 근거하여 산재예방규칙의 의무의 이행, 산업재해 및 직업병의 사전예방 등을 위한 지시권한을 부여하고 있는바, 그것은 질서벌[74]을 동반하는 행정행위로 위치되어 있다.

제2절 민법상의 산업안전보건규정

민법으로 대표되는 시민법의 기본원칙이 사적 자치, 계약 자유에 있다는 것은 주지의 사실이지만 현행 독일 「민법전」 중에는 이것을 사회정책적·인간적 관점에서 수정한 규정이 다수 존재한다. 그중에서도 근로자의 안전보건을 사법의 영역에서 지향하는 규정으로서 소위 '안전배려의무'를 정한 규정이 「민법전」 제618조에 정해져 있

---

73) 산재예방규칙은 그 규제대상별로 번호를 매겨 분류되어 있고, 중앙 상공업산재보험조합 연합회에 의해 공표되고 있다.

74) 독일의 질서벌은 우리나라의 과태료에 해당한다.

는바, 본 규정은 아래와 같이 규정하고 있다.

"제1항 노무권리자[75]는 노무급부의 성질이 허락하는 한 그가 노무의 수행을 위하여 제공하여야 하는 영역, 설비, 기구를 설치·유지하는 데 있어서 그리고 자기의 지시 또는 지도하에서 수행해야 하는 노무급부를 규율하는 데 있어서 그것들을 노무제공 의무자가 생명·건강의 위험으로부터 보호되도록 행하지 않으면 안 된다. ⋯⋯ (중략)⋯⋯.

제3항 노무권리자가 의무자의 생명·건강에 관하여 자신이 지는 의무를 이행하지 않을 때는 그 손해배상에 대한 의무에 있어 불법행위에 적용하는 제842조[76] 내지 제846조[77]의 규정이 적용된다. ⋯⋯ (후략)⋯⋯."

본 규정이 노무권리자에 대하여 규정하고 있는 생명·건강의 보호의무는 현재 「민법전」 제242조에서 정하는 신의성실의 원칙으로부터 유도되는 채무자(이 경우 사용자)의 배려의무의 일부를 이루는 것이라고 해석되고 있지만, 규정의 내용 자체는 앞에서 설명한 1987년 「영업법」 제120조a와 매우 흡사하다는 것을 알 수 있다.

그러나 「영업법」의 적용범위가 상공업 사업주와 상공업 근로자 간의 고용관계에 한정되어 있었던 데 반해, 민법은 이것을 노무권리자의 지휘감독하에서 노무가 급부되는 고용관계 전체로 확대하고 있다. 그리고 「영업법」상의 규정이 상공업 근로자의 보호를 위하여 상공업 사업주에 대하여 보호설비의 설치를 중심으로 하는 제 의무를 부과한 데 비하여 민법은 이를 보다 포괄적인 의무로 재구성하였다.

---

75) 여기에서 노무권리자라고 하는 개념을 사용하는 이유는 본조의 적용이 고용·근로계약뿐만 아니라 일정한 조건하에서 도급계약과 위임계약에 대해서도 미치기 때문이다.

76) 불법행위에서의 손해배상 책임의 범위.

77) 살인자와 피해자의 사망에 의해 불이익을 받은 제3자 사이의 과실상계.

한편 1976년 연방노동법원[78]은 사업주의 산업안전보건법규에 근거한 의무와 근로관계상의 의무를 연결 짓고자 하는 시도가 이루어진 것을 배경으로 하여 산재예방규칙을 포함하는 공적 법규가 정하는 사업주의 제 의무가 「민법전」 제618조를 매개로 하여 그대로 근로계약상의 의무가 된다고 하는 판결을 하였다. 그 결과, 각종의 공적 산업안전보건법규에서 구체화되어 있는 사용자의 안전배려의무는 근로자에게 있어 '소송을 제기할 수 있는 행위의무'로서의 성격을 가지는 것으로 해석되었다. 따라서 예를 들면 개별적인 산업안전보건법규에 사용자에게 뭔가의 행위를 요구하는 '의무'가 규정되어 있는 경우, 근로자는 그 이행을 요구하는 계약상의 권리를 행사할 수 있게 된다.

그러나 산업안전보건법규는 근로계약 내용의 대상으로서 내용적으로 적합하지 않으면 「민법전」 제618조가 정하는 사용자의 안전배려의무의 내용으로는 될 수 없다고 해석되고 있다. 즉, 이것은 당해 규정이 직접적으로 개별근로자의 보호를 목적으로 하고 있고 이것을 근거로 근로자가 이행청구권을 행사하는 것이 가능한 것이어야 한다는 것을 의미한다.[79] 따라서 사업장 내 안전보건관리조직의 설치를 의무 지우는 「노동안전법」 등의 조직규정과 「사업장조직법」상 다수 발견되는 규정으로서 직접적으로 근로자 집단을 보호대상으로 하고 있으면서 간접적으로 그 효과가 당해 집단의 일원인 근로자 개인에게 미치는 데 불과한 규정 등은 안전배려의무의 구체화의 대상으로는 되지 않는다고 해석되고 있다.[80]

---

78) BAG(Urteil) vom 10.3.1976, 5 AZR 34/75, AP Nr. 17 zu §618 BGB.

79) Hueck · Nipperdey, Lehrbuch des Arbeitsrechts, Band Ⅰ, 7. Aufl., 1963, §48 Ⅲ 2.

80) A. a. O.

제2장 일반적 기술·지식의 법규범화

독일의 산업안전보건법에 속하는 일부의 법규에는 신속하고 전문적인 대응이 요구되는 새로운 노동위험에의 대응을 목적으로 그때그때의 '실무상·학술상의 일반적으로 인정된 기술·지식'을 직접 법규에 흡수하는 수단이 마련되어 있다. 예를 들면, 전술한 「사업장 안전보건에 관한 시행령」 제3조 제1항에 의하면 사용자는 산업안전보건법규, 산재예방규칙, 그리고 '일반적으로 인정된 안전기술상, 산업의학상, 위생학상의 규정 및 기타 확정적인 노동과학적 지식'에 근거하여 직장을 정비하고 운영하는 등의 의무를 진다고 규정되어 있고 나아가 각종 법규명령이나 산재예방규칙에는 독일규격협회(DIN), 독일전기기술자연맹(VDE) 등의 규격이 직접적으로 준거하여야 할 기준으로서 인용되어 있는 경우가 많다.

독일의 산업안전보건법규의 운용에 적지 않은 영향을 미치고 있는 이 '일반적으로 인정된 기술·지식'은 숫자상으로도 상당수에 이르고, 그 성격도 다양한바, 지식의 확실성, 일반화의 정도 등에 따라 대체로 다음의 3가지로 분류될 수 있다.[81]

---

81) 이하의 설명은 주로 Fabricius · Kraft · Wiese · Kreutz · Oetker · Raab · Weber, Betriebsverfassungsgesetz, Gemeinschaftskommentar, 7. Aufl, 2002, §89 Randziffer 18ff.에 의한다.

가. 일반적으로 인정된 기술규정

일반적으로 인정된 기술규정(allgemein anerkannten Regeln der Technik)은 기술 분야의 전문가 및 실무가의 지배적인 견해를 구체화한 것이고 실제의 검사와 실증을 전제로 하고 있다. 그 내용은 안전기술, 산업의학, 위생학 전반에 미치고 있는바, 이 기술규정의 주된 작성자는 독일규격협회(DIN), 독일전기기술자연맹(VDE), 독일가스·용수협회(DVGW), 독일기술자협회(VDI) 등의 사적인 학술단체, 전문가단체, 직업단체이다. 이 규정은 앞에서 언급한 「사업장 안전보건에 관한 시행령」상의 규정 외에 산재예방규칙 A1편 제2조 제1항, B3편 제3조 이하 등 몇 개인가의 공법에서 언급되고 있다. 이 기술규정은 그 자체로서는 법규범이 아니지만 그것의 준수를 요구하는 관련규범에 의하여 사업주의 의무로 전화(轉化)된다고 말할 수 있다.

나. 기술·의학·위생규준

기술·의학·위생규준(Stand der Technik, Arbeitsmedizin und Hygiene)이란 유력한 전문가집단의 지배적인 관점에서 볼 때 법에 규정된 목적의 실현을 확실하게 보장한다고 생각되는 최첨단의 방법, 설비 등의 발전규준을 의미한다. 이 규준에 대해서는 일반적으로 인정된 기술규정과는 달리 전문가들에 의한 일반적인 인식이나 실제의 검사와 실증이 전제되지 않는다. 개개의 경우에서의 시험으로 충분하다. 따라서 이 규준은 일반적으로 인정된 기술규정보다 빠른 시기에 기술발전의 최전선에서 고려되어야 할 기준이다. 이것은 「산업

안전보건보호법」제4조 제3호, 「유해위험물질 보호령」부록1 제1장
1.1 (1), (2), 「뢴트겐선에 관한 시행령」제3조 제2항 제5호, 「EU 산
업안전보건 기본명령」제6조 제2항 제(e)호 등 많은 규정에서 언급
되고 있다.

다. 확정적인 노동과학적 인식

확정적인 노동과학적 인식(gesicherte arbeitswissenschaftliche Erkennt-
nis)은 다양한 연구영역의 성과를 결집하고 인간공학적 · 노동심리
학적 측면을 종합적으로 작업환경에 도입하는 것을 목표로 하는 과
학 · 기술적 규준이다. 이 규준에 의할 경우, 가장 최신의 학술적 인
식의 관점에서 필요하다고 생각되는 준비 또는 배려가 사업주에 의
해 취해져야 한다. 따라서 이것은 사업주에게 현재의 기술수준상 실
행 가능한 것으로 한계가 지워지지 않는 고수준의 예방대책을 요구
하는 것이다. 현재 1972년 「사업장조직법」제91조, 1973년 「노동안
전법」제1조 등 사업장 내의 근로조건에 관련된 기본법규 외에 1985
년 「원자력법」제7조 제2항 제3호, 1993년 「유전자기술법」제13조
제1항 제4호 등의 첨단기술 관련법규에서도 언급되고 있다.

라. 소결

이상과 같이 입법자는 고도의 기술을 요하는 산업안전보건 영역
의 규제를 하는 데 있어서 법규범이 아닌 독일규격협회의 규정 등의
일반적 기술규정 · 기준을 많이 활용하고 있다. 이와 같은 수법은 입
법의 정밀성, 신속성을 확보하는 점에서 장점을 가지고 있지만 입법

관할상의 관점 등에서 비판 또한 제기되고 있다.

예를 들면, 독일 「기본법」 제82조 제1항에 의하면 "모든 법은 그 발효에 즈음하여 공포되지 않으면 안 된다"라고 규정되어 있고 통상은 연방관보 또는 연방법률공보에 게재되고 있다. 독일규격협회의 규정을 예로 들어 보면 이것을 입수하는 것은 누구라도 가능하지만 그 공개는 독일규격협회의 정기간행잡지(DIN-Mitteilung)에서 이루어지고 있어 그 합헌성이 문제되고 있다. 이 점에 관하여 학설은 대체로 다음과 같은 찬반양론으로 나뉘어 있다. 첫째, 이와 같은 기술규정·기준은 원래 그것을 언급하는 법규정을 구체화하는 수단에 불과하고 법령에 의해 언급된다고 해서 법규법적 성격을 띠는 것은 아니라고 하는 설, 또는 법령이 기술규정·기준을 언급하는 목적은 오히려 이러한 공시를 피하는 것에 있는 것이기 때문에 이러한 규정·기준 자체에 엄격한 법규범성을 요구할 수는 없다고 하는 설이 있다. 둘째, 행위자는 이것에 위반하면 벌칙이 부과되는 경우도 있을 수 있기 때문에 법규범과 동일하게 - 적어도 이것을 언급하는 법령과 동일한 수준으로 - 공포되어야 한다고 하는 설이 있다. 이 중 두 번째의 학설이 통설이지만 이 점을 너무 강조하면 실제 운용에 있어서 노동과학연구의 신속한 법적 실현이라고 하는 장점이 상실될지도 모른다는 문제가 발생할 것으로 생각된다.

다음으로 이와 같은 기준 자체가 가지는 경직성에 관한 문제가 제기되고 있다. 유해위험방지기준은 그것이 아무리 상세하고 구체적으로 규정되어 있어도, 아니 오히려 그렇기 때문에 개별 사업장 또는 개개 근로자에게 적합한 기준설정이 이루어지지 않으면 그 목적하는 바를 달성할 수 없게 될 것이다. 이와 같은 기준 작성자는 "유해위험이 전혀 없는 절대적 안전보건상태는 있을 수 없는 이상, 정당화될 수 있는 정도의 위험을 제거한다"고 하는 방침으로 그 작성에 임하고 있지만 어떤 사업장에서는 이것을 어느 정도 초과해도 안전이 확보될 수도 있고 또 그 반대의 케이스도 있을 수 있다. 특히 직업병질환자, 허약체질의 근로자와 건강한 근로자는 기준치가 당연히 달라야 할 것이다. 그러나 이러한 기준 설정 시에 이러한 개개의 특성이 구체적으로 배려되지 않고 있는 경우가 많다는 점이 제기되고 있다.

이와 같이 노동과학연구가 진전되고 이것에 대한 신뢰도가 높은 독일에서도 막상 이것을 법적 차원에서 실현하려고 하는 단계에서는 여러 가지 문제가 발생하고 있고 그 해결은 꼭 용이하다고는 말할 수 없다. 그러나 새로운 유해위험 요인에 대응하지 못하고 있거나 기술변화와 부합하지 않는 기준을 본래 법 제정 절차에 요하는 장기간 동안 방치하는 것보다는 노동과학에서의 일반적 인식과 직장을 법적으로 연결하는 방책을 보다 빨리 강구하고 이를 사후의 시행착오를 통해 조정해 가는 수단이 유효하다고 할 것이다. 독일의 산업안전보건법제는 이와 같은 인식을 기초로 하여 실무·학술상의 일반적 지식을 상술한 바와 같이 직접 법규범에 흡수하거나 각종의 법규범의 해석기준으로 삼고 있고 또는 이것을 신속하게 법규범화하기 위한 제도설계를 하는 등 이것에 상당한 신뢰를 부여하는 것에 의해 노동의 인간화를 지향하고 있다고 해석되고 있다.

제3장 산재보험조합의 자율적 규범

전술한 바와 같이 독일의 공법상의 산업안전보건법제는 1996년 「산업안전보건보호법」을 중심으로 하는 노동법 제도와 「사회법전」을 중심으로 한 사회법 제도로 구분되어 있고, 이들 제도는 각각 ① 산업재해를 방지한다고 하는 다소 소극적 의미를 가지는 '재해로부터의 보호'(Unfallschutz)와 ② 일반적 건강피해 방지 및 건강증진이라고 하는 보다 적극적 의미를 가지는 '건강보호'(Gesundheitschutz)의 직무로 구분되어 있다.[82] 양자는 각각 다른 역사적 연혁을 가지지만 현재 규제영역에 관한 한 양자를 구분하는 의미는 거의 없다고 말해도 무방하다. 그러나 독일 사회법이 보장하는 산재보험조합의 입법, 즉 산재예방규칙은 ① 「기본법」상의 입법기관 외의 기관에 의해 제정되는 점, ② 노사의 자치입법이라고 하는 측면을 가지는 점, ③ 국가법의 입법으로는 곤란한 신속하고 전문적 입법을 가능하게 하는 점 등에서 비교법상 매우 특수한 위치에 있다고 말할 수 있다. 이하에서는 산재보험조합에 의해 제정되는 산재예방규칙의 법적 의의 및 성격을 알아보기 위해 먼저 산재보험조합의 역사, 조직, 역할 등에 초점을 맞춰 다각적으로 검토하기로 한다.

---

82) Däubler, Das Arbeitsrecht 2, 10. Aufl., 1995, S. 239.

제1절 산재보험조합

1. 성립경위 및 법적 성격

「사회법전」 제4편 제29조 제1항은 "사회보험의 보험자는 자율적으로 운영을 하는 권리능력을 가지는 공법상의 사단이다"고 규정하고 있다. 산재보험조합은 국가의 합법성 감독하에 두어져 있는 한편 사업주의 보험료만을 수입원으로 하여 사업주·피보험자(근로자 측) 각각의 대표에 의해 자치적으로 운영되는 기관이다. 산재보험조합이 스스로 보유하는 규약(Satzung)의 작성권한에 대해서는 「사회법전」 제7편 제164조·제154조, 제4편 제31조 이하에서 규정하고 있는데 지역 및 전문 분야마다 설치된 산재보험조합은 법과 그 규약에 따라 운영된다.[83]

「제국보험법」의 전신인 독일 「재해보험법」의 입법과정(1881년 독일 「재해보험법」 제1차 법안 작성단계)에서는 법정 보험조직을 공적인 것으로 할지 아니면 사적인 것으로 할지에 대해 노사 및 정부 간에 격렬한 논쟁이 있었다. 보험조직의 주도권을 정부의 손에 넣으려고 하는 의도와 그것을 사적인 것으로 하는 경우에 예측되는 여러 가지 문제점에 대한 우려 등 때문에 당초에는 법정 산재보험조합에 대해 제국보험기관에 의한 일원적 관리가 예정되어 있었다. 그러나 동 법안 제56조에는 "사업주는 동급의 위험 정도에 속하는 기업에 의해 일정의 구역마다 산재보험을 목적으로 하는 공제제도를 구성하는 것이 허용된다"는 규정이 있었기 때문에 제국보험기관의 설치에 대항하는 세력이 이 규정을 활용하여 자율관리적인 조합조

---

83) Spinnarke, a. a. O., SS. 56-58.

직의 설치를 목표로 이러한 움직임에 저항했다. 여기에서는 독일의 산업에 이미 구성되어 있었던 민간경제단체가 활용되었던 점에 주목할 필요가 있다. 왜 이러한 단체가 결성되어 있었는가도 흥미로운 사실인데, 이것은 1871년 6월 7일의 「제국 사업주 배상책임법」(Reichshaftpflichtgesetz)이 그 당시의 「민법」의 규정과 비교하여 사업주의 재해배상책임을 확대한 것이 사업주로 하여금 상호보험조합 등의 단체의 결성을 촉진했다고 말해지고 있다. 또한 「사회주의자 탄압법」(정식 명칭 「사회민주주의자의 파괴적 행동 방지를 위한 법률」)하에서 조직적 탄압을 받고 있었던 노동조합이 활동의 거점으로 삼고 있었던 공제조직, 직능별조합 등에 대한 사업주의 대항 필요성이 이러한 단체의 결성 이유가 되었을 것이다. 이상과 같은 경과 후, 독일 「산재보험법」의 제3차 법안에서 근로자의 보험료 부담 및 국고 부담은 폐지되고 제1차 법안 제56조는 '산재보험조합의 원칙'으로 수정되어, 마침내 정식으로 법적 승인을 받은 '자율적 관리' 및 '공적' 성격을 가지는 산재보험조합이 탄생하게 되었다.[84]

이 산재보험조합은 국가감독과의 논쟁을 거치면서 경영자 측 주도로 설립된 경위를 가지지만 어디까지나 노사 자치에 의한 조직·운영이 원칙이다. 하지만 ⅰ) 사업 이익 및 부담의 공유라고 하는 사회적 성격, ⅱ) 순수한 사적 보험 운영 시 발생할 수 있는 문제점을 회피할 필요성 등으로부터 산재보험조합의 조직구성 및 직무내용 등에 대해서는 법적 규제 및 행정감독을 실시하고 있다.

---

84) 木下秀雄, 『ビスマルク労働者保険法成立史』, 有斐閣, 1997, 55-69, 143-164쪽 참조.

2. 조직

산재보험조합의 회원은 그 본거지가 당해 산재보험조합의 관할구
역에 있는 각 '사업주'(Unternehmer)로 정해져 있지만(「사회법전」
제7편 제130조), 피보험자에 대해서는 법률(「사회법전」 제7편 제2
조) 및 규약(「사회법전」 제7편 제3조 이하)에 의해 강제가입 피보험
자로 되는 자, 기타 임의가입 피보험자로 되는 자 모두가 해당된다.
이 중에는 산재보험조합의 회원이면서 동시에 피보험자에도 해당하
는 사업주가 존재하는데 그들은 회원과 피보험자의 양 측면에서 법
의 적용을 받게 된다.[85]

산재보험조합의 자치기관으로서는 대표자회의와 이사회가 존재한
다(「사회법전」 제4편 제31조 제1항). 이 중 전자인 대표자회의는 국
가기관에서의 의회에 해당하는 것으로서, 회원(사업주 측) 대표와 피
보험자(근로자 측) 대표는 각각 1/2씩 6년마다 실시되는 사회보험
선거에 의해 선출된다. 그리고 대표자회의는 산재예방규칙 및 재해
위험도 일람표와 같은 규칙 및 규약을 결정하는 권한을 갖고 있다
(「사회법전」 제4편 제33조). 이와 같은 '자치입법권'은 어디까지나
대표자회의의 고유의 권한으로서 특별위원회 등을 설치하여 이것을
위임하는 것은 불가능하다. 한편 후자인 이사회에는 일상적인 업무
를 제외한 산재보험조합을 관리하고 사법(재판) 내외에서 조합을 대
표하는 권한이 부여되어 있고(「사회법전」 제4편 제35조), 일상적인
업무는 이사회의 제안에 의해 대표자회의가 선출하는 사무총장(1명)
및 사무장(3명)이 관장한다(「사회법전」 제4편 제36조). 이사는 대표
자회의의 위원 중에서 선출되고, 이사회는 대표자회의와 마찬가지로

---

85) Igl/Welti, Sozialrecht, 8. Aufl., 2007, SS. 204-205 참조.

사업주 측(회원)과 근로자 측(피보험자)으로부터 각각 1/2씩 동일한 수로 구성된다. 또한 이사회는 규약의 규정 또는 개별적 판단에 의해 각 이사에 산재보험조합을 대표하게 하는 것도 가능하다(「사회법전」 제4편 제35조).

3. 직무

가. 재해보상

보험사고(산업재해·직업병·통근재해)에 대한 사업주(산재보험조합 회원)의 인적 재해보상책임(물적 손해는 산재보험 대상에서 제외된다)은, 사용자가 재해(보험사고)를 고의로 야기하거나 재해가 일반적 교통수단을 이용하고 있는 도중에 발생한 것이 아니 한, 산재보험조합으로 승계된다. 따라서 피보험자 및 그 유족의 사용자에 대한 민사상의 손해배상청구권은 그 한도에서 배제된다(「사회법전」 제7편 제104조 내지 제106조). 단 사용자에게 고의 또는 중과실이 있을 때는 산재보험조합은 당해 사용자에 대하여 배상청구(구상권)를 행사하는 것이 가능하고, 이것은 당해 재해 때문에 지출해야 하는 모든 비용에 미친다(「사회법전」 제7편 제110조).[86]

보험사고에 포함되는 산업재해에 대해서는 「사회법전」 제7편 제1항 및 제3항에 정의되어 있다. 즉, "산업재해란 보험대상이 되는 활동에 의한 피보험자의 재해를 말한다. 재해란 시간적으로 한정된 외부로부터 신체에 작용하는 것으로서 건강장해 및 사망을 초래하는 것을 말한다. 신체보호장구의 손상 및 상실도 건강장해로 간주된다."

---

86) Löwisch, Arbeitsrecht, 8. Aufl., 2007, SS. 278-279 참조.

그리고 보험사고 중에서 특히 중요한 의미를 갖는 것은 직업병이다. 「사회법전」제7편 제9조 제1항은 직업병에 대해서 "연방정부가 연방참의원의 동의를 얻어 법규명령에 의해 지정하는 질병으로서 피보험자가 보험대상이 되는 활동에 의해 이환되는 질병을 말한다"고 정의하고 법 기술적으로 통상의 산업재해와는 다른 취급을 하고 있다. 즉 보험대상이 되는 활동과의 인과관계의 입증이 곤란한 직업병에 대해서는, 그것이 대량관찰방식 등 비교적 완화된 조건하에서 의학적으로 인정되는 한 사회정책적으로 판단하여 직업병 인정대상 목록에 포함시키고 있다.[87] 이와 같은 직업병 목록은 「직업병에 관한 시행령」(Berufskrankheiten-Verordnung, 통칭 BKV)에 기재되어 있다. 나아가 1963년에는 「제국보험법」 제551조 제2항(현행 「사회법전」 제7편 제9조 제2항)에 '개방조항'(Öffnungsklausel)이 마련되어 일정한 요건의 충족을 조건으로 산재보험자 독자의 판단에 의해 목록 외의 질병을 개별적으로 직업병으로 보상하는 것이 가능하게 되었다.

나. 산재예방 등

산재보험자가 수행해야 할 직무 중에서 「사회법전」 제2장이 정하는 산재예방은 금일의 우선적 과제가 되고 있다. 그러나 산재예방의 법적 성격에 대하여 설명하면, 그것은 급부적 성격을 가지지 않고, 따라서 그것에 의해 이익을 얻는 자에게 어떠한 공법상의 청구권도 부여하지 않는 '행정행위'라고 해석되고 있다.[88]

산재예방의 본질은 산업재해 및 직업병의 적극적인 예방에 있기

---

87) Radek, Aktuelle Probleme und Entwicklungen im Bereich des Berufskrankheitenrechts, NZA, 1990, S. 592.

88) Bley · Kreikeblom, Sozialrecht, 7. überarb. Aufl., 1993, S. 267.

때문에 그 목적은 '유해위험인자의 발생과 그 진행의 억제'라고 하는 근본적인 과제로 향하여진다.[89] 여기에서 '위험인자의 발생과 그 진행'을 억제하는 수단으로서는, 「사회법전」 제7편 제15조 및 제16조에 근거하는 산재예방규칙의 제정과 동 법전 제17조, 제18조 및 제20조에 근거하는 기술감독관에 의한 감독, 지시 및 권고·상담 등이 있다. 그리고 그 대상은 의학적·심리적·교육적 측면 또는 작업구성의 상태에 이르기까지 다양한 측면에 걸쳐 있다.

현재 산재보험조합의 규약 등에 구체적으로 규정되어 실시되고 있는 전형적인 산재예방활동의 내용에는 다음과 같은 것이 있다. ① 사업주와의 상담과 그들에 대한 계발, ② 각 사업장에 대한 산업안전보건조치의 감독, ③ 사업장 내의 각 대상 집단에 대한 정보제공 및 교육, ④ 기술적 노동수단 및 개인안전보호구 등의 검사, ⑤ 직장위험 및 작업상의 부하 등의 조사·분석·평가의 실시 등이 그것이다. 특히 직업병 예방의 영역에서는 산재보험조합의 종합적 재해예방제도를 정립한 산재예방규칙 총칙 제100편(VBG 100)을 기초로 하여 화학산업 산재보험조합을 중심으로 다음과 같은 적극적 활동이 중점적으로 실시되고 있다.[90] ① 산재보험조합이 특히 주목하는 활동영역에 있는 자를 대상으로 하는 조직적 건강진단의 실시, ② 특히 중대한 질병에 관한 미확인 통계의 작성, ③ 산재보험조합 지정병원 연합협의회, 대학의 연구기관을 통한 직업병의 전문연구, 치료체제의 확립 등이다.

---

89) A. a. O.
90) Radek, a. a. O., S. 595.

제2절 산재예방규칙

1. 구 제국보험법 제708조 및 710조

구(舊) 「제국보험법」 제708조 제1항・제2항은 산재예방규칙에 대하여 다음과 같이 규정하고 있었다.

"① 산재보험조합은 이하의 사항에 대한 규정을 제정하는 것으로 한다. ⅰ) 사업주가 산업재해 예방을 위해 하여야 할 설비(Einrichtung), 지시(Anordnung), 조치(Maßnahme), ⅱ) 피보험자가 산업재해 예방을 위해 준수해야 할 행위, ⅲ) 피보험자 자신 및 제3자에 대해 현저한 유해위험을 동반하는 업무에의 취업개시 전 건강진단, ⅳ) 사업주가 「노동안전법」상 발생하는 의무를 이행하기 위하여 수행하여야 할 조치, ② 본 규칙은 일반적으로 공시되지 않으면 안 된다. 규약에 정하는 산재보험조합의 홍보지에서의 공시는 본 규정에서 말하는 일반적 공시에 해당한다. 산재보험조합의 회원이 이 규칙을 위반할 경우 당해 회원은 이 규칙 및 법 제710조가 정하는 과태료 통지를 받게 되고, 과태료 통지를 받은 회원은 스스로 피보험자에게 이 사실을 통지하여야 한다."

한편 「제국보험법」 제710조는 질서 위반에 대하여 다음과 같은 규정을 두고 있었다.

"① 산재보험조합의 회원 또는 피보험자이면서 고의 또는 과실에 의해 제708조 및 제709조에 근거하여 제정된 산재예방규칙에 위반한 자는, 당해 규칙이 일정한 구성요건에 대하여 과태료 규정을 두고 있는 경우 질서 위반으로서 취급된다. ② 이 질서위반은 20,000 마르크까지의 과태료에 처해진다."

위 본문에서 규정하고 있는 용어에 대하여 그 개념을 구체적으로 설명하면 다음과 같다.[91]

첫째, 제708조 본문에서 말하는 '산업재해'에는 「제국보험법」 제551조 제1항 제1문이 산업재해와 직업병을 동일하게 취급하고 있기 때문에 당연히 직업병도 포함된다.

둘째, 제708조 제1항 제1호에서 말하는 '설비'(Einrichtung)라는 문언은 매우 폭넓게 해석되고 있고 조업 중의 동력장치에 장착되는 안전장치 등의 일반적인 기술장치를 비롯하여, 예를 들면 비상구, 보호구획의 설치 등의 건축상의 구조, 경계표시의 설치, 바닥의 파인 곳의 제거 등 산재예방을 목적으로 하는 모든 물적 수단이 포함된다.

셋째, '지시'(Anordnung)라고 하는 개념 또한 폭넓게 해석되고 있는데, 이것에는 예를 들면 헬멧 착용, 안전화의 사용에 관한 것 외에 산재예방을 목적으로 하여 발해지는 일반적이거나 특정적인 지시 모두가 포함된다.

넷째, '조치'(Maßnahme)라고 하는 문언은 산재예방을 목적으로 하여 생각될 수 있는 모든 행위를 가리킨다고 해석되고 있다. 전형적인 예로 들어지는 것에는 다음과 같은 것이 있다. ① 사업장에서의 안전조직의 설치, ② 경영자의 산재예방교육, ③ 산재예방 홍보물의 상영, ④ 산재예방 회의의 개최를 목적으로 하는 종업원 집회의 개최, ⑤ 기타 안전한 작업절차의 형성을 목적으로 하는 규제 등.

다섯째, 제708조 제1항 제3호에서 말하는 '현저한 유해위험'이란 '모든 업무활동에 존재하는 통상의 위험을 초과하는 유해위험'을 의미하는데, 이것이 실제로 존재하는가 여부는 개별적으로 여러 가지 사정을 감안하여 판단된다.

---

91) 이하의 기술은 주로 Lauterbach, Gesetzliche Unfallversicherung, 3. und 5. Buch der Reichs-versicherungsordnung, Band Ⅰ, 3. Aufl., 1963-, SS. 924-932에 의한다.

여섯째, 제708조 제1항 제3호에서 말하는 '취업개시 전 건강진단'이란 일반적으로는 '채용 시 검진'을 의미하지만 기타 건강관리상 필요한 진단도 포함되는 것으로 이해된다. 건강진단에 소요되는 비용의 부담에 대해서는 「제국보험법」에서 특별히 규정하고 있지 않은데, 현실적으로는 그 전부 또는 일부를 산재보험조합이 부담하는 경우도 있고 기업이 부담하는 경우도 있는 등 여러 가지 관행이 존재하고 있었다.

일곱째, 제710조에서 말하는 '과실'의 정의에 대해서는 그것이 민사법상의 것인가, 형사법상의 것인가 또는 위험성이 높은 작업에서 위반이 있으면 당연히 그 존재가 긍정되는가(일반적으로는 부정된다), 스스로 선임한 자의 과실을 사업주와의 관계에서 어떻게 파악할 것인가(일반적으로 사업주는 감독의무로부터 공동책임이 물어진다) 등 여러 가지 점에서 논의가 착종되어 있다.

여덟째, 제710조에서 말하는 '위반'의 문언에 대해서는 단지 위반행위가 있으면 그것으로 충분하고 그 행위에 의해 재해가 발생했는지 여부 또는 구체적인 위험이 발생했는지의 여부는 물어지지 않는다. 그리고 질서벌에 대해서는 '일사부재리의 원칙'이 적용되지 않기 때문에, 질서벌은 형사벌과의 관계에 있어서도 복수의 질서벌과의 관계에서도 동 원칙과 관계없이 적용된다.

산재예방규칙은 이상과 같은 근거규정을 통해 산재보험조합에 의해 다음에서 설명하는 절차(2. 작성·시행절차)를 거쳐 제정되고, 그리고 질서벌의 위협을 배경으로 그 이행이 확보된다. 이것은 이와 같은 규정이 「사회법전」제7편에 통합된 후에도 기본적인 변화는 없다(대응하는 「사회법전」조항은 제15조 및 제209조이다). 또한 그때 징수되는 과태료는 산재보험조합에 납입되도록 되어 있다.

2. 작성・시행절차

　산재예방규칙은 중앙상공업산재보험조합 연합회의 중앙산재예방국의 특별위원회에서 작성된다. 이 위원회에는 ⅰ) 중앙기관의 대표자 외에, ⅱ) 규제대상영역을 전문적으로 담당하는 기술감독관, ⅲ) 연방노동사회부의 대표자, ⅳ) 영업감독관, ⅴ) 규제대상영역에 있는 설비의 제조자・이용자, ⅵ) 사업주 측의 전문가조직, ⅶ) 노동조합의 대표자가 각각 구성원으로 되어 있고, 필요에 따라서는 당해 영역에 지식경험을 가지는 전문가가 참가하는 경우도 있다.

　특별위원회에서의 심의 종료 후 산재예방규칙안은 관련 산재보험조합 대표자회의에서의 심의를 위해 '중앙산재예방국의 초안'으로 관련 산재보험조합에 송부됨과 동시에 예비심사를 위해 연방노동사회부에도 송부된다. 그리고 연방노동사회부가 초안을 접수하는 대로 그것을 각 주에 회송하여 그 의견을 청취하고(「사회법전」 제7편 제15조 제4항 제2문) 각 주는 그 지역 내에 있는 영업감독기관에 초안을 송부한다. 이것은 산재예방규칙이 장관의 승인을 받으면 사업주에게 부과하는 규제기준으로서 기능하기 때문이다.[92] 한편 관련 산재보험조합의 대표자회의에서 결정된 산재예방규칙은 예비심사의 결과에 따라 연방노동사회부의 승인을 받도록 되어 있다(「사회법전」 제7편 제15조 제4항).

---

92) Lauterbach, a. a. O., S. 920.

3. 법적 성격

가. 일반법규성

산재예방규칙은 본래적으로는 산재보험조합의 회원 및 피보험자
에 대해서만 구속력과 규범적 성격을 가지는 '자치적 법규'이다(「사
회법전」 제7편 제15조).[93] 1950~1960년대의 판례에서는 본 규칙의
대상자가 이와 같이 한정되어 있는 것으로부터, 예를 들면 민법전
제823조(불법행위에 관한 규정) 제2항에서 말하는 보호법규에는 해
당하지 않는다고 하는 등 그 일반법규성을 소극적으로 해석하는 판
단이 지배하고 있었지만, 그 후 많은 법규에서 이 규칙을 위법성 판
단기준으로서 채용하는 것이 나타나게 되고(구「기계·기구안전법」
제3조 제1항 제2문 및 제4조 제2항, 구「사업장 안전보건에 관한 시
행령」 제3조 제1항 등), 또한 이러한 법규가 실제로 민법전 제823조
제2항의 보호법규에 해당하는 경우도 많이 존재하는 사실로부터도
산재예방규칙의 보호범위는 제3자에게도 적용되는 것으로 해석되게
되었다.[94] 따라서 현재는 산재예방규칙이 당해 산재보험조합의 사업
주 및 피보험자의 범위를 넘는 일반적 효과를 가지는 것으로 말해지
고 있다.[95]

---

93) BGH(Urteil) vom 11.2.1953, BG, 1953, S. 203; BGH(Urteil) vom 24.6.1953, BG, 1953, S. 401.

94) Lauterbach, a. a. O., S. 920.

95) Lauterbach, a. a. O., S. 920/1.

나. 최저기준성

산재예방규칙은 일반적으로 산재예방을 위해 준수하지 않으면 안되는 최저기준규정이라고 해석되고 있다. 그리고 그것은 다음과 같은 내용을 가지고 있는 것을 의미한다.[96]

첫째, 사업주는 위반 당시 산재예방규칙을 알지 못하였다는 것을 가지고 그 책임을 면할 수 없고 또 스스로에게 위반이 존재하는 한 결과적으로 재해가 제3자의 경솔한 행위에 의해 야기되었다 하더라도 재해의 발생을 예견할 수 없었다는 주장은 성립되지 않는다.

둘째, 산재예방규칙은 사업주의 재량사항은 아니다. 즉, 법에서 정하는 다른 수단에 의해서도 동일한 효과가 기대되는 경우에 예외적으로 정해지는 일탈조항(abweichende Zulassung)이 없는 한 사업주에게 규제의 일탈은 인정되지 않는다. 다른 한편 본 규칙은 사업주의 경영에 있어서의 주의의무에 한계를 둔 것은 아니고 또한 사업주가 산재예방을 위한 적절한 조치를 실시하는 데 있어서 독자적인 주의의무를 면제하는 것도 아니다. 따라서 사업주가 일정한 유해위험을 배제하는 산재예방규칙의 규정에 위반하고 그 후 당해 규정과 관련되는 재해가 발생한 경우, 그 재해는 당해 규칙을 준수하고 있었으면 회피되었을 것이라고 추정되는데, 이 추정을 뒤집는 것은 사업주의 책임으로 해석되고 있다.

다. 소결

위와 같이 볼 경우, 산재예방규칙이라고 하는 규약이 공법상의 사

---

96) Lauterbach, a. a. O., S. 921.

단으로서의 법적 성격을 가지는 노사 자치에 의한 자율관리적 조직
인 산재보험조합에 의하여 법이 정하는 범위에 있어서 그리고 국가
기관의 승인을 받아 제정·공시된다고 하는 한에 있어서 국가의 산
업안전보건법규와 매우 유사한 성격이 부여되어 있다고 하는 것에
는 그 나름대로의 합리성이 인정된다고 생각된다. 그리고 이러한
성격은 1976년 연방노동법원 판결[97]에 의해 명확하게 지지를 받게
되었다. 동 법원은 산재예방규칙이 국가의 산업안전보건법규와 동
렬의 위치에 있는 것으로 판단하였을 뿐만 아니라 나아가 그 양자
가 노동계약법인 「민법전」 제618조의 규정을 매개로 하여 근로계
약의 내용이 된다고 해석하였는바, 이는 당시 노동법학계의 큰 주
목을 받았었다.

제3절 해석규정

산재보험조합은 산재예방규칙과 별도로 동 규칙에서 선언되고 있
는 목적의 달성을 위해 다음과 같은 2종류의 해석규정을 책정하고
있다. 최근에는 산재예방규칙 자체가 일반조항의 성격으로 설정되는
경향이 강해지고 있고, 그 결과 이러한 보완준칙이 가지는 의의가
상대적으로 중요해지고 있다. 이하에서는 이것의 목적·내용, 법적
성격, 위반의 효과 등에 대하여 설명한다.[98]

---

97) BAG(Urteil) vom 10.3.1976, 5 AZR 34/75, AP Nr.17 zu §618 BGB.
98) 이하의 기술은 주로 Lauterbach, a. a. O, S. 924/1에 의한다.

1. 준칙(Richtlinie)

준칙이란 기술의 전개가 빠르게 진행되어 이것에 대응하는 산재예방규칙이 아직 제정되어 있지 않은 설비, 작업절차, 작업기자재 등을 대상으로 산재보험조합에 의해 책정되는 규정을 가리킨다. 이와 같은 준칙은 산재예방을 위한 기술적 조건, 행위 및 사업장의 안전보건규제에 대하여 지침을 주고 있지만 법규범에 해당하는 것은 아니고 준칙 위반을 직접적인 근거로 하여 질서벌을 부과하는 것은 불가능하다.

그러나 당사자가 이 준칙을 알고 있거나 또는 알고 있었어야 함에도 불구하고 이것을 준수하지 않는 것은 민·형사절차상 과실이 존재하는 것으로 평가되는 경우가 있다. 또한 충분한 산재예방대책의 실시를 위하여 준칙의 준수가 필요하다고 간주되는 상황임에도 사업주가 이를 거부한 경우에는 산재보험조합이 이것을 준수하도록 개별적 지시를 발하게 되는데 이 지시를 위반하면 질서벌이 부과된다.

2. 실행규정(Durchführungsregeln)

실행규정은 산재예방규칙에 규정되는 요건의 실시수단에 대하여 어디까지나 예시적으로 정하고 있는 것이다. 따라서 동일한 목적을 달성할 수 있는 다른 수단이 있는 경우에는 그 수단에 의하는 것도 가능하다. 그러나 특정 실행규정에 의해 미리 알 수 있었던 조치나 기타 적당한 조치가 실시되지 않고, 이로 인하여 결과적으로 산재예방규칙이 규정하는 요건이 충족되지 않은 경우에는, 그 실행규정의 비준수를 근거로 질서벌이 부과될 수 있을 뿐만 아니라 민·형사절차에서 과실의 구성요건으로도 인정된다. 나아가 산재예방조합의 기술감독관은 그 시점에서의 기술수준에 비추어 다른 수단으로는 산재예방규칙의 요건을 효과적으로 충족하는 것이 곤란한 경우에는 해당 산재예방규칙의 요건을 제시함과 동시에 그에 속하는 실행규정을 권고로서 제시하거나 경우에 따라서는 지시하는 것도 가능하다.

제4장 종업원대표에 의한 사업장 산재예방규제

　독일에서는 새로운 유해위험에 대응하기 위한 사업장 안전보건규제를 행하고자 할 때에는 산업별·지역별로 체결된 단체협약은 물론 사업장마다 체결되는 '사업장협정'이라고 하는 자치적 규범에 의한 수단도 활용할 수 있다. 특히 사업장협정에는 각 사업장 고유의 유해위험에 대응하여 산업안전보건법규 및 산재예방규칙을 신속하고 상세하게 구체화하고 임의의 사업장협정의 경우에는 이러한 규정을 초과하는 내용도 규정할 가능성이 열려 있다. 앞에서 서술한 국가의 산업안전보건법규와 산재보험조합에 의한 산재예방규칙을 사업장 외 산재예방규제라고 위치 지울 경우 종업원대표와 사용자에 의한 사업장협정은 사업장 내 산재예방규제라고 위치 지우는 것이 가능할 것이다.

　현행「사업장조직법」및 기타 법규 중에는 종업원대표의 산업안전보건문제에의 관여를 근거 지우는 규정의 내용으로서 ① 산업안전보건의 확보를 목적으로 하는 현행의 법률, 명령, 산재예방규칙, 단체협약 및 사업장협정이 이행되도록 감시하는 일반적 직무(「사업장조직법」제80조 제1항 제1호), ② 산업안전보건문제에 대한 의무적 공동결정(동법 제87조 제1항 제7호), ③ 산업안전보건사항을 포함한 사회적 사항 전반에 관한 임의·보충적 사업장협정의 체결 권한(동법 제88조 제1호), ④ 산업안전보건에 관한 종업원대표와 사업장 외 노동보호기관 간의 협동 및 종업원대표와 사업주 간의 협동

(동법 제89조), ⑤ 작업공정, 작업절차, 작업장 등의 계획단계에서의 종업원대표에의 통지의무 및 동 위원회의 관여, 그리고 사업주와 종업원대표의 확정적인 노동과학적 지식에 대한 배려의무(동법 제90조 제1항 및 제2항), ⑥ 근로자가 작업조건에 관한 확정적인 노동과학적 지식에 명백히 반하는 작업장, 작업절차, 작업환경변경에 의해 특별하게 부담에 노출되는 경우, 그 부담의 회피, 경감 및 보상을 위한 적절한 조치를 요구할 권한(동법 제91조), ⑦ 산업의 및 산업안전 전문직원의 선임 및 해임에 대한 동의권(「노동안전법」 제9조 제3항), ⑧ 산업재해의 신고서 제출 시 확인서명권(「사회법전」 제193조 제5항) 등이 존재한다.

이하에서는, 이러한 사업장 내 산재예방규제를 근거 지우는 많은 규정이 어떻게 형성되어 왔는가를 설명한 후, 이러한 규정 중 가장 기본적이고 중요한 위치를 차지하는 「사업장조직법」 제87조 제1항 제7호에 대하여 설명하는 것으로 한다.

제1절 사적 전개

비스마르크 정권이 종언을 고한 후인 1900년경 사업장 수준에서의 산업안전보건의 영역은 원칙적으로는 사업주의 독점적인 지휘명령권하에 유보되어 있었다. 그 결과 산업안전보건 영역에서의 근로자의 관여권은 지극히 한정된 범위에서만 인정되어 있었다.[99]

한편 「바이마르 헌법」 가결 후인 1920년에 이르러서는 같은 해에 공포된 「종업원대표법」(Betriebsrätegesetz 1920)에 의하여 근로자의

---

99) Kohte, Arbeitnehmerhaftung und Arbeitgeberrisikio, 1981, S. 164.

관여권은 다음과 같이 종업원대표의 공동결정권이라는 형태로 사업장 내 산재예방의 영역에서 본격적인 보장을 받게 된다.

첫째, 안전한 경영의 확보와 밀접히 관련되는 사업장의 질서 및 근로자의 행위에 관한 규제는 당시까지는 구「영업법」제120조a 제4항에 의해 독점적으로 사업주에 맡겨져 있었지만, 다음의 「사업장조직법」제66조 제5호 및 제75조의 규정에 의해 사업주의 이와 같은 권한은 종업원대표와의 합의에 의해서만 행사하는 것이 가능하도록 되었다.[100]

"법 제66조: 종업원대표는 다음과 같은 직무를 가진다. …… 5. 현행의 단체협약의 범위 내에서 본법 제75조에 따라 근로자에 대한 통일적인 직무규정 및 그 수정을 사업주와 함께 결정할 것."

"법 제75조: 본법 제66조 제5호에 근거하여 통일적인 직무규정이 결정되어야 할 경우, 사업주는 그 규정이 단체협약에 의하는 것이 아닌 한 종업원대표에 대하여 초안을 제시하여야 할 의무를 진다. 그 초안에 대하여 합의에 도달하지 못하는 경우 쌍방 당사자는 구속적 결정을 하는 조정위원회를 소집하는 것이 가능하다."

둘째, 동법 제66조 제8호는 사업주에 대한 의무적 관여권은 규정하고 있지 않지만, 종업원대표의 사업장 내 산재예방을 위한 감독적·보조적 기능과 관련하여 '사업장의 유해위험이 제거되도록 배려할 것, 그리고 그 활동 시 제안, 협의, 정보제공에 의해 영업감독기관과 기타 관계기관을 보조하는 한편 영업감독에 의한 규제 및 산재예방규칙의 실시에 노력할 것'을 그 직무로 규정하고 있다. 나아가 제77조는 사업주와 행정기관이 실시하는 재해조사에 종업원대표에 지명되는 자가 참가되어야 한다는 것을 규정하고 있다. 이러한

---

100) 野川忍,「賃金共同決定の法的構造」, 日本労働協会雑誌, 1984, 307호, 28쪽 이하 참조.

규정들은 현행 「사업장조직법」에도 계승되고 있다.

그러나 이와 같은 전개는 1934년 나치스정권에 의한 종업원대표의 해체에 의하여 원점으로 되돌려진다. 즉, 1934년 「국민노동질서법」에 의해 사업장 내 산재예방에 관한 사항을 포함하여 근로자의 관여권도 흔적도 없이 사라지게 되었다.[101]

1945년 제2차 세계대전 패전 후 서독은 「국민노동질서법」을 폐지하고 1952년 「사업장조직법」에서 종업원대표에 다시 산업안전보건 영역에서의 의무적 관여권을 부여하였다. 본법에서는, 현행 1972년 법 제87조 제1항 제7호에 존재하는 것과 같은 일반적 안전보건사항에 대해서는 법 제57조가 예정하는 임의의 사업장협정에 맡겨져 있었지만, 제56조 제1항 제(f)호의 규정을 통해 사업장의 질서 및 근로자의 행위에 대하여 재차 의무적 관여권이 설정되기에 이르렀다.

이러한 흐름을 승계하여 사업장 내 산재예방 영역에서의 종업원 대표조직의 법제도상의 본격적인 관여를 실현한 것은 1972년 「사업장조직법」인데, 동법은 다음과 같은 점에 중점을 두어 제정되었다. ① 사업장 내에서 근로자의 개별적 권리규정의 창출, ② 종업원대표의 사회적·인사적·경제적 사항의 공동결정권, ③ 직장 형성 및 작업공정 등 새로운 영역에서의 종업원대표의 권리의 창출, ④ 사업장에서의 노동조합의 지위의 확보 및 강화, ⑤ 종업원대표와 사업주의 협력에 관한 규정의 설정. 특히 동법 제87조 제1항 제7호에 의하여 국가의 산업안전보건법규 및 산재예방규칙의 범위 내에서의 안전보건에 관한 모든 규제가 의무적 공동결정의 대상으로 되었고, 나아가 이 규정은 앞에서 언급하였던 동법 제80조 제1항 제1호, 제81조 제1항 제2문, 제88조 제1호, 제89조 등 다른 조항으로부터 측면

---

101) 盛誠吾, 「懲戒処分法理の比較法的研究 I」, 一橋大学研究年報, 1983, 13호, 214쪽 이하 참조.

지원을 받게 되었다.[102]

또한 1972년 「사업장조직법」은 제90조 및 제91조에서 작업조건의 계획단계에서의 종업원대표의 정보권, 사업주와 종업원대표의 협의, 노동의 인간적 형성에 관한 노동과학적 지식의 배려의무 및 노동과학적 지식 위반이 발생한 경우 종업원대표의 '수정적 공동결정권'(korrigierendes Mitbestimmungsrecht)을 새롭게 규정함으로써 사업장에서의 산업재해로 인한 피해의 방지를 위한 독특한 집단적 예방수단을 보장하였다.

제2절 의무적 공동결정

「사업장조직법」 제87조 제1항 제7호는 다음과 같이 규정하고 있다. "종업원대표는 법적 규정 또는 단체협약 규정이 존재하지 않는 한 다음의 사항에 대하여 공동결정권을 가진다. …… 7. 산업안전보건법규 또는 산재예방규칙이 정하는 범위 내에서의 안전보건에 관한 규제"

본 규정의 문언에 비추어 보면 의무적 공동결정이 인정되는 것은 어디까지나 산업안전보건법규 또는 산재예방규칙의 규정이 정하는 범위 내로 되어 있다. 요컨대 '산업안전보건 보호를 목적으로 하는 공법상의 규정'의 범위 내의 규제에 한정되어 있다는 것을 알 수 있다. 그러나 의무적 공동결정을 이끌어내는 산업안전보건법규 및 산재예방규칙의 목적, 성격 등에 관한 구체적인 한계에 대해서는 반드시 명확한 것은 아니기 때문에 별도로 검토할 필요가 있다.

---

102) Kohte, a. a. O., S. 167 참조.

먼저 규정의 목적에 대해서 말하자면 그것은 어디까지나 근로자의 보호에 향해져 있지 않으면 안 되고 근로자 이외의 제3자 또는 공중 일반의 보호를 목적으로 하는 것이어서는 안 되는 것이 원칙이다. 그러나 환경법규 등 산업안전보건법규 이외의 영역에도 동법과 그 내용 및 목적이 중복되는 규정이 다수 존재하는데, 이와 같은 법규는 직접적인 산업안전보건법규라고는 말할 수 없지만 동시에 근로자의 보호도 그 범위에 넣고 있다. 이러한 경우의 구체적인 판단 기준은 당해 규정의 목적이 제1차적으로 사업장 내 재해위험 또는 건강피해를 경감하거나 효과적인 안전보건의 확보에 있는지의 여부에 의하는 것으로 해석된다.[103]

그다음으로 규정의 성격에 대해서는 매우 많은 논의가 있는바, 여기에서 말하는 의무적 공동결정의 대상은, 어디까지나 보충적 규제의 가능성이 열려 있고 나아가 그 필요성이 있는 '개괄규정'(Rahmenvorschrift)의 범위 내, 이른바 규제영역(Regelungsspielraum)에 한정된다. 따라서 이미 요건이 특정되어 있는 강제규범은 의무적 공동결정 대상으로서의 성격에는 맞지 않는다고 해석되고 있다.[104] 문제는 이러한 기본규정이 창출하는 규제영역이란 구체적으로 무엇을 의미하는가이다. 이것은 원칙적으로는 사업주에게 '재량영역'이 존재하는 경우에 한정된다고 이해되고 있다. 이하에서는 구체적으로 어떠한 규정이 공동결정의무를 발생하게 하는 기본규정으로 인정되는가를 예를 들어 설명하기로 한다.

---

103) Fabricius/Kraft/Wiese/Kreutz/Oetker/Raab/Weber, a. a. O., §87 Randziffer 507.

104) Fabricius/Kraft/Wiese/Kreutz/Oetker/Raab/Weber, a. a. O., §87 Randziffer 527.

가. 구 영업법 제120조a

이 규정은 사업주를 대상으로 하는 직접적이고 일반적인 의무규정이고, 이 규정에 근거하여 사업주는 취해야 할 내용에 관하여 복수의 선택지를 얻게 된다. 베를린 주의 노동법원과 뒤셀도르프 주의 노동법원은 「사업장조직법」 제87조의 해석으로서 "각 사업장 차원에서의 산업안전보호를 실시하는 데 있어서 현존하는 결함을 보충하기 위한 산업안전보호의 상세한 규제는 법규의 작성자 및 산재보험조합에 맡겨져야 한다"는 취지를 주장하였지만 실제로는 수많은 산업안전보건규정이 일반조항 방식을 채용하고 있고 법규의 작성자 등에게 각 사업장의 실정에 맞추어 이 모두를 구체적으로 해석해 주기를 기대하는 것은 실제상 불가능하다는 것, 그리고 그 태만이나 무능력에 의하여 사업주의 규범적 의무를 면제하게 하는 것은 부당하다는 것 등을 이유로 학설상 지지를 얻지 못하고 연방노동법원 역시 주(州)법원의 견해를 채용하지 않았다.[105] 오히려 "동법 제87조 제1항 제7호는 산업안전보건법의 일반적 조항과 관련하여 기술혁신에 동반하여 발생하는 유해위험으로서 입법자가 신속하게 대응할 수 없는 새로운 유해위험에 대하여 사업장 노사의 공동결정에 의해 일정한 보호를 보장하는 것이다"고 해석되고 있다.[106]

나. 산재예방규칙

「사업장조직법」 제87조 제1항 제7호에 근거하는 공동결정은 그

---

105) BAG(Beschluβ) vom 6.12.1983, AP Nr. 7 zu §87 BetrVG 1972.

106) Fabricius/Kraft/Wiese/Kreutz/Oetker/Raab/Weber, a. a. O., §87 Randziffer 513.

본문에서 규정하고 있듯이 산재예방규칙의 구체적 해석에도 미치고 있다. 특히 산재예방규칙 총칙 제1편 제2조 제1항은 다음과 같은 포괄적 규정을 두고 사업주의 일반적 의무를 정하고 있다.

"사업주는 산업재해의 방지를 위해 이 산재예방규칙 총칙, 기타의 산재예방규칙, 그리고 일반적으로 인정된 산업의학적 · 안전기술적 규정에 걸맞은 설비, 지시, 조치를 갖추거나 실시하여야 한다. 특히 산업안전보건법규 등 다른 법규에 요건이 정해진 경우에도 본 규정은 어떠한 영향도 받지 않는다."

본 규정으로 대표되는 산재예방규칙상의 일반규정에 대해서는 본래 다른 산재예방규칙, 산재보험조합 · 기술감독관의 지시 등에 의하여 구체화되는 것이 원칙이지만 여기에서도 사업장마다 해석을 구체화할 여지는 충분히 남아 있다. 산재예방규칙의 구체화를 위한 공동결정은 특히 개개의 산재예방규칙에 부수하여 책정되는 보완준칙과 깊은 관련을 가지고 있다. 이러한 보완준칙은 산재예방규칙과는 달리 법적 구속력을 가지는 규범은 아니지만 규제 대상자에 대한 해석상의 지침을 제공하는 것이고 개개의 산재예방규칙에 제시된 보호목적의 구체적 실시수단을 예시하고 있다. 따라서 열거된 선택지로부터 일정한 수단을 선택할 때 공동결정의무가 있는 규제영역이 발생하는 것이다.[107]

---

107) Fabricius/Kraft/Wiese/Kreutz/Oetker/Raab/Weber, a. a. O., §87 Randziffer 525.

제5장 근로계약상의 안전배려의무

제1절 안전배려의무의 위상

1. 기본적 의무로서의 배려의무

독일 「민법전」 제617조 내지 제619조는 사용자의 안전배려의무를 규정하고 있다. 노동법 학설은 이 규정으로부터 배려의무(Fürsorgepflicht)라고 하는 포괄적 성격을 가지는 의무를 도출해 내고 있다. 이에 의하면 배려의무는 근로자를 보호·배려하고 근로자의 이익을 침해하지 않는 것을 그 내용으로 한다. 이것은 사용자의 기본적 의무이고 근로자의 충실의무(Treuepflicht)에 대응한다.[108] 이 기본적 의무로서의 배려의무는 노동법학에서 신의칙과 동일한 일반적 조항의 기능을 수행하고,[109] 다종다양한 개별적 의무가 이것에 근거하여 발생한다.

이 개별적 의무는 통상 다음과 같은 3가지 유형으로 구분된다.[110] ① 법률상의 규정을 가지는 것으로서, 예를 들면 민법전 제618조 및 상법(HGB) 제62조가 규정하는 안전배려의무, ② 배려의무 사상으로부터 도출되어 점차 특별한 성질을 가지는 독립적 의무로 발전한

---

108) Heuck-Nipperdey, a. a. O., S. 390.

109) Heuck-Nipperdey, a. a. O., S. 390에 의하면, 신의칙(제242조)이 채권법에서 가지는 기능을 근로계약에서는 충실배려의무가 수행한다.

110) Heuck-Nipperdey, a. a. O., S. 392, S. 405ff.

의무로서 현재 특별한 규정에서 취급되고 있는 의무, 예컨대 유급휴가의 부여의무, ③ 배려의무 사상으로부터 도출된 의무로서 특별한 법률상의 규정을 가지고 있지 않은 의무. 예를 들면, 근로자의 소유물을 배려할 의무, 공법상의 노동자보호규정을 이행하여야 할 의무, 사회보험법상의 규정을 준수하여야 할 의무, 위험을 동반하는 노동을 할 때의 근로자의 책임 경감, 평등취급원칙 등이다.

2. 배려의무의 이론적 기초

근로관계를 '인격법적 공동체관계'로 이해하는 것이 독일의 전통적인 학설이었다. 인격법적 공동체관계론의 대표적 논자인 Heuck에 의하면, 근로계약에 의하여 형성되는 근로관계는 당사자에게 노무급부와 임금지불을 의무 지우는 채권관계로서의 성격, 양 급부의 쌍무·교환관계로서의 성격, 계속적 관계로서의 성격 외에 인격법적 공동체관계로서의 특질을 가지고 있다. 근로관계도 채권관계인 한 「민법전」의 채권법 규정이 원칙적으로 적용되지만, 인격법적 공동체관계로서의 측면에 대해서는 「민법전」 규정은 적용이 부정되거나 수정 적용되지 않을 수 없다. Heuck는 이와 같은 인격법적 공동체관계를 근로관계의 법적 성격을 해명하기 위한 열쇠로 생각하였는데, 이것에 대해 다음과 같이 설명한다. 즉, 근로계약의 대상이 되는 노무급부는 단순한 재산법적 물건의 급부와는 달리 근로자의 인격과 불가분이기 때문에 근로계약은 '인격법적 계약'이라고 말할 수 있다. 이 인격법적 계약에 의해 당사자 간에 성립하는 법률관계는 채권법적 관계와는 완전히 다른 특수한 것이고 여기에서는 「민법전」 제242조의 '신의성실의 원칙'과는 별도의 윤리규범인 '충실의무'가 당사자에게 부과되어, 이 때문에 근로관계는 오히려 혼인관계에 근접한 법률관계, 즉 당사자의 충실유대(Treubindung)를 수반하는 '공동체관계'가 된다. 이와 같이 근로관계는 인격법적 공동체관계이고, 근로계약은 이 공동체관계를 형성하기 위한 계약으로서 이해된다.[111]

그리고 인격법적 공동체관계론은 사용자의 기본적 배려의무를 이 인격법적 공동체관계(personenrechtliches Gemeinschftverhältnis)로부터 도출하였다. Heuck에 따르면, 인격법적 공동체관계로 파악되는 근로관계는 쌍방의 충실의 원칙에 의하여 지배된다. 이 충실의 원칙 하에서 근로자는 사용자의 이익을 지키고 이것을 침해하지 않는다고 하는 충실의무를 진다. 이것에 대응하여 사용자는 근로관계의 영역에서 근로자를 보호·배려하고 근로자의 이익을 침해하지 않는다고 하는 충실의무, 즉 배려의무를 진다. 이 배려의무는 근로자의 충실의무와 동일하게 포괄적인 성질을 가진다.[112]

인격법적 공동체관계론에 의하면, 사용자의 배려의무에서는 근로자의 충실의무와는 달리 다음과 같은 기능을 통해 근로자의 복리에 대한 적극적인 작위의무가 중심이 된다. 첫째, 배려의무는 공법상 또는 사회보장법상의 근로자보호규정을 근로계약의 내용으로 거두어들이는 기능을 한다. 독일 노동법에서는 전통적으로 공법상의 근로자보호규정은 사용자의 국가에 대한 관계를 규율할 뿐이고 사용자의 근로계약상의 의무를 규율하는 것이 아니라고 생각되고 있었지만, 바이마르 시대에서는 Nipperdey가 공법상의 근로자보호규정의 준수가 배려의무의 내용도 된다고 하여 근로자보호규정과 근로계약을 연결하는 이론적 기초를 마련하였다.[113] 그 결과 「민법전」 제616

---

111) Heuck-Nipperdey, a. a. O., S. 128ff.

112) Heuck-Nipperdey, a. a. O., S. 390.

113) Nipperdey, Die privatrechtliche Bedeutung des Arbeitsschützrechts, in: Festgabe des juristischen

조 이하에 조금밖에 규정되어 있지 않았던 사용자의 배려의무는 많은 근로자보호규정에 의해 강화되게 되었다. 이것을 배려의무의 통합기능(Integrationsfunktion)이라고 부른다. 둘째, 배려의무는 「민법전」의 채권법 규정을 수정하여 적용되거나 사용자의 권리행사를 제한하거나 사용자의 새로운 의무를 창설하는 것에 의하여 근로관계에 사회적인 내용을 부여하는 법사상을 관로관계 안에 끌어들이는 기능을 하여 왔다. 유급의 보양휴가 부여 등 이 중 몇 개는 오늘날 법률에 규정되기에 이르고 있고, 이것은 배려의무의 계수기능(Rezeptionsfunktion) 또는 법형성기능(Rechtsfortbildungsfunktion)이라고 불린다. 셋째, 근로계약의 내용이 엄밀하게 정해져 있지 않은 경우에 그것에 신축성·탄력성을 부여하는 기능이다. 해고 전의 사용자의 배치전환의무가 이것에 해당하고, 배려의무의 신축기능이라고 불린다. 근로관계는 이와 같은 기능을 가진 배려의무에 의해 오늘날 상당한 정도로 근로자보호의 성격이 부여될 수 있게 되었다.

이와 같은 인격법적 공동체관계론에 대해서는 1970년대에 이르러 많은 학설에 의해 강한 비판이 제기되고 있다. 비판적 견해의 요점은 다음과 같다. ① 근로관계는 공동체가 아니다. 그 기초와 전제에 있어서 사용자와 근로자는 서로 다른 이익을 가지고 대치하고 있다. ② 근로관계는 민법상의 결합이 아니며 노동결과에 대하여 공동의 권능이 인정되는 재산공동체나 손해부담에 대한 공동체도 아니다. ③ 공동체 사상은 공동체의 이익에 근로자의 이익이나 권리를 종속시키는 것을 의미한다. 환언하면 공동체관계론은 근로자의 자유권을 제한하는 이론적 근거가 될 수 있다.

이러한 비판을 받아 근로관계의 법적 성질을 모색하는 여러 가지 새

Fakultäten zum 50jährigen Bestehen des Reichsgerichts, S. 203ff.

로운 시도가 이루어졌는데, 현재의 학설의 다수(소위 '교환관계론')는 근로관계를 '채권법상의 성격을 가진 교환관계'로서 이해하고 있다.[114]

그러나 인격법적 공동체관계론에 대한 비판은 반드시 그것의 내용적 변경을 가져오는 것은 아니었다. '교환관계론'의 옹호자가 도달한 결론은 결과적으로는 종래의 판례와 동일한 것이고, 일찍이 '충실과 배려'로부터 도출된 개별적 의무가 교환관계론에서는 「민법전」제242조(신의성실에 따른 급부)에 근거하는 의무로 변경되어 기초 지워진 것에 지나지 않는다고 말할 수 있다.

제2절 안전배려의무의 적용영역 및 법적 성질

1. 적용영역

「민법전」제618조는 특칙이 없는 한 모든 종류의 고용·근로관계에 타당하다. 이것은 공법상의 고용에서의 근로관계에도 타당하지만 공무원관계에 대해서는 고용계약에 관한 규정이 직접적으로도 유추에 의해서도 적용되지 않기 때문에 공무원에 대해서는 동조가 적용되지 않는다고 하는 것이 대법원의 확정된 판례이다. 공무원에 대한 배려의무의 규정이 없었던 시기에는 판례·학설은, '제618조의 기초에 존재하는 일반법적 사상'에 의해 실정법의 흠결을 보충하고 이것에 의해 공무원에 대한 공법상의 배려의무가 형성된다고 보아 그 유책한 위반에는 손해배상의무가 부과되는 것으로 해석하였다. 이와

---

114) 鎌田耕一, 「ドイツにおける使用者の安全配慮義務と履行請求」, 釧路公立大学社会科学研究 6 호, 1994, 45쪽.

같이 형성된 공법상의 배려의무는 1937년의 「공무원법」에 명문화된 후 현재의 「공무원법」 제79조에 승계되어 있다. 동조에 의해 유책한 배려의무 위반 시에는 손해배상청구권이 부여되는데, 그것에 대해서는 행정법원이 관할하게 된다.[115]

도급계약에 대해서는[116] 판례는 주문자의 수급인에 대한 안전배려의무를 「민법전」 제157조(계약의 해석) 및 제242조(신의성실에 의한 급부)에 근거하지 않고 직접 「민법전」 제618조의 유추적용에 의하여 인정하고 있다. 그것에 의해 「민법전」 제618조 제3항(불법행위규정의 준용)의 적용이 가능하게 된다. 단 동조가 유추적용되는 것은 수급인이 계약에 근거하여 주문자의 영역 내에서 또는 주문자의 설비를 이용하여 일을 하는 경우로서 주문자 또는 그 이행보조자가 계약상의 의무에 반하여 위 영역·설비에 대해 실시 가능한 위험방지조치를 취하지 않은 경우이다. 그러나 수급인의 독립적 지위를 고려하여 주문자의 안전배려의무는 고용계약보다도 경감된 기준에 의해 판단하게 된다.

위임에 있어서도[117] 보수지불의 합의가 있고 고용계약에서와 동일한 성질의 급부가 행해지는 경우에는 「민법전」 제618조를 유추적용하게 된다.

2. 법적 성질[118]

제618조에 근거한 안전배려의무는 강행적인 사법상의 계약의무이고(「민법전」 제619조[119]) 이것에 대해서는 의무이행에 관한 채무법

---

115) 大内俊身, 「国家公務員に対する国の安全配慮義務」, 法律のひろば, 28권 6호, 1975, 37쪽 참조.
116) Soergel·Siebert, Bürgerliches Gezetzbuch, Bd.4/1, Schuldrecht, 12. Aufl., 1997, §618 Randziffer 3.
117) Soergel/Siebert, a. a. O., §618 Randziffer 4 참조.
118) 이 부분의 설명은, 주로 Soergel/Siebert, a. a. O., §618 Randziffer 6에 의한다.

상의 모든 규정이 적용된다(따라서 이행보조자의 과실에 대한 규정도 적용된다).

안전배려의무는 고용계약을 근거로 하는 사용자의 의무이지만 임금지불의무와 독립적으로 병존한다. 즉, 고용계약상의 쌍무관계에 있는 것은 아니다. 그러나 노무급부가 근로자의 인격과 분리할 수 없는 것이기 때문에 안전배려의무는 고용계약상 특히 중요한 의미를 가진다. 그리고 동 의무가 이행되지 않는 경우, 후술하는 바와 같이 소구 가능성이 있는 이행청구권, 노무급부거절권이 일반적으로 승인되므로 동 의무는 그 한도 내에서는 급부의무적 성격을 가지고 있다고 평가되고 있다. 한편 안전배려의무는 일반적인 계약상 의무의 구조론에서는 고용관계에 근거하는 일련의 부수의무(Nebenpflicht)의 하나로서 또는 임금지불의무에 비견되는 제2의 주된 의무(zweite Hauptpflicht)로 위치되어 있는바, 동 의무를 부수의무로 이해하는 것이 현재 독일의 다수적인 견해이다.

그리고 「민법전」 제618조는 「민법전」 제823조(불법행위 구성요건)의 의미에서의 보호법규는 아니라고 보는 것이 통설이다. 따라서 안전배려의무 위반이 바로 불법행위로 평가되는 것은 아니다. 단, 위 의무위반이 불법행위의 요건을 충족할 때는 동시에 불법행위가 성립하는 것으로 된다.

---

119) 제619조는 다음과 같이 규정하고 있다. "제617조 및 제618조에 의하여 노무권리자가 부담하는 의무는 미리 계약에 의하여 이것을 배제 또는 제한하는 것이 불가능하다."

제3절 안전배려의무의 내용

1. 내용과 한계[120]

「민법전」 제618조 제1항의 보호법익은 근로자의 생명 및 건강이다.[121] 그런데 동조가 요구하는 보호는 절대적인 것은 아니다. 근로자는 일정의 범위에서는 스스로의 주의로 신체를 보호하지 않으면 안 된다. 또한 사회적으로 통상의 주의를 기울여도 제거되지 않는 위험 또는 당해 노무급부의 성질상 제거되지 않는 위험의 완전한 제거를 동조에 근거하여 사용자에게 의무 지우는 것은 불가능하다. 그러나 이 경우에 사용자는 그것으로부터 발생하는 위험을 완화하기 위하여 가능한 범위 내에서의 보호조치를 취하여야 한다.

안전배려의무를 정립하는 데 있어서는 개개의 경우에 어떠한 보호조치가 가능하고 주의 깊은 사용자에 대하여 이것을 요구할 수 있는지 여부가 중요하게 된다. 이 경우 이것과 함께 건강피해 위험의 중대성이 고려되어야 한다.

건강피해의 우려가 있는 위험이 제거될 수 있으면 안전보건조치에 비용이 소요되는 것 또는 그 조치에 의해 사업에 불편이 생기는 것을 이유로 이것을 유보해서는 안 된다. 또한 유해위험방지를 위해 필요하고 기대 가능한 조치가 통상적으로 행해지는 것이 아니라는 것 또는 동종의 사업에 있어서 아직 행해지고 있지 않다는 것을 보호조치

---

120) 이 부분의 기술은, 주로 Heuck · Nipperdey, a. a. O., S. 396에 의한다.

121) 다만, 양속 · 품성(gute Sitte und Anstand)의 보호도 동조의 확대 또는 일반적 배려의무의 대상으로 된다. 나아가 동조의 유추적용 또는 일반적 배려의무에 의하여 근로자가 직장에 가지고 들어온 일정한 소유물(의류, 휴대품, 자전거 등)을 도난 등으로부터 보호해야 할 의무가 인정된다.

를 하지 않는 이유로서 주장할 수는 없다. 나아가 사용자는 근로자의 일정한 부주의를 고려한 후에 안전보건조치를 취하여야 한다.

2. 노무영역·설비 및 기구의 안전[122]

「민법전」제618조 제1항이 규정하는 안전배려의무의 첫 번째 내용은 노무수행을 위하여 사용자가 제공하는 영역·설비·기구의 설치·유지를 근로자의 생명·건강에 대한 위험으로부터 근로자가 보호되도록 행하여야 한다는 것이다. 여기에서 말하는 영역은 본래의 노무영역과 함께 근로자가 그의 노무급부에 관련하여 있을 수 있는 모든 영역을 의미한다. 따라서 사택, 기숙사, 세면장, 계단, 작업장 통로뿐만 아니라 도로건설작업에서의 공공도로, 공장 내의 도로 등이 이것에 포함된다. 그러나 근로자가 자택으로부터 사업장에 가기 위하여 거치는 공공도로는 이것에 포함되지 않는다. 또한 동조에 근거하는 보호의무는 근로자의 출입이 금지되어 있는 장소, 그가 수행해야 할 작업이 없는 장소에 대해서는 적용되지 않는다. 한편 동조에 근거한 보호의무는 노무영역·공장영역에 출입하는 것이 가능한 근로자의 가족구성원에게도 적용된다.

또한 여기에서 말하는 설비·기구의 개념은 이 말의 본래의 의미보다도 넓게 해석되고 있다. 노무영역의 환경정비(충분한 공간, 난방, 청결, 조명, 환기, 방재 등), 사고방지 및 건강확보를 위하여 필요한 설비를 설치하는 것 등이 동 개념에 의하여 사용자에게 의무 지워지고 있다. 나아가 도구, 원료, 안전을 위해 몸에 걸치는 장비·의료 등 노무의 결과 실현을 위하여 필요한 모든 것이 여기에서 말하

---

122) 이 부분의 설명은 주로 Soergel·Siebert, a. a. O., §618 Randziffer 9ff.에 의한다.

는 설비·기구에 해당한다.

3. 노무급부의 규율[123]

「민법전」제618조 제1항이 규정하는 두 번째 내용으로서, 사용자는 그 지휘하에서 행해지는 노무급부를 근로자의 생명과 건강이 확보될 수 있도록 규율하지 않으면 안 된다. 위 규율은 일반적 규칙(사업장협정)에 의해서도 개별적인 지시에 의해서도 행해질 수 있다. 사업장 협정에 의하여 안전보건을 규율하는 경우에는 종업원대표의 동의를 필요로 한다.

위 규율의 내용으로서는 작업의 방법에 대한 지시, 위험한 작업방법의 금지, 근로자의 건강상태에 부응하는 작업지시와 경우에 따라서는 배치전환, 근로자 간의 질병감염의 방지조치, 건강을 침해할 정도의 과잉노동을 하지 않게 하는 것, 나아가 동조의 영역·설비·기구(사용자가 제공한 것이든 근로자가 스스로 준비한 것이든 불문한다)를 근로자가 사용하는 것에 대한 적절한 지시 등이 예로서 들어지고 있다.

제4절 안전배려의무 위반의 법적 효과

1. 이행청구

사용자가 「민법전」제618조에 근거하는 안전배려의무를 이행하지 않

---

123) 이 부분의 설명은 주로 Soergel·Siebert, a. a. O., §618 Randziffer 13ff.에 의한다.

는 경우, 근로자가 그 이행을 청구할 수 있는지에 대해서는 오래전에는
이것을 부정하는 견해도 있었지만 현재에는 안전배려의무의 이행청
구권을 긍정하는 것이 지배적인 견해이다. 문제는 그 성립범위에 관
해서이다. 첫 번째, 근로자가 근로수령청구권(Beschäftigungsanspruch)
을 가지는 경우에 이행청구권이 인정되는 것에는 이견이 없다. 이
이외에 학설에서는 ① 근로수령청구권을 갖지 않지만 사실상 취로
하는 경우에도 이행청구권을 인정하는 견해,[124] ② 원칙적으로 이행
청구권을 긍정하는 견해[125]가 주장되고 있다. 양설은 근로수령청구
권이 존재하지 않고 사실상 취로하고 있지 않은 경우에 이행청구권
을 인정하는가, 인정하지 않는가의 점에서 다를 수 있다. 이 경우 이
행청구권은 ①설에서는 부정되지만, ②설에서는 긍정될 여지가 있
다. 그러나 ②설은 개별사례의 특수성으로부터 신의칙에 근거하여
이행청구권이 부정되는 예외적 경우가 있다고 한다. 근로자가 근로
수령청구권을 가지지 않고 사실상 취로하고 있지 않은 때에는 ②설
에 의하면 그 예외적 경우에 해당하는 것이 될 것이다. 이와 같은 경
우에 근로자가 안전배려의무의 이행을 요구할 실제적 이익을 가지
는가는 의문이기 때문이다. 그렇다고 한다면 양설은 결론적으로는
다르지 않고 이론구성상의 차이에 불과한 것이 된다.[126]

이행청구권이 인정되는 경우에 근로자가 구체적으로 어떠한 청구
를 할 수 있는가는 경우에 따라서 다르다.[127] ① 산업안전보건법규
에 규정되어 있는 사항에 대해서는 근로자는 당해 조치를 실시해야
한다는 것을 청구할 수 있다. 그러나 ② 산업안전보건법규에 규정되

---

124) 대표적인 것으로는, Heuck · Nipperdey, a. a. O., S. 397.

125) Staudinger · Nipperdey · Mohnen · Neumann, Kommentar zum BGB, 11. Aufl., 1958, §618 Rdnr. 67 등.

126) 宮本健蔵, 『安全配慮義務と契約責任の拡張』, 信山社, 1993, 126쪽.

127) Lorenz, Münchener Kommentar zum BGB, Bd.1, 1988, §618 Randziffer 65.

어 있는 사항이라 하더라도 사용자에게 재량의 여지가 인정되는 경우에는 근로자는 정당한 재량권의 행사를 사용자에게 청구할 수 있는 데 불과하다. 어떠한 방법으로 위험을 제거할 것인가는 원칙적으로 사용자의 재량에 맡겨지기 때문이다. 산업안전보건법규에 규정되어 있지 않은 경우에도 이와 동일하게 적용된다. ③ 당해 사항이 종업원대표의 공동결정권에 속하는 때에는 근로자는 사용자를 대상으로 안전배려의무 이행에 필요한 제안을 종업원대표에 제출할 수 있다. 단, 근로자의 생명·건강에 대하여 구체적인 위험이 존재하는 경우에는 근로자는 사용자에 대하여 안전배려의무의 구체적인 이행을 청구할 수 있다. 종업원대표의 공동결정권은 이 경우에는 배제되기 때문이다.[128]

2. 노무급부의 거절

사용자가 「민법전」 제618조에 근거하는 안전배려의무를 이행하지 않는 경우 근로자는 노무의 급부를 거절할 수 있다. 통설에 의하면 이 노무급부의 거절은 「민법전」 제273조 제1항의 '채권법상의 이행거절의 항변권'(Zurückbehaltungsrecht)[129]의 행사라고 해석되고 있다[단, 유치권을 담보의 제공(제273조 제3항)에 의하여 소멸시키는 것은 불가능하다]. 안전배려의무와 취로의무는 쌍무관계에 있지 않기 때문에 동법 제320조에 의한 동시이행의 항변권(Einrede des

---

128) Lorenz, a. a. O., §618 Randziffer 41 und 63.

129) Zurückbehaltungsrecht는 우리나라 학계에서 아직 정립되지 않은 개념으로서 이에 대해서는 우리나라 법체계를 고려하여 나름대로 명명할 필요가 있는바, 이를 (채권적)유치권으로 번역할 수도 있지만 Zurückbehaltungsrecht이 동시이행의 항변권과 함께 계약 상대방의 채무불이행을 이유로 하는 대인적 항변권으로서의 채권으로 구성되어 있는 독일과 달리, 우리나라에서는 유치권이 담보물권의 일종으로 되어 있는 점을 감안할 때 Zurückbehaltungsrecht는 '채권법상의 이행거절의 항변권'으로 번역·명명하기로 한다.

nicht erfüllten Vertrags)에 의하는 것은 불가능하다는 것이 지배적인
견해이다.[130]

그런데 이 노무급부거절권을 행사할 때에는 신의칙이 배려되지 않
으면 안 되기 때문에 이를 행사하기에 충분하지 않은 위반을 이유로
노무급부를 거절하는 것은 불가능하다. 또한 다수의 근로자가 노무급
부거절권을 행사하는 경우에는 노동쟁의와의 관계가 문제로 된다.

사용자가 제618조에 근거하는 의무를 이행하지 않기 때문에 근로
자가 노무급부거절권을 행사한 경우에는, 근로자의 급부의 실현에
필요한 사용자 측의 협력행위가 없는 것으로서 사용자는 수령지체
에 빠지게 되고(「민법전」 제295조), 근로자는 「민법전」 제615조(수
령지체 시 보수)의 규정에 의하여 대가인 노무의 사후적 급부의무를
지지 않고 임금의 지불을 청구할 수 있다고 해석되고 있다.

3. 손해배상청구

「민법전」 제618조의 안전배려의무의 위반에 의해 근로자가 손해
를 입은 때에는 적극적 채권침해의 제 원칙에 따르면 사용자는 근로
자에게 손해배상의 책임을 지게 된다. 근로자의 손해배상청구권은
불법행위법상의 것이 아니고 계약상의 것인바, 「민법전」 제618조는
제3항에서 이것을 전제로 불법행위법의 약간의 규정을 준용하고 있
다. 이 준용규정을 제외하고는 안전배려의무 위반에 근거한 손해배
상청구권은 계약법규범에 따른다. 따라서 손해배상청구권의 시효기
간은 30년(제195조)이다.[131]

---

130) 이에 대한 상세한 소개는 Fabricius, Einstellung der Arbeitsleistung bei gefährlichen und norm-
widrigen Tätigkeiten, 1997, S. 83ff. 참조.

131) Soergel · Siebert, a. a. O., §618 Randziffer 23.

그러나 통상 손해배상책임은 산재보험의 급부에 의하여 배제된다. 「사회법전」 제7편 제104조에 의하면 사용자는 근로자 및 그 유족을 대상으로 산업재해에 기인하는 인신손해에 대해 민사법상의 규정에 근거하는 배상의 의무를 원칙적으로 부담하지 않는다. 이 경우 면책은 안전배려의무 위반에 의하여 발생하는 청구권뿐만 아니라 불법행위 및 위험책임으로부터 발생하는 청구권에도 미친다. 「민법전」 제823조 이하에 근거하는 요양비, 생계손해, 부양손해, 매장비에 대한 배상청구권도 발생하지 않고 이 면책에 의하여 특히 위자료 청구권(동법 제253조 제2항)도 배제된다.[132]

이 원칙에 대한 예외는 먼저 사용자가 산업재해를 고의로 발생하게 한 경우에 인정된다. 이 경우 '고의'란 결과의 발생을 알면서 그것을 의욕하는 것을 말하는데 의도적으로 결과를 의욕하는 경우에 한정되지 않고 미필의 고의라도 인정된다. 즉, 사업주 또는 동료근로자가 재해의 발생을 의욕한 때 또는 일정한 행위에 의하여 피보험자에게 재해가 발생할 수 있다는 것을 알면서 그것을 중지하지 않고 결과의 발생을 인용한 때에 고의가 존재하는 것으로 간주된다.

또한 산업재해가 일반교통도로상에서 발생한 경우, 사업주의 책임은 면책되지 않는다. 일반교통도로상의 재해란 전형적으로는 피보험자가 통근도상에서 자기의 사업주의 차에 치이는 등 사업주를 가해자로 하는 통근재해를 의미한다. 그러나 ① 사업주가 그 근로자의 통근을 위하여 계속적으로 운행하고 있는 회사 소유의 차에 의한 사고,[133] ② 초과근무를 한 근로자를 사업주가 집에까지 데려다주러 가는 길에서의 사고[134] 등은 일반교통도로상의 재해로 인정되지 않는다.

---

132) Löwisch, a. a. O., SS. 278-279.

133) BAG(Urteil) vom 14.3.1967, VersR, 1967, S. 656.

134) BGH(Urteil) vom 28.5.1965, VersR, 1965, S. 806 등.

한편, 「사회법전」 제7편 제105조의 규정에 의하면, 사업장에서 취로하고 있는 다른 종업원이 사업장의 업무에 의하여 산업재해를 일으킨 경우, 그 책임에 대해서는 「사회법전」 제104조가 준용된다. 따라서 이러한 종업원은 재해를 입은 근로자에 대해 고의가 있는 경우 또는 일반교통수단 이용의 경우에 한하여 책임을 지게 된다.135)

제5절 공법상의 산업안전보건법규와의 관계136)

「민법전」 제618조가 사법상의 규정이고 근로자에 대한 사업주의 의무를 정하고 있는 것에 대하여, 공법상의 산업안전보건규정은 근로자의 보호를 목적으로 국가에 대한 사업주의 의무를 규정하고 있는 것이다. 그러나 양자 간에는 밀접한 관계가 있는 것으로 이해되고 있다. 즉, 현재의 노동법학에서의 통설적 견해에 의하면, 산업안전보건법규는 그것이 사업주에게 작위의무 또는 부작위의무를 과하고 있는 범위에서 공법상의 의미를 가지고 있음과 동시에 사법상의 의미를 가지고 있고 제618조의 내용을 보충·구체화하는 것으로 해석되고 있다. 따라서 사업주가 공법상의 산업안전보건규정을 준수하지 않은 경우, 동 규정이 제618조의 내용에 적합한 것인 한 근로자는 제4절에서 설명한 사법상의 수단을 이용하는 것이 가능하다.

---

135) Löwisch, a. a. O., S. 279 참조.
136) 이 부분의 설명은 주로 Soergel·Siebert, a. a. O., §618 Randziffer 32에 의한다.

제6장 최근의 산업안전보건정책의 동향

1. 위험성평가

가. 도입배경 및 성격

독일은 1996년 「산업안전보건보호법」을 제정하면서 위험성평가 제도를 도입하였다. 위험성평가 제도를 도입하고자 한 이유는 산업구조·고용형태 및 공정의 다변화, 제품 및 물질의 다양화 등의 기존의 명령·통제형 규제방식과 기술기준으로는 산재예방에 한계가 있거나 비효율적이라는 문제에 직면하였기 때문이다.[137]

위험성평가는 사업주가 사업장 차원에서 산업안전보건조치의무를 이행하기 위한 중요하고도 논리적인 전제조건이다. 이에 따라 독일에서 위험성평가는 산업재해를 예방하기 위한 기초이자 방법이며 「산업안전보건보호법」에서 '가장 중요한 개혁'이라고 평가받고 있다.[138]

사업주의 위험성평가 의무를 구체화하기 위하여 「산업안전보건보호법」 제18조 및 제19조의 규정에 따라 많은 규칙이 제정되어 있는데, 이 규칙들은 사업주가 위험성평가의 기준으로 삼아야 할 기본적 내용을 제공한다. 그리고 위험성평가는 개인보호구의 준비와 사용

---

137) M. Schaapman, Occupational Health and Safety Discourse and the Implementation of the Framework Directive, pp. 109-144; in D. Walters(ed.), Regulating Health and Safety Management in the European Union, 2002 참조.

138) Pieper, ArbschR, 5. Aufl., 2011, §5 Randziffer 1.

시에도 고려하여야 한다.

「산업안전보건보호법」 제5조(위험성평가)의 일반적인 구체화는 산재예방규칙(UVV, BGV) A1 제3조의 '예방의 기본원칙'에 규정되어 있다. 이러한 위험성평가는 규모와 업종에 관계없이 모든 사업장에 적용된다.[139]

한편, 기계류(Machinery)의 제조자가 제공하여야 하는 이른바 '위험성 분석'(Gefahrenanalyse bzw. Risikoanalyse)은 설계·생산과 관련된 산업안전보건의 구성요소이다. 제조자는 위험성 분석을 통하여 기계류와 관련된 모든 위험을 평가하고 그 분석을 고려하여 기계류를 제조하여야 한다. '위험성 분석' 개념은 '위험성평가' 개념과의 구분이 과거에는 정치적이고 부분적으로 이념적인 논쟁거리였지만 지금에 와서는 위험성평가 개념과 구분되지 않고 있다.[140]

나. 위험성평가를 둘러싼 상황

「산업안전보건보호법」 제5조 제1항의 규정이 광범위한 표현을 통해 사업주에 대해 바람직한 유연성을 부여하고는 있지만, 사업주가 실제로 위험성평가를 할 수 있도록 하기 위해서는 당해 규정은 보충될 필요가 있다. 법률에서도, 그것의 설명에서도 의무의 구체화는 포함되어 있지 않다. 시행령(Verordnung) 제정을 통한 구체화도 예정되어 있지 않다. 입법자의 의도에 의하면, 위험성평가 및 기록의무의 이행방법은 사업주 자신에게 맡겨져 있다. 산재보험자(산재보험조합)와 산업안전보건 관할 당국은 사업주에 대한 지원, 특히 조

---

139) Pieper, a. a. O., §5 Randziffer 3.
140) Pieper, a. a. O., §5 Randziffer 6.

언을 요청받고 있다.[141]

위험성평가의 구체적인 이행과 그 범위는 법률에 구체화되어 있지 않기 때문에 이것은 당해 의무의 의미와 목적에 근거하여 정해져야 한다. 산업안전보건법의 중요한 목표설정은 산업안전보건의 관계자, 특히 사업주의 자기책임을 강화하는 것이다.[142]

이러한 전제하에 위험성평가 의무를 고려하면, 위험성평가 및 기록의무가 관할관청의 안전보건기준의 준수감독을 경감하는 것이 일차적인 목적은 아니다. 환언하면, 앞으로 순수한 시스템 감독-즉, 평가·기록시스템 감독- 이 종래의 사업장 감독을 대체하는 목적을 가지고 있는 것은 아니다. 「산업안전보건보호법」에 따른 기록의무는 그 유연한 법적 기준만을 기초로 해서는 산업안전보건경영시스템의 기준에 도달하지 못한다. 따라서 기록의무는 일차적인 감독수단은 아니다.[143]

연방노동사회부와 산재보험조합연맹은 「산업안전보건보호법」에 따른 위험성평가에 관한 행동방침(Handlungshilfe) 작성을 위한 공동원칙을 개발하여 공표하였다.[144] 이 원칙은 사업주가 행동방침을 정할 때 질적 기준으로도 사용될 수 있다. 그리고 2008년에 '산업안전보건 공동전략'에 따라 이해관계자(연방정부, 주정부, 산재보험자)에 의해 '위험성평가와 기록(문서화) 지침'이 공표되었다.[145] 이 지침은 주(州) 산업안전보건 관할관청과 산재보험자의 위험성평가에 대한 사업장 지도감독 시 체계적인 행동방식을 위하여 「사회법전」 제7편

---

141) Kollmer, ArbSchG, 3. Aufl., 2008, Rdnr. 96.

142) Kollmer, a. a. O., Rdnr. 97.

143) Kollmer, a. a. O., Rdnr. 98.

144) BArbBl. 11/1997, 74f.

145) BMAS u. a., 2008. 이 지침은 2011년에 개정되었다.

제20조 제1항 및 「산업안전보건보호법」 제21조 제3항 제1호에 따라 채결(採決)된 원칙이다.146)

EU 산업안전보건청(EU-OSHA)은 2008년에 독일을 포함한 유럽 전역에 걸쳐 위험성평가 캠페인을 전개하였다. 위험성평가에 관한 독일을 비롯한 EU의 전반적인 상황은 다음과 같다. ① 위험성평가, 기록 및 감독이 일반적으로 확산되어 있지 않다. 재해예방을 잘하고 있는 회원국도 마찬가지이다. ② 위험성평가를 종종 일회성 대책으로 간주하고 지속적으로 실시하지 않는다. ③ 위험성이 종합적으로 분석되거나 평가되지 않는다. 개별적인 조치는 이행되지만 작업장의 작업조건 분석을 위한 종합적인 접근방식이 결여되어 있다. ④ 위험성평가를 표면적으로 실시함에 따라 명백하고 직접적인 위험에만 중점이 두어지고, 화학물질 등에 의해 발생하는 것과 같은 장기적인 영향은 등한시된다. ⑤ 작업조직의 심리사회적인 위험성과 요인은 위험성평가에서 거의 고려되지 않는다. ⑥ 사업주는 적용한 조치가 효율적인지를 충분히 모니터링하지 않는다.147)

2. 산재보험조합 및 산재예방규칙의 정비

가. 배경

독일 산재보험조합은 종래 산업별·지역별로 별도의 독립적 운영을 하여 왔다. 그러나 산업발전 및 국가경쟁의 심화 등으로 인하여 통폐합이 이루어지고 있다. 구체적인 배경으로는 비용절약, 동일산

---

146) Pieper, ArbschR, 5. Aufl., 2011, §5 Randziffer 15.

147) A. a. O.

업 내에서 보험요율 및 안전보건 기준(규정)의 통일, 인력감축이 제시되고 있다.

산재예방규칙은 국가의 산업안전보건법령과의 중복을 배제하고 산재보험조합의 산재예방규칙을 간소화하기 위하여 전체적으로 통폐합할 필요성이 제기되어 왔다.

나. 산재보험조합의 통폐합

독일의 산재보험조합은 상공업 부문, 공공 부문 및 농업 부문 세 부문으로 이루어져 있다. 2008년에 상공업 부문 산재보험, 공공 부문 산재보험 그리고 학생 재해보험의 관리운영체계가 통합되어 '독일 법정 산재보험연맹'(Deutsche Gesetzliche Unfallversicherung: DGUV)에서 총괄관리하고 있다.

상공업 산재보험조합은 1993년까지는 36개의 산업별·지역별 산재보험조합이 각각 별도로 운영되었으나, 2004년에는 35개, 2005년에는 26개로 통폐합되었다. 그리고 2008년 10월 30일 통과된「산재보험 현대화법」[148]에 따라「사회법전」제7권 제222조 제1항이 신설되어 2009년 말까지 조합 수를 9개로 줄이도록 명시되었고,[149] 이에 따라 2009년에 21개로 통폐합된 후 2011년 1월에 최종적으로 9개의 조합[150]이 되었다.

---

148) 본법은 법정 산재보험조합이 변화하는 경제구조에 부응하고 적자문제의 해결 및 운영관리 구조의 현대화를 주요 목표로 내세우고 있다(Geschäfts-und Rechnungsergebnisse der gewerblichen Berufsgenossenschaften und Unfallversicherungsträger der öffentlichen Hand 2009, S. 7).

149) 실제로는 2011년 1월 1일에야 통합과정이 완료되었다.

150) ⅰ) 원료 및 화학산업, ⅱ) 목재 및 금속산업, ⅲ) 에너지·섬유·전기·미디어제품업, ⅳ) 건설업, ⅴ) 음식숙박업, ⅵ) 도소매 및 상품유통업, ⅶ) 교통업, ⅷ) 사무관리·궤도차량·유리/세라믹업, ⅸ) 보건의료 및 사회복지업.

공공 부문 산재보험조합은 중장기적으로 주별로 1개(총 16개)의 산재보험조합으로 통폐합하는 원칙을 가지고 있다. 1998년 1월 1일에 종래의 54개에서 27개로 통폐합된 후 현재까지 이를 유지하고 있다.

농업 부문 산재보험조합은 원래 20개의 산재보험조합이 운영되고 있었고, 정원업 산재보험조합을 제외하고는 지역별로 조직되어 있었다. 2003년부터 2017년 12월까지 전국적으로 하나의 농업산재보험조합연맹에 의하여 총괄운영하는 방식으로 통폐합된다는 내용으로 2012년 3월 「농업사회보험조직의 신질서법」이 통과되었다.[151)

다. 산재예방규칙의 현황

산재예방규칙은 종래에는 개별 산재보험조합이 자신의 업역에서 적용할 규칙을 별도로 제정·공포하여 왔다. 그 결과 그 규정은 매우 많은 분량에 이르렀다. 그러나 산재보험조합이 통폐합되면서 산재예방규칙도 이에 따라 통폐합되게 됨으로써 결과적으로 산재예방규칙도 양적으로 감소하게 되었다. 그리고 2004년부터 산재예방규칙을 BGV A(일반규정, 사업장 안전보건조직), BGV B(영향), BGV C(사업종류, 업무), BGV D(작업장, 작업절차)로 편제하고 산재예방규칙 체계의 간소화를 도모해 가고 있다.

2011년 8월 31일 '산업안전보건 공동전략'의 운영자(연방정부, 주정부, 산재보험자) 및 사회적 파트너(사업주단체, 노동조합)는 산업안전보건 분야 법령 및 규칙의 새로운 규정을 위한 지침에 서명하였다. 이 지침에 따르면, 국가 법령과 산재보험조합 산재예방규칙의

---

151) http://de.wikipedia.org/wiki/Landwirtschaftliche_Berufsgenossenschaft

현존하는 중복규정을 감소시키고, 산재예방규칙은 국가 법령이 없거나 국가 법령을 보완할 필요가 있는 경우에 제정하는 방향으로(보충성) 정비해 나갈 계획이다.152)

---

152) www.gda-portal.de/de/VorschriftenRegeln/VorschriftenRegeln.html 참조.

제3편 미국

제1장 OSHAct 제정 경위

미국에서는 산업혁명 후인 1888년부터 1908년까지의 20년간에 걸쳐 연간 추정 3만5천 명이 산업재해에 의하여 사망하고 부상자는 50만 명 이상에 달하고 있었다. 이 시기를 전후로 하여 매사추세츠 주를 비롯한 각 주정부는 일정한 형태의 산업안전보건법을 제정하기 시작하여 1920년까지는 거의 모든 주가 산업안전보건에 관한 법령을 갖추게 되었다. 그런데 이러한 입법은 특히 위험한 직장에 한정되어 있던 것이 많았고, 또 기준도 주에 따라 달랐기 때문에 산업재해를 실질적으로 줄이는 효과를 거두는 데 있어서는 많은 한계를 가지고 있었다.[1]

한편 연방 차원에서는 1891년에 탄광에 관한 규칙이 제정되고 1893년에 철도에 대한 안전장치의 설치의무를 규정한 정도로서 19세기까지는 산업안전보건에 관한 움직임은 거의 없었다. 20세기에 들어서는 「성냥공장에서의 인(phosphorus)에 의한 건강장해의 방지법」(1912년) 등 안전보건에 관계되는 몇 개의 개별적인 법률이 제정되었지만, 그 후에는 제2차 세계대전이 종료될 때까지 안전보건관계 입법활동이 둔화되게 되었다.[2] 전후에는 트루먼 대통령에 의한 '산업안전에 관한 대통령 회의'가 개최되는 등 산업안전보건에 대한 관심이 높아지고 각종의 연방법이 탄생하게 되었다. 그러나 이 입법들은 「탄광안전법」(1951년), 「선원안전법」(1958년), 「연방금속·비금속광업안전법」(1966년), 「연방석유광업안전보건법」(1969년) 등과 같

---

1) M. A. Rothstein, Occupational Safety and Health Law, 2006 ed,. 2006, p. 2.

2) Ibid. pp. 2-3.

이 개별적이고 매우 한정된 영역에 제한되어 있는 데 불과하였다.[3] 이윽고 1960년대 후반에 이르러 피재 근로자 수의 증가와 이것이 국가에 있어 커다란 경제적 손실을 초래하고 있다는 인식이 확산되고, 또한 산업영역의 확대와 활발한 노동력 이동 등에 의하여 근로자의 안전보건은 각 주가 아니라 국가가 관여해야 한다는 공통인식이 의회 내에서 조성됨에 따라 산업안전보건에 대한 포괄적인 연방입법 제정의 기운이 높아지게 되었다.[4] 이와 같은 흐름 속에서 제정된 것이 1970년 12월 29일 닉슨 대통령의 서명을 받아 공포된 OSHAct이다. 이것은 종합적인 산업안전보건법으로서는 세계에서 최초로 성립된 산업안전보건 입법이라고 말해지고 있다.

본법은 입법취지가 전국의 모든 근로자에게 가능한 한 안전하고 위생적인 노동조건의 유지를 보장하고 인적 자원을 유지하는 것이라는 것을 명확히 하고 있다(제2조).

본법의 입법사를 보게 되면, 그 내용에 대하여 근로자 측의 지지를 받은 민주당안과 경영자 측의 지지를 받은 정부안 사이에 첨예한 대립이 있었고 쌍방에 의한 몇 차례의 타협을 거쳐 동법이 탄생되게 되었다는 것을 알 수 있다.[5] 특히 중요하고 논쟁이 많았던 사항은, 사용자에게 일반적 의무를 부과하는 규정, 산업안전보건기준을 집행하고 심사·재결할 기관을 지정하는 문제, 사용자 및 근로자가 사업장 감독 순회에 동행할 권리, 급박한 위험이 있는 경우의 작업·사용중지, 위반통고 및 게시요건, 그리고 기존 산업안전보건기준의 효력 등이었다.[6]

---

3) Ibid. p. 4.

4) Ibid.

5) S. A. Bokat et al., Occupational Safety and Health Law, 1988, p. 39 이하.

6) Rothstein, 앞의 책, pp. 6-8; G. Z. Nothstein, The Law of Occupational Safety and Health, 1981, p. 4.

제2장 OSHAct의 구조

「OSHAct」는 34개의 조문으로 되어 있다. 동법은 먼저 입법취지, 정의·적용 등 총칙적인 사항을 정하고(제2조 내지 제4조), 다음으로 사업주, 근로자에게 직접 의무를 부과하게 하는 일반적 의무조항(general duty clause)을 두고 있다(제5조). 그리고 노동부장관이 설정하는 것으로서 사업주에게 준수하게 하는 산업안전보건기준(Occupational Safety and Health Standards)의 설정에 대하여 규정하고 있다(제6조). 그것에 이어 일반적 의무, 기준의 실효성 확보에 관한 조치, 기관 등에 관한 규정(제7조 내지 제10조), 벌칙에 관한 규정(제17조)을 두고 있다. 또한 행정에 의해 취해진 조치에 대한 사법심사(제11조), 준사법기관에 의한 이의제기 심사(제12조)에 대해서도 규정을 두고 있다. 그리고 급박한 위험에 대한 절차에 대해서도 규정을 두고 있다(제13조). 그 외에 연방에 의한 연구, 교육의 기능과 그것을 담당하는 기관에 대한 규정도 두고 있다(제20조 내지 제22조).

이것을 전체로서 관찰하게 되면, 「OSHAct」는 사업주와 근로자가 준수하여야 할 일반적 의무와 산업안전보건기준의 설정 및 그 실효성 확보조치에 대한 규정을 두는 한편, 나아가 그 불복심사에 대해서도 규정하고 있다. 그리고 안전보건에 관한 다양한 조직에 대하여 규정하는 조직법으로서의 성격을 가지고 있고 또 국가의 책무라고 하는 형태로 본법의 목적의 실현을 위한 국가의 활동에 대해서도 규정하고 있다.

제1절 적용범위

가. 개설

「OSHAct」는 50개 주와 콜롬비아 특별지구, 푸에르토리코 및 기타 연방 사법권이 미치는 모든 지역에 있는 사업주와 근로자를 적용대상으로 한다. 그리고 동법은 연방정부 및 주·지방정부에는 적용되지 않지만 사기업 부문을 광범위하게 포괄하고 있다. 동법은 제3조 제(5)항에서 적용대상이 되는 사업주를 "근로자를 사용하고 거래(commerce)[7]에 영향을 주는 사업에 종사하는 자"라고 정의하고 있고 근로자 수의 하한은 설정되어 있지 않다. 그리고 동법은 원칙적으로 업종이나 직종에 의한 제한은 없으므로 제조업, 건설업, 하역업, 농업, 종교단체, 재난구조사업, 사립교육기관 등을 포함한 모든 분야의 사적 부문의 사업주와 근로자에게 적용된다. 단, 선원, 광산, 천연가스와 같이 안전보건에 관하여 다른 연방법에 의한 기관이 산업안전보건에 관한 기준이나 규제를 제정·집행하는 경우에는 동법의 적용은 배제된다[제4조 제(b)(1)항]. 그리고 가사사용인, 자영농가에서 일하는 가족구성원도 일반적으로 이 법률에 의한 보호를 받지 않는다.

산업안전보건심사위원회(Occupational Safety and Health Review Commission)의 결정에 의하면 다음과 같은 경우에는 「OSHAct」의 적용이 배제된다.[8] ① 근로자의 안전보건 또는 일반공중의 안전보건의 유지를 목적으로 하는 다른 연방법이 사업주에게 적용되는 한

---

7) 거래란, 몇 개의 주(州) 상호 간에, 어떤 주와 그 밖의 장소 간에, 컬럼비아특별구 또는 합중국 속령 안에서, 그리고 주 바깥의 영역을 경유하는 같은 주 안의 지역 간에 이루어지는 무역, 매매, 거래, 운수, 통신을 말한다[제3조 제(3)항].

8) Rothstein, 앞의 책, p. 29.

편 근로자도 당해 법률에 의해 직접 보호를 받는 경우, ② 다른 연
방기관이 위임받은 법적 권한을 행사하여 온 경우, ③ 다른 연방기
관이 당해 근로조건에 대하여 「OSHAct」의 관할을 배제하는 형태로
행동하여 온 경우이다. 이에 대한 구체적인 예로서는, 방사성 물질의
항공수송에 관한 연방항공기관기준(Federal Aviation Agency Standards),
선원의 근로조건에 관한 연안경비 규칙(Coast Guard regulations), 폭
발물의 보관 및 매매에 관한 술·담배·화기류국 규칙(regulations of the
Bureau of Alcohol, Tobacco and Firearms) 등의 관련 부분이 「OSHAct」
의 적용을 배제하고 있는 것을 들 수 있다.[9] 광업에 관한 규제는 산
업안전보건청(Occupational Safety and Health Administration, 이하
'OSHA'라 한다)과 광업안전보건청(Mine Safety and Health Administration,
이하 'MSHA'라 한다)의 협정에 의하여 MSHA가 관할하는 것으로
되어 있다.[10] 이것 이외의 경우에는 「OSHAct」가 광범위하게 적용
되고 업종이나 직종에 의한 제한은 없는 것으로 되어 있다.

나. 연방정부의 근로자에 대한 규정

모든 연방정부기관은 사적 부문의 사업주에게 적용되는 산업안전
보건기준과 일치하는 효과적이고 종합적인 안전보건 프로그램을 제
정하고 유지할 책임을 진다[제19조 제(a)항 본문]. 각 연방기관의 책
임자는 당해 기관의 근로자대표와 협의한 후 다음의 조치를 취하여
야 한다[제19조 제(a)(1)항~제(a)(3)항]. 즉 ① 제6조에 근거하여 제
정된 산업안전보건기준과 일치하는 안전하고 위생적인 고용의 장소

---

9) Id. pp. 39-42.
10) Id. p. 43.

및 조건을 제공하고, ② 근로자를 보호하기 위하여 필요한 안전기구, 신체보호구, 장치를 취득·유지 및 사용하게 해야 하며, ③ 모든 산업재해 및 직업병에 대한 충분한 기록을 작성하고 이에 근거하여 적절한 평가와 시정조치를 취하여야 한다.

그리고 연방정부기관의 책임자는 매년 산업재해 및 안전보건프로그램에 대하여 연차보고서를 노동부장관에게 제출하여야 한다[제19조 제(a)(5)항]. 노동부장관은 제출된 보고서의 개요 또는 요약을 보고서에 대한 평가 및 권고와 함께 대통령에게 제출하여야 하고, 대통령은 이를 토대로 매년 상원 및 하원에 본조에 근거한 연방정부기관의 활동보고서를 제출하여야 한다[제19조 제(b)항].

다. 주정부와의 관계

주정부와의 관계에 대해서는 제18조에서 규정하고 있다. 전술했듯이 「OSHAct」는 주정부 차원의 근로자 안전보건보호가 불충분했기 때문에 연방 차원에서 제정된 것이지만, 동법은 제18조에서 주정부에 연방정부(노동부장관)의 승인을 받아 자체적으로 '주 안전보건계획'(State Plans)을 수립·실행하는 것을 인정하고 있다[제18조 제(b)항]. 연방정부는 주정부의 계획이 제시하는 기준, 실효성 확보조치 및 그 구조가 동법의 그것과 적어도 동일한 수준의 실효성을 가지고 있지 않는 한 주정부의 계획을 승인하지 않는다[제18조 제(c)항 참조].11) 2007년 현재 26개의 주가 OSHA로부터 주정부 안전보건계획의 승인을 받고 있다.12)

---

11) Bokat et al., 앞의 책, pp. 679-691.

12) http://www.osha.gov/dcsp/osp/index.html

OSHAct은 주정부와 지방정부에는 적용되지 않지만, '주 안전보건계획'을 승인받고자 하는 주정부는 사적 부문의 근로자에 대한 프로그램만큼 효과적이고 종합적인 주·지방정부 근로자 프로그램을 수립하여 동 계획에 포함시켜야 한다[제18조 제(c)(6)항].

주정부가 위 요건에 합치하는 안전보건계획을 수립하여 연방정부의 승인을 받은 경우, 당해 주에 대해서는 주정부가 정한 안전보건기준이 적용되고 안전보건감독은 연방정부의 OSHA가 아니라 각 주의 산업안전보건기관이 담당하게 된다. 2007년 현재 사적 부문 근로자와 공공 부문(주·지방정부) 근로자를 아우른 안전보건계획을 마련하고 있는 주는 23개이고, 공공 부문(주·지방정부) 근로자만을 대상으로 하는 안전보건계획을 마련하고 있는 주는 3개이다.[13]

한편, 안전보건계획을 승인받고 있지 않은 주에서도 연방정부의 안전보건기준이 마련되어 있지 않은 영역(예컨대 보일러, 엘리베이터 등)에서는 주정부의 산업안전보건법령이 적용된다[동법 제18조 제(a)항]. 그러나 연방정부의 기준이 마련되어 있는 영역에서는 주정부의 규제는 연방정부의 승인을 받지 않는 한 그 내용 여하를 불문하고 선점의 원칙(principle of preemption)에 의하여 연방정부의 기준에 의하여 선점(배제)되게 된다. 1992년의 Gade사건[14]에서는 유해폐기물처리시설에서의 근로자의 안전보건을 정한 일리노이주법이 동시에 일반 공중의 건강과 환경을 위한 규제를 하고 있었는데, 연방대법원은 이와 같은 다른 목적의 병존을 이유로 「OSHAct」의 선점대상이 되지 않는 것은 아니라고 판단하고 있다. 유해폐기물처리시설에 대해서는 「OSHAct」의 기준이 마련되어 있고 일리노이 주는

---

13) Ibid.
14) Gade v. National Solid Wastes Management Ass'n, 112 S. Ct. 2374(1992).

노동부장관의 승인을 받고 있지 않았기 때문에 근로자에 관한 주법의 규제는 부정되었다. 그러나 교통법규나 소방기준과 같이 직장 내외를 불문하고 적용되는 일반적인 주법은 이제는 '산업'안전보건에 관한 규제라고는 말할 수 없기 때문에 당해 주법의 적용이 「OSHAct」에 의해 선점되지 않는다.

제2절 일반의무조항[15)]

1. 개설

최근 기업을 둘러싼 환경변화와 기술발전의 속도가 점점 빨라지고 있다. 그런데 산업안전보건법은 법규의 특성상 환경변화와 기술발전에 신속하게 대응하는 것이 구조적으로 곤란하다. 따라서 산업안전보건기준이 현실에 대응하지 못하는 시간적 지체의 문제로 산업재해 예방에 사각지대가 발생하는 경우가 종종 발생하고 있다.

이러한 문제를 해소하기 위해 일찍이 OSHAct는 특정한 산업안전보건기준(specific occupational safety and health standards, 이하 '특정기준'이라 한다)이 제정되어 있지 않은 유해위험요인(상황)에 대해서도 사업주로 하여금 산재예방조치를 하도록 하는 소위 '일반적 의무'(general duty)를 부과하는 조항을 마련해 놓았다. 우리나라의 산업안전보건법에도 선언적 의무 조항으로 사업주의 일반적 의무가 규정되어 있지만(제5조), OSHAct상의 일반의무조항(general duty clause)은 미준수 시 벌칙이

---

15) 이 부분은 『한국안전학회지』 제30권 제1호(2015)에 실린 논문(정진우, 「미국 산업안전보건법에서 일반의무조항의 제정배경과 운용에 관한 연구」, 119-126쪽)을 일부 보완하여 책의 형식으로 편집한 것이다.

수반되어 있는 강제적 조항이라는 점에서 우리나라의 일반의무조항과 그 성격이 질적으로 다르다고 할 수 있다.

즉, OSHAct는 제5조 제(a)(1)항에서 "모든 사업주는 그가 고용하는 근로자들에 대하여 사망 또는 중대한 신체적 위해를 초래하고 있거나 초래할 개연성이 있는 인식된 유해위험(recognized hazards)이 없는 고용(employment) 및 고용장소(place of employment)를 근로자 각자에 대하여 제공하여야 한다"고 규정하면서, 본 조항을 고의로 또는 반복적으로 위반하는 사업주에 대해서 70,000달러 이하의 민사벌칙금(civil penalty)이 부과될 수 있고, 특히 고의적인 위반에 대해서는 5,000달러 이상의 민사벌칙금이 부과될 수 있다고 규정하고 있다[제17조 제(a)항].

2. 입법 경위

본래 OSHAct는 연방경제에 막대한 악영향을 미치는 산업재해의 발생을 감소시키기 위하여 행정기관과 함께 사업주와 근로자에게 독립적인 '책임'과 '권리'를 부여함으로써 '합리적으로 예견될 수 있는(reasonably foreseeable) 산업재해를 예방할 목적으로 제정되었다. 그런데 '합리적으로 예견될 수 있는 산업재해'를 예방하기 위한 기준을 미리 모두 특정하여 명문화할 수 있으면 문제가 없지만, 법적 기준의 범위가 모든 위험상황을 포함하는 것은 사실상 불가능하다. 그래서 OSHAct는 이러한 특정기준이 존재하지 않는 영역에 대해서도 일반의무조항을 통해, '예방할 수 있는(preventable) 산업재해를 행정권의 발동에 의해 일반적으로 예방하는' 수단을 강구하였다. 즉, OSHAct 제5조(a)(1)항에 규정된 일반의무조항은 OSHAct의 입법취지를 토대로 규정된 것이라 할 수 있다.16)

일반의무조항을 처음으로 법안 내용에 담은 것은 OSHAct 제정안을 심의한 제91차 의회 제1회기(1970)에 제출된 Perkins법안이다. 이 법안에는 다음과 같은 내용이 규정되어 있었다. "거래(commerce)에 영향을 주는 사업을 경영하는 사업주는 안전하고 위생적인 고용 및 고용장소를 제공함과 아울러 노동부장관에 의하여 제정되는 기준을 준수하여야 한다."

그 후 제2회기(1970)에서 하원의원 Daniels는 Perkins법안과 거의 동일한 내용의 법안을 제출하였지만 결국 하원의 동의를 얻지 못하였고, 그 후 하원의원 Steiger에 의하여 다음과 같은 수정법안이 제출되게 되었다. "모든 사업주는 그가 고용하는 근로자들에 대하여 일견(readily) 명백하고 사망 또는 중대한 신체적 위해를 초래할 개연성이 있는 유해위험이 존재하지 않는 고용 및 고용장소를 근로자 각자에 대하여 제공하여야 한다."

이 법안은 상원에서 또 수정되어 "일견 명백하고"가 삭제됨과 함께, "……을 초래할 개연성이 있는"이 "……을 초래하고 있거나 초래할 개연성이 있는"으로, 그리고 "유해위험"이 "인식된 유해위험"으로 각각 수정된 후 마침내 상원의 동의를 얻게 되어 1970년 12월에 최종적으로 의회를 통과하였다.17)

한편 이미 그 골격이 형성되어 있던 하원의 입법 취지서를 보면, 본 조항의 성격이 명백하게 도출될 수 있다. ① 일반의무조항은 타인에 위해를 미치는 행위를 억제하는 보통법(common law, 판례법이라고도 한다)의 원칙을 기초로 하고 있고, ② 동 조항은 결코 애매한

---

16) C. Hament, B. Wolffe and J. M. McGuire, Employer Rights and Obligations under the Occupational Safety and Health Act, Business Law Monographs, Vol. 15, §1. 01, 1991, p. 1.

17) D. L. Morgan and M. L. Duvall, Forum: OSHA's General Duty Clause: An Analysis of its Use and Abuse, Industrial Relations Law Journal, Vol. 5, 1983, pp. 287-290.

조항이 아니고 근로자를 회피할 수 있는 유해위험으로부터 보호하는 명확한 목적을 가진 규정이며, ③ 동 조항의 선구적 규정은 OSHAct의 입법 당시 이미 36개 이상의 주법과 4개 이상의 연방법에 존재하고 있었다. 따라서 그 실효성은 이미 확인된 것이라고 말할 수 있다.[18)

이 중 ①과 관련하여 일반의무조항이 보통법의 복제판(restatement)인지 아닌지에 대하여 학설상의 논의가 있다. 일부에서는 일반의무조항의 위반기준이 행정권의 발동기준이 되기 때문에, 본 조항을 보통법의 주의의무보다 협의로 해석하는 것이 타당하다는 견해도 존재한다.[19) 그러나 의회는 "보통법의 원칙을 OSHAct에 규정하는 데 있어서 이를 철저히 충실하게 재현하는 것이 '의회의 의도'이다"라고 말하고 있다.[20) 한편, 보통법의 원칙은 사업주에 한정되지 않고 모든 개인을 대상으로 타인의 안전과 건강을 해치는 행위를 금지하는 의무도 함께 인정한다. 보통법의 원칙하에서, 사업주는 작업환경을 안전하고 쾌적하게 조성할 책임을 가지는 특별한 지위에 있기 때문에, 사업주는 일반 개인과 달리 안전한 작업 장소 및 기계·설비를 제공하고 잠재적인 유해위험을 합리적인 주의의무를 통해 파악하고 이를 근로자에게 알려야 하는 등 일반 개인보다 특정적이고 고도의 의무를 진다.[21) 요컨대 일반의무조항은 사업주가 근로관계에서 부과받는 이와 같은 보통법상의 의무를 성문법(제정법)에서 확인적으로 규정한 것이라고 할 수 있다.

---

18) H. R. Rep. No. 91-1291, 1970, pp. 21-22.

19) Morgan and Duvall, 앞의 논문, p. 290.

20) H. R. Rep. No. 91-1291, 1970, p. 21.

21) J. B. Hood and B. A. Hardy and H. S. Harold, Workers Compensation and Employee Protection Laws, West Publishing Co., p. 1, 1990; H. D. Thoreau, Occupational Health Risks and the Worker's Right to Know, The Yale Law Journal, Vol. 90, 1981, p. 1,803.

3. 특정기준과의 관계 및 운용의 실제

가. 일반의무조항과 특정기준의 관계

OSHAct의 일반의무조항은 이미 제정되어 있는 특정기준을 대체하는 것은 아니며, 특정기준이 제정되어 있지 않은 유해위험요인(상황)에 대하여 적용되어야 할 보충적 성격을 가진다.22) 즉, 일정한 상황, 과정 등에 특정기준이 확실히 적용될 수 있으면, 이 기준이 일반의무조항에 우선적으로 적용되어야 한다. 정부가 특정기준을 제정할 때, 생각할 수 있는 모든 유해위험한 상황을 상정하지는 않았을 것이다. 이 점을 감안하여 OSHAct는 일반의무조항을 통해 안전한 작업환경을 제공할 사업주의 의무가 OSHAct하에서 제정된 규칙들(regulations)에 포함되어 있는 특정기준 준수의 경계(범위)를 뛰어넘어 특정기준 외의 유해위험요인(상황)에 대해서까지 확장되도록 하였다. 이에 따라 사업주의 행위가 특정기준을 위반하였다고 입증할 수 없는 경우에도, 그 행위가 사업주에 의해 유해위험한 것으로 인식되었다면, 노동부장관은 당해 사업주를 일반의무조항 위반을 근거로 OSHAct를 위반하였다고 판단할 수 있다.23) 결국, 일반의무조항은 포괄적(catchall) 규정이라고 할 수 있다.

미국의 산업안전보건청(Occupational Safety and Health Administration, 이하 'OSHA'라 한다)의 법적 기준은, 사업주가 특정기준을 준수하고 있으면 그러한 사업주는 일반의무조항을 준수하고 있는 것으로 간주된다고 명확히 규정하고 있다[29 C.F.R. §1910.5(f)]. 사업주의 특정기준 위반을 이유로 OSHA가 사업주에게 위반통고를 한 후, 사업주가 일반

---

22) OSHA, Compliance Operations Manual, ch. Ⅷ § A. 2. c., 1972.

23) W. B. Connolly and D. R. Crowell, A PRACTICAL GUIDE TO THE OCCUPATOIONAL SAFETY AND HEALTH ACT, 2011, 4-29.

의무조항도 위반하였다고 추가로 위반통고하는 것은 허용되지 않는다. OSHA는 일반의무조항 위반통고를 하기 전에, 현행 특정기준이 유해위험요인(상황)에 적용되는지 여부를 결정하기 위하여 모든 현행 산업안전보건기준을 검토하여야 한다. 적용될 특정기준이 없다고 판단되면, OSHA는 그때 비로소 일반의무조항에 근거한 위반통고를 할 수 있다. 특정기준이 해당 유해위험요인(상황)에 적용되는지 여부가 불확실한 경우, OSHA는 특정기준 위반과 일반의무조항 위반 모두를 적용할 수 있다.[24)

한편, OSHA는 법 제6조 제(a)항에 의해 정식의 특정기준(강제적 기준)으로 도입되지 않은 권고적 기준(advisory standards)에 위반한 사업주를 일반의무조항 위반으로 적용하는 경향이 있었다. 그러나 권고적 기준은 그 제정과정에서 경영계 측의 의견을 충분히 반영하는 절차를 거치지 않고 내용에 있어 불명확한 부분이 적지 않다. 따라서 권고적 기준을 일반의무조항을 매개로 하여 그 위반에 대하여 벌칙을 부과하는 것은 합리성이 부족하다는 비판이 제기되고 있다.[25) 그리고 일반의무조항에 의해 산업안전보건기준의 내용 이상으로 강한 의무를 사업주에게 부과하는 것은 허용되지 않는다는 것이 일반적인 견해이다. 그러나 본래 적용되어야 할 산업안전보건기준이 폐지된 경우에는 일반의무조항이 보충적으로 적용될 수 있다.[26)

요컨대 일반의무조항은 특정기준이 아직 제정되어 있지 않거나 폐지된 경우에 적용될 수 있다. 그리고 이 일반의무조항이 적용되는 경우 OSHA는 본 조항을 통해 사업주가 합리적으로 인식할 수 있는 유해위험에 대하여 기존의 산업안전보건기준과 동일한 수준(정도)으로 사

24) J. L. Hirsch, OCCUPATIONAL SAFETY and HEALTH HANDBOOK, 2007, §6-4.

25) M. A. Rothstein, Occupational Safety and Health Law, 2005, pp. 227-228.

26) Pratt & Whitney Aircraft, 8 OSHC 1329, 1980 OSHD 24, 447, 1980.

업주를 규제할 수 있게 된다.

나. 운용의 실제

OSHAct의 일반의무조항은 OSHAct 제정 당시 특정기준이 존재하지 않는 분야에서 또는 그것의 제정과정에서 발생할 수 있는 중대한 유해 위험상황을 규제하기 위하여 예외적으로 적용되는 데 지나지 않았다. 그러나 그 후의 운용의 실제는 정부정책에 의하여 좌우되는 경향이 강하여 본 조항에 근거한 위반통고(citation) 발행건수는 시대별로 큰 증감을 반복하여 왔다. 일반적으로 민주당이 집권하고 있었을 때 OSHA는 일반의무조항을 보다 많이 활용하는 경향이 있다.[27] 연구자들의 연구에 의하면, 닉슨 정부의 마지막 2년 동안에는 OSHA에 의한 일반의무조항 위반통고가 매년 200건 미만으로 이루어졌으나, 포드 정부하에서는 당해 위반통고가 매년 약 720건으로 증가하였다. 그리고 카터 정부에서는 일반의무조항의 적용이 크게 증가하여 위반통고가 1978년 3,566년, 1979년 3,816건, 1980년 3,691건 발행되었다. 이것은 OSHA의 해당 연도의 전체 위반통고 건수의 약 2.5%로서 1979년과 1980년의 경우 모든 기준 위반 중에서 가장 많은 비중을 차지하는 수치이다. 통고된 민사벌칙금액은, 특히 1980년의 경우 256만 824달러에 달한 점이 주목된다. 반면에 레이건 정부하에서는 일반의무조항의 적용이 카터 정부와 비교하여 약 52% 감소되었다.[28]

이와 같이 일반의무조항 위반의 적용이 정부정책에 의하여 좌우되어 온 현실은 본 조항이 가지는 특징을 잘 보여주는 것이라고 말할 수

---

27) Hirsch, 앞의 책, §6-3.
28) Morgan and Duvall, 앞의 논문, p. 299.

있다. 즉, 본 조항은 특정한 유해위험을 규율하는 산업안전보건기준과는 달리 실제상 그 적용이 행정의 재량에 맡겨지는 성격을 가지고 있다. 1990년에는 일반의무조항이 존재하는 것이 오히려 특정기준인 인간공학기준(ergonomics standard)을 제정하는 데 있어 걸림돌이 된 예조차 보고되는 등 그 문제가 복잡하다.[29] 그러나 특정기준 제정을 위한 복잡한 절차를 밟지 않고 그 전에 독자적인 위험 판단의 구조를 통해 유해위험한 작업환경에 놓여 있는 근로자를 구제할 수 있는 장점을 무시할 수는 없을 것이다.

일반의무조항의 위반통고를 받은 사업주는 초기에 본 조항에 대해 "입법권의 위헌적인 위임이다", "막연하기 때문에 무효이다"라고 주장하면서 다투는 경우가 많았다.[30] 그러나 이러한 주장은 법원과 산업안전보건심사위원회에서 받아들여지지 않았다.[31] 법원과 정부는 본 조항의 장점을 잃지 않는 범위에서 그 적용범위를 명확히 하고 그 판단에 일정한 객관적 기준을 두고자 고심해 왔다고 말할 수 있다.

4. 위반 판단기준

일반의무조항의 위반 판단기준은 ① 인식된 유해위험의 존재, ② 안전하고 위생적인 고용 또는 고용장소가 제공되지 않는 것, ③ 사망

---

29) D. J. Kolesar, Cumulative Trauma Disorders: OSHA's General Duty Clause and the Need for an Ergonomics Standard, Michigan Law Review, Vol 90, 1992, p. 2,086.

30) REA Express Inc. v. Brennan, 495 F. 2d 822, 1 OSHC 1651, 2d Cir,1974; Bethlehem Steel Corp. v. OSHRC, 607 F. 2d 1069, 1 OSHC 1833, 3d Cir.1979.

31) Ensign-Bickford Co. v. OSHRC, 717 F. 2d 1419, D.C.Cir.1983; Donovan v. Royal Logging Co., 645 F. 2d 822, 831-32(9th Cir.1981); Drilling Corp., 9 OSHC 1681, 1981 OSHD 25, 363, 1981.

또는 중대한 신체적 위해 발생의 현실성 또는 개연성, ④ 개선조치의 실행 가능성으로 분류된다. 일반의무조항의 구성요건을 처음으로 명확히 설시하였다고 평가받는 1973년 National Realty & Construction Co. v. OSHRC 사건 순회법원 판결[32]도 이 4가지 요건을 제시하였다. 이 요건들은 상호 간에 밀접하게 관련되어 있어 이것을 개별적으로 파악하는 것이 반드시 적절하다고는 할 수 없지만, 이 중 ①의 '인식된 유해위험' 및 ③의 '사망 또는 중대한 신체적 위해 발생의 현실성 또는 개연성' 요건은 본 조항이 어떠한 유해위험에 대해 어떠한 판단기준을 가지고 있는지를 본질적으로 보여주는 중요한 요건이고 개별적으로도 충분히 검토할 필요가 있으므로, 이하에서는 주로 이 2가지 요건에 대한 해석방법을 중심으로 설명하는 것으로 한다.

가. 인식된 유해위험

(1) 유해위험의 인식

유해위험에 대한 인식은 기본적으로 유해위험요인(상황)에 대한 사업주(경영자, 관리자 등)의 실제적인 지식에 의해 판단된다. 사업주의 지식은 회사 내부기록, 안전작업규칙, 표준작업절차, 단체협약, 근로자 이의제기, 안전위원회 보고서 등의 문서와 구두진술에 의해 증명될 수 있다. 다만, 자율적인 안전노력(예방조치)에 의해 평균적인 사업주 이상의 지식을 갖게 된 사업주를 그 지식을 이유로 벌하는 것은 문제가 있기 때문에, 사업주의 자율적인 안전노력 지표(evidence)로만 유해위험의 인식을 판단하는 것은 불합리하다고 할 수 있다. 따라서 유해위험의 인식 판단 시 사업주의 안전노력 지표

---

32) 489 F. 2d 1257, 1266-1267 n. 37, D.C.Cir.1973.

는 다른 지표와 결합하여 고려되어야 할 것이다.[33]

한편, 유해위험 인식에는 유해위험의 존재에 대한 개별적인 지식 뿐만 아니라 안전보건 분야의 전문기관·전문가, 산업안전보건감독 관 등의 지식·의견, 통계적·경험적 연구결과 및 국가·지자체의 법규제 등을 반영한 산업(업종)별 객관적 인식도 포함되는 것으로 이해되고 있다.[34] 이 점과 관련하여 하원의 OSHAct 심의단계에서 Daniels 의원은 "여기에서 '인식된 유해위험'이란 반드시 개별 사업 주에게 알려져 있을 필요는 없고 사업주가 속하는 산업의 지식기준 으로 인식되어 있는 것을 가리킨다. 즉, 어떠한 유해위험이 '인식'되 어 있는지 여부는 객관적 결정사항이다"고 주장한 바 있다.[35] 그러 므로 '유해위험의 인식'이란 개별 사업주의 실제적 인식뿐만 아니라, 이와 관계없이 객관적인 상황으로 보아 당해 산업에서 유해위험하 다는 인식이 광범위하여 사업주가 당연히 인식했어야 하는 것, 즉 법이 예정하는 '의제적(擬制的) 인식'까지를 의미한다고 할 수 있다.

요컨대 사업주가 개인적으로 유해위험한 상황에 대한 지식을 가지 고 있거나 유해위험이 사업주가 속한 산업에서 일반적인 지식으로 되 어 있으면 유해위험이 인식된 것으로 인정된다. 즉, '인식'은 객관적으 로 또는 주관적으로 확인된다고 할 수 있다.

여기에서 문제가 되는 것은 '산업 인식'(industry recognition), 즉 산업 의 평균적 지식수준이 누구에 의해 결정되고 구체화되는가이다. 지금 까지 판례 및 산업안전보건심사위원회의 재결례가 제시해 온 바에 의 하면, 다음과 같은 자가 그 역할을 담당한다는 것을 알 수 있다. ① 해

---

33) M. A. Bailey, Occupational Safety and Health Law Handbook, pp. 91-92, 2008.

34) OSHA, OSHA's Field Operations Manual(FOM), 2011, 4-18.

35) Senate Comm. on Labor and Public Welfare, Legislative History of the Occupational Safety and Health Act of 1970, 92d Cong, 1st Sess., 1971.

당 산업의 상황에 정통한 안전보건전문가, ② OSHA 감독관, ③ 주정부의 법과 지방정부의 조례 입법자, ④ 미국규격협회(ANSI) 및 미국방재협회(NFPA), ⑤ 미국산업위생학자협회(ACGIH) 및 국립산업안전보건연구소(NIOSH)를 비롯한 공적·사적 과학조사연구기관, ⑥ 유해위험과 관련된 제조자 등이 여기에 포함된다.[36]

한편, 여기에서 '인식'은 유해위험 자체에 대한 지식을 의미하고 유해위험의 제거방법에 대한 인식을 의미하는 것은 아니다.[37]

(2) 유해위험의 내용

일반의무조항에서 말하는 유해위험의 내용이 일반적인 화학물질, 기계·기구·설비, 작업공정 등을 포함하는 것은 확실하다. 이 경우 OSHA는 근로자가 이러한 유해위험에 실제로 노출되었다는 것까지를 제시할 필요는 없고 일정한 유해위험이 존재하는 것만으로 일반의무조항 위반을 주장할 수 있다.[38]

여기에서 쟁점이 되는 것은 '인식된 유해위험' 중에 사업주가 근로자에게 강제한 방침(employer's policy)이 포함되는지 여부이다. 이 점에 대한 대표적 판례(leading case)는 American Cyanamid 사건 판결[39]이다. 본 사건에서 사업주가 출산가능연령에 있는 여성을 일정한 직무로부터 배제하는 방침을 밝히자, 종업원 중에서 스스로 피임수술을 받고 계속해서 현재의 직무에 근무하려고 하는 자가 속출하였다. 이러한 움직임에는 직무의 변경에 의한 근로자의 수입 감소, 경우에 따라서는 해고될 가능성, 피임수술에 대한 사업주 측의 권고 등의 사정이 배경으로

---

36) OSHA, 앞의 책, 4-19.
37) Connolly and Crowell, 앞의 책, 4-29.
38) Ibid.
39) OCAW v. American Cyanamid Co., 741 F. 2d 444, D.C.Cir.1984.

존재하고 있었다. 사업주의 이러한 방침에 대해 노동조합은 OSHA에 신고를 하였는데, OSHA는 일반의무조항의 위반을 근거로 사업주에게 위반통고를 하였다. 그러나 위반통고의 기재내용에는 왜 그 고용방침이 본 조항 위반인지에 대하여 명확한 이유가 제시되어 있지 않아 사업주는 이에 대하여 이의를 제기하였다. 본건의 재결을 담당한 산업안전보건심사위원회는 일반의무조항에서 말하는 '인식된 유해위험'은 어디까지나 근로자가 종사하는 '노동과정 또는 기계·설비, 재료'에 의한 유해위험을 가리키는 것이고, 본 사건에서 사업주에게는 경제적 기대가능성이 없었다는 것 등을 이유로 위반통고가 무효라고 판단하였다.[40] 그 후 사법심사에서도 법원은 본 위원회의 재결을 인용하였는데, 법원은 그 판단의 근거로서, ① 본 방침 수락 여부에 대해 근로자 측에 선택의 자유가 있었던 점, ② 기존 연방대법원 판결이 '고용에서의 유해위험'을 직접적인 '신체적 유해위험'으로 제한하고 있었던 점 등을 제시하고 있다. 본 판결에 대해서는 그 후 학설로부터 상당한 비판이 제기되었지만, 그 후 내려진 판결 역시 이 판례를 따르고 있다.[41]

나. 사망 또는 중대한 신체적 위해 발생의 현실성 또는 개연성

사업장의 모든 유해위험요인이 일반의무조항에 의해 금지되는 것은 아니다. 사업주는 "사망 또는 중대한 신체적 위해를 초래하고 있거나 초래할 개연성이 있는 유해위험요인을 방지하는 것에 대해서만 책임이 있다." 여기에서 '(재해)발생의 개연성'은 원어로는 "likely to cause……"이고, 문언 해석상으로는 "more probable than not", 즉

---

40) 9 OSHC 1596, 1981 OSHD 25, 338, 1985, affirmed 741 F. 2d 444, D.C.Cir.1984.
41) Rothstein, 앞의 책, p. 236.

50% 이상의 (재해)발생률을 가리킨다. 이것은 OSHAct 제17조 제(k)항에 규정된 '중대한 위반'에 적용되는 구성요건과 동일한 것으로 해석되어 왔다. 따라서 사망 또는 중대한 신체적 위해가 발생할 수 있는 '실질적 개연성'이 존재하여야 한다. 사망의 발생은 최소한 개연성의 '일응의 증거'(prima faice evidence)를 구성한다.[42] 그런데 이 개념에 대한 구체적인 해석을 둘러싸고 지금까지 법원과 산업안전보건심사위원회에서 활발한 논쟁이 전개되어 왔다.

먼저 1973년 National Realty & Construction 사건의 순회법원 판결은, 건설현장의 작업반장으로 근무하던 근로자가 부하가 운전하는 석탄·자갈 운반기계(로우더)의 발판에 타고 있던 중 옆에 설치되어 있던 사다리가 전도되어 발생한 사망사고에 대해 사업주가 OSHAct 위반으로 책임이 물어진 사안에 관련된 것이다. 본 사건의 해당 사업장에서는 그와 같이 위험한 행위를 사전에 금지하는 방침이 취해져 있었고, 사업주는 그 사고에 대하여 예견 가능성이 없었다고 주장하였다. 본 판결은 일반의무조항의 개연성 판단을 산업안전보건심사위원회의 전문적 판단에 맡기고 본 위원회에서 재해발생의 개연성이 있는 것으로 결정하면 이것으로 충분하고 법원은 이를 존중하여야 한다고 설시하였다. 그리고 산업안전보건심사위원회도 초기에 일반의무조항의 개연성 개념에 대해 재해가 틀림없이 발생할 것 같은 정도를 요구하는 입장을 거부하고, 발생할 가능성이 있기만 하면 충분하다는 입장(이하에서는 이 판단기준을 'possibility test'라 한다)을 취하였다.[43]

그러나 위 사건의 다음 해인 1974년에 내려진 Brennan v. OSHRC(Vy

42) Usery, 568 F. 2d 910, 2d Cir.1977.

43) Rothstein, 앞의 책, p. 238.

Lactos) 사건의 연방순회법원 판결[44]에서는 이와 다른 판단기준이 채택되었다. 아황산이 들어 있는 어육의 하역과정에서 어육이 탱크에서 흘러내려 근로자가 이것을 처리하기 위해 동원되었다. 그러나 그 시점에서 어떠한 안전보건상의 지시도 이루어지지 않았고 호흡을 위한 보호구도 작업근로자에게 제공되지 않아 아황산중독으로 1명의 근로자가 사망하였다. 일반의무조항을 근거로 위반통고를 받은 사업주는 기술적인 이유 때문에 본 사고는 합리적인 예견 가능성이 없었다고 주장하면서 OSHA의 조치에 대해 소송을 제기하였다. 법원은 사업주의 주장을 인용(認容)하고 다음과 같이 판단하였다. "일반의무조항 위반이 성립하기 위해서는 (비전문전가의 입장에서도) '합리적으로 예견 가능한'(reasonably forseeable) 위험이 존재하고 사업주가 근로자를 보호하는 적절한 예방조치를 태만히 한 사실이 필요하다[45](이하에서는 이 판단기준을 'reasonable foreseeability standard'라 한다)."

'재해발생의 개연성' 요건을 지나치게 완화하여 해석하게 되면, 이미 발생한 재해의 결과로부터 본 조항의 위반을 도출하기 쉽다. 이것은 사업주로 하여금 위험행위에 오히려 관심을 갖게 하지 않는 잘못된 경향을 조장할 수 있다. 이와 같은 이유로 그 후의 복수의 판결에서도 'possibility test'가 부정되고 'reasonable foreseeability standard'가 타당한 것으로 받아들여졌다.[46]

한편 reasonable foreseeability standard에 대해서는, 본 기준이 단순히 이론적 가능성으로 사업주에게 절대책임을 부과하는 경향을 가지는 possibility test의 단점을 극복하기 위해서 나타난 것이라고는 하지만,

---

44) 494 F. 2d 460, 463, 8th Cir.1974.

45) Brennan v. OSHRC(Vy Lactos Laboratories, Inc.), 494 F. 2d 460, 8th Cir.1974.

46) American Smelting & Ref. Co. v. OSHRC, 501 F. 2d 504, 515, 8th Cir.1974; Titanium Metals Corp. v. Usery, 507 F. 2d 536, 543, 9th Cir.1978.

reasonably foreseeable과 likely to cause가 실제로 동의어인지가 명확하지 않은 점에서 이 또한 약점을 가지고 있다는 주장이 제기되고 있다. 예를 들면, 극히 소량의 발암성 물질에의 노출에 의해 근로자가 암에 이환된 경우, 분별이 있는 사업주에게 있어서 모든 노출은 무언가의 유해위험을 초래할 것이라는 것은 reasonably foreseeable 하지만, 본래 그 가능성은 낮았기 때문에 likely to cause로는 될 수 없을 것이다.[47] 학설 중에는 여기에서 기준이 되는 것은 단순히 수학적 가능성이 아니고 인간의 상식적 판단이라고 주장하는 자도 있지만,[48] 이것을 법적 기준으로 채용하기에는 불충분하다고 말할 수 있고 현실적으로도 일반적인 지지를 얻지는 못하고 있다.

따라서 현재 일반의무조항이 규정하는 '재해발생의 개연성' 요건에 대해서는 그 해석이 아직 통일되어 있는 상태라고 말할 수 없으며, reasonable foreseeability standard가 향후에도 유지될 수 있을지는 지금 단계에서는 확실하지 않다.

5. 일반의무조항에 대한 평가

OSHAct의 일반의무조항은 입법절차상 '본래 제정되어야 할 기준'이 아직 제정되어 있지 않은 경우에 사업주가 합리적으로 인식할 수 있는 유해위험에 대하여 기존의 기준과 동일한 수준에서 사업주를 규제하는 '보완적' 역할을 하는 것을 목적으로 마련된 것이다. 따라서 일반의무조항의 적용은 원칙적으로 유해위험과 그것에 의해 근로자에게 위해가 실제로 발생할 개연성이 모두 존재하는 엄격한 조

---

47) Morgan and Duvall, 앞의 논문, p. 311.
48) R. S. Morey, "The General Duty Clause of the OSHA of 1970", Harvard Law Review, Vol. 86, 1973, pp. 997-998.

건하에서 이루어져야 하는 것이라고 이해되어 왔다.[49] 그러나 본 조항은 그 운용의 실제가 정부정책에 의해 좌우되는 사실로부터 알 수 있듯이, 현실에서는 단지 산업안전보건법령의 특정기준이 누락된 특수한 조건에만 적용되는 예외적 수단(extra measure)으로서 기능하여 온 것은 아니다. 때로는 특정기준의 작성절차를 회피하기 위한 수단으로 활용된 것도 사실이다. 따라서 본 조항은 종합적인 산재예방정책의 일환으로서 정책적 판단에 일정한 재량을 허용하는 보완적 역할(subordination to the standards)을 해왔다고 평가해야 할 것이다.[50] 본 조항에 대한 기본적인 해석기준을 제공하였다고 평가받는 앞의 National Realty사건 판결은 "일반의무조항은 보통법의 원칙을 결합한 것이지만, 그 성격은 합리성의 범위에 얽매이는 것은 아니다. 오히려 근로자가 그 고용과정에서 생명·건강의 모든 침해로부터 벗어날 수 있도록 하는 것을 직접적인 목적으로 하고 있다[51]"고 판시하여 일반의무조항을 산재예방정책의 유연한 집행도구로 활용할 수 있는 해석을 한 바 있다.

특히 최근에 이르러서는 근로자가 이환된 누적성외상질환(cumulative trauma disorders)에 대해서도 본 조항의 적용을 긍정하는 판례가 나오기 시작하고 있고, OSHA 역시 그동안 혈액병원균, 밀폐공간 등에 대하여 일반의무조항을 적용하는 등 그 적용영역을 확대하여 왔다.[52]

그런 만큼 사업주에게 본 조항이 과중한 부담을 주지 않도록 하는 배려도 필요하다고 생각되고 있다. 노동부장관에 의한 일반의무조항의 입증책임은 일반적으로 무겁고 사업주 측으로부터의 실질적인 항

---

49) Anning-Johnson Co. v. OSHRC, 516 F. 2d 1081, 1086, 7th Cir.1975.

50) Morgan and Duvall, 앞의 논문, p. 297, 311, 316.

51) National Realty & Construction v. OSHRC, 489 F. 2d 1257, D.C.Cir.1973.

52) Hirsch, 앞의 책, §6-6.

변의 길도 넓게 열려 있다. 그러나 적어도 본고에서 다룬 '인식된 유해위험의 존재', '사망 또는 중대한 신체적 위해 발생의 개연성'의 증명에서는 입증책임의 경중을 일률적으로 평가하는 것은 곤란하다. 한편, 본 조항은 '사용자책임'(respondeat superior) 또는 기타의 원칙에 의거하여 사업주에게 과실 여부에 관계없이 보험자와 동일한 '엄격책임'(strict liability)을 부과하는 것은 아니며, 현실적으로 '예방할 수 있는 유해위험'(preventable hazards)을 방지하지 않은 '과실, 태만'에 대해서 적용되는 것이다.53) 다시 말해서, 본 조항은 본래 산업재해 '보상법'으로서가 아니라 산업재해 '예방법'으로서의 성격을 가지므로, 원칙적으로 산업재해가 발생하였다고 하여 사업주에게 법 위반이 있다고 직접 연결시키지는 않는다.

일반의무조항은 본고에서 다룬 판단기준을 포함하여 불확정요소가 많다. 이 점을 감안하여 벌칙과의 관계에서 사업주의 '합리적 예견가능성'(reasonable foreseeability) 기준을 충족하기 위해서는 작위범, 부작위범에 관계없이 심각하거나 고의적인 위반을 제외하고는 실무상 최저 1회 이상의 경고가 필요한 것으로 이해되고 있다.54) OSHAct에 최종적으로 반영되지는 않았지만, 일반의무조항의 도입에 적극적이었던 Daniels법안에서 본 조항 위반에 대한 제재는 초범의 경우 당연히 즉시 부과되는 것은 아니라는 구절을 명시하였었고, Williams법안 역시 초범에 대한 모든 벌칙을 금지하는 제안을 한 점55)은 일반의무조항의 해석·운용과정에서 참고할 필요가 있다고 생각된다. 학설 중에서도 과학적 근거가 불명확한 조건하에서는 일반의무조항의 적용에 신중할 필요가 있다는 의견이 유력하게 제기되고 있다.56)

---

53) Bailey, 앞의 책, p. 85.

54) Hirsch, 앞의 책, §6-5.

55) Morgan and Duvall, 앞의 논문, p. 293.

일반의무조항이 취지에 맞게 원활하게 운용되고 사업주의 예측 가능성 문제를 해결하기 위해서는, 정부, 안전보건전문기관 등에서 사업주에게 유해위험요인(상황)의 존재를 사전에 알리고 개선을 유도하거나 새로운 유해위험요인에 대하여 가이드라인(지침)을 제정·보급하여 지도하는 등 사전적인 산재예방활동을 적극적으로 추진하는 것이 필요할 것이다. 실제로 OSHA에서는 이러한 점에 착안하여 감독 외에 지도·홍보, 연구·조사 등의 활동을 다양하게 전개하는 자세를 보이고 있다.

제3절 산업안전보건기준

「OSHAct」는 산업안전보건기준을 충실히 하는 것에 의하여 근로자에게 안전하고 위생적인 근로조건을 제공하는 것을 목표로 하고 있다. 동법 제6조 제(b)(5)항은 노동부장관에게 근로자의 안전을 가장 적절하고 충분하게 보장하는 기준을 설정할 것을 요구하고 있을 뿐이고 어떠한 내용의 기준에 의하여 직장의 유해위험을 배제할 것인가에 대해서는 무엇도 규정하고 있지 않다. 그리고 산업안전보건기준의 제정은 의회의 승인을 거치지 않는다. 따라서 산업안전보건기준은 사실상 전적으로 노동부장관에 맡겨져 있다고 말할 수 있다. 그런데 이 기준의 제정권은 형식적으로는 노동부장관이 가지고 있지만 실제로는 OSHA가 기준 제정의 대부분의 기능을 담당하고 있다.[57]

---

56) D. L. Morgan and M. L. Duvall, "Forum: OSHA's General Duty Clause: An Analysis of its Use and Abuse", Industrial Relations Law Journal, Vol 5, pp. 315-316, 1983.

57) 이 점을 감안하여 이하에서는 산업안전보건기준의 제정과 운용 등과 관련하여 특별한 경우를 제외하고는 노동부장관 또는 노동부라는 표현을 OSHA로 바꾸어 표현하는 것으로 한다.

1. 기준의 개요

가. 기준의 제공

산업안전보건기준은 4개의 주요 부문으로, 즉 일반산업 부문, 해상 부문, 건설 부문, 농업 부문으로 구분된다.

연방 관보(federal register)는 기준에 대한 가장 좋은 출처 중의 하나이다. 모든 산업안전보건기준은 그것들이 채택·수정되고 삽입·삭제될 때 모두 여기에 기록되어 출판된다. 매년 연방관보 발행소에서는 현재 적용되고 있는 모든 법전과 기준을 연방규칙 법전(the code of federal regulations, 통칭 CFR)을 통하여 출판하고 있다. 산업안전보건기준은 이 법전의 제29장 1900~1999절에 수록되어 있다.

일반인을 대상으로 산업안전보건기준의 열람을 지원하기 위하여 OSHA의 구독 서비스(subscription service)가 개발되어 있다. 일반인은 이 서비스에 의하여 다음과 같은 출판물을 용이하게 입수할 수 있다. 즉, 제1권 일반산업의 기준과 해석(농업 포함), 제2권 조선업의 기준과 해석, 제3권 건설업의 기준과 해석, 제4권 기타 법규와 절차, 제5권 현장실행지침서, 제6권 산업보건의 현장실행지침서가 그것이다.

나. 기준의 개발

(1) 자문위원회[58]

OSHA는 구체적인 안전보건기준의 설정이 필요하다고 결정하게 되면 기준 설정 작업을 지원하도록 하기 위하여 자문위원회를 설치

---

58) Nothstein, 앞의 책, p. 128 이하 참조.

하고 동 위원회에 대하여 설정하고자 하는 기준의 검토 및 권고를 해 줄 것을 요청할 수 있다. 현재 상설적으로 설치되어 있는 자문위원회는 다음의 3개이지만 필요에 따라 특별위원회가 설치될 수 있다. 전국산업안전보건자문위원회와 건설안전보건자문위원회, 농업관계기준자문위원회가 그것인데, 전국산업안전보건자문위원회는 노동부장관(OSHA)과 보건부장관에게 「OSHAct」의 운용에 관한 사항에 대하여 자문 및 권고를 하고 후자 2개의 위원회는 건설 또는 농업의 안전보건에 관한 기준 및 기타 규제사항에 대하여 OSHA에 대해 자문하는 역할을 한다.

모든 자문위원회는 현재 운영되고 있는 것이거나 또는 일시적으로 필요에 의하여 설치되는 것이거나 간에 15인 이내의 위원으로 구성되는데, 그중 1인 이상은 보건부장관이 지명하는 것으로 한다. 그리고 사용자대표와 근로자대표를 동수로 하여 위원으로 임명하고 주의 안전보건기관 대표를 1인 이상 임명한다. 또한 위원에는 산업안전보건 전문가 1인 이상, 국가에서 인정한 기준제정기관 대표 1인 이상 등이 포함된다. 한편 자문위원회의 회의는 일반에게 공개되고 열람되는 것으로 한다[제7조 제(b)항].

자문위원회는 임명으로부터 90일 이내에 또는 OSHA가 이것보다 길거나 짧은 기간을 지정한 경우에는 이 기간 내에(단 어떠한 경우라도 270일을 초과할 수는 없다) 공표하여야 할 기준에 관한 권고를 OSHA에 제출하여야 한다[제6조 제(b)(1)항].

(2) 국립산업안전보건연구소59)

산업안전보건기준에 대한 제안 내지 권고는 연방 보건부의 소속 기관으로서 OSHAct에 근거하여 설치된 국립산업안전보건연구소 (NIOSH)에서도 할 수 있다. 본 연구소는 다양한 안전과 보건에 관한 조사·연구를 진행하고 OSHA에 대하여 기술적인 지원을 하며, 위 조사 및 연구를 토대로 OSHA가 새로운 기준을 작성하거나 기존 기준을 개선하도록 제안 또는 권고를 한다[OSHAct 제22조 제(d)항].

또한 본 연구소는 OSHAct 제8조 및 제20조 제(b)항에 근거하여 연구를 수행하기 위하여 각 기업에 출입하여 스스로 조사활동을 하거나 사용자 또는 근로자로부터 증거를 수집할 수 있다. 이러한 조사의 상당수는 근로자의 요구에 응하여 실시되고 있는데 이때 사업주는 출입을 거부하는 경우가 많다고 한다. OSHAct는 이와 같은 경우에 동 연구소에 강제출입권한을 부여하는 영장의 발행에 관하여 특별히 정하고 있지 않지만, 과거의 판례는 당해 조사에 상당한 이유가 있는 경우, 동 연구소가 조사영장을 발행받는 것은 충분히 가능하다고 판시하고 있다.60) 나아가 동 연구소는 동법 제8조 및 제20조 제(b)항의 해석으로부터 특정의 조사대상에 대한 조사영장의 발행권한을 인정받을 수 있다. 특히 주목할 만한 점은 그 발행대상이 제3자인 보험회사가 가지는 기록 등에까지 미친다고 해석되고 있는 점이다.61)

그리고 본 연구소는 동법 제20조 제(a)(5)항 및 제(e)항의 규정에 의하여 유독한 유해물질에 대한 근로자의 폭로 정도를 측정·기록

---

59) Bokat et al., 앞의 책, p. 695 이하 참조.

60) In re Pfister & Vogel Tanning Co., 493 F. Supp. 351, 354-355(E.D Wis. 1980); In re Keokuk Steel Castings, 638 F. 2d 42(8th Cir. 1981).

61) United States v. Amalgamated Life Insurance Co., 534 F. Supp. 676(S.D.N.Y. 1982).

하고 보고하도록 사업주에게 요구할 수 있고, 나아가 근로자의 직업병 발생률과 직업병에의 이환 가능성을 알기 위하여 사업주에게 의학적 진찰(건강진단)과 검사를 실시하도록 요구할 수도 있다.

2. 기준의 구분[62]

산업안전보건기준은 그 제정의 방법에 근거하여 다음과 같이 3종류로 구분된다. ① 제6조 제(a)항의 규정에 근거하여 채용되는 기존기준(exiting standards), ② 제6조 제(b)항에 근거하여 정식의 절차를 밟아 제정되는 영속적 기준(permanent standards), ③ 제6조 제(c)항에 근거하여 제정되는 긴급임시기준(emergency temporary standards)이 그것이다.

가. 기존 기준

OSHA는 이미 존재하는 연방기준이나 국가적으로 합의된 기준(national consensus standard)[63]을 본법 효력발생일로부터 2년 이내에 제6조 제(b)항의 절차를 거치지 않고 채용하는 것이 가능하다[OSHAct 제6조 제(a)항]. 전자인 기존의 연방기준은 이미 다른 기관에 의하여 절차적 심사를 받았고, 후자인 전국적 합의의 기준은 다양한 이해관계자의 견해를 받아들여 발전된 것이기 때문에 이러한 기준을 정식의

---

62) Nothstein, 앞의 책, p. 83 이하 참조.

63) 국가적으로 합의된 기준이란, ⅰ) 일정한 기준의 범위 또는 규정의 이해관계자가 그 기준의 채택에 대해 실질적인 합의에 도달했다고 노동부장관에 의해 인정될 수 있는 절차에 따라, 국가가 인정한 기준제정기관에 의해 채택·공포된 기준, ⅱ) 다양한 견해를 고려하는 기회를 부여하는 방법으로 작성된 기준, ⅲ) 노동부장관이 다른 적당한 연방기관과의 협의 후에 위와 같은 종류의 기준이라고 지정한 기준을 말한다[OSHAct 제3조 제(9)항].

긴 제정절차를 거치지 않고 채용하더라도 사업주의 절차적 권리를 침해하지 않는 것으로 이해되었다. 이 방법에 의한 기준의 제정이 허용된 기간은 1973년에 종료되었고, 현재는 물론 이 방법을 채용하는 것이 불가능하다.

이 방법에 의하여 제정된 기준 중 약 600개의 안전보건기준이 1976년에 OSHA에 의하여 삭제되었는데, 그 이유로서는 ① 당해 기준이 시대에 뒤떨어지게 되었다는 이유, ② 너무 상세하다는 이유, ③ 근로자보다도 일반의 공중을 보호하는 기준이라는 이유, ④ 안전보건보다는 쾌적(comfort)을 목적으로 한 기준이라는 이유 등이 제시되었다. 그리고 동일한 방법에 의하여 제정된 기준 중 153개의 권고적 기준이 1984년에 삭제된 것도 흥미롭다. 권고적 기준이란 '당해 조치를 취하는 것이 바람직스럽다'고 해석되는 비강제적 기준이다. 산업안전보건심사위원회는 권고적 기준에 대하여 그 결정에서 동 기준은 사업주가 이에 위반하여도 그 내용의 실현을 강제하는 것이 불가능하다고 하는 판단을 내렸는바, OSHA는 동 판단에 따라 그것을 삭제하고 그 대신에 전술한 일반적 의무조항과 후술하는 일반기준(general standard)을 이용하여 대응하게 되었다.

나. 영속적 기준

OSHA는 다음과 같은 제정절차에 따라 새로운 기준을 공포하거나 기존의 기준을 개정·철회하는 것이 가능하다[제6조 제(b)항]. 즉, 이해관계자나 사업주단체 및 근로자단체의 대표, 국가에서 인정한 기준작성단체, 보건부, 국립산업안전보건연구소, 주정부 또는 지방정부 등이 제출한 정보나 OSHA가 수집한 정보 등을 토대로

OSHA가 기준을 제정·개정해야 한다고 판단한 경우 OSHA는 이것을 연방 행정명령집에 게재하고 그 후 30일간 이해관계자에게 이에 대한 자료나 의견을 제출할 기회를 부여하여야 한다. OSHA가 자문위원회에 권고를 요구한 경우에는 권고 후 60일 이내에 게재하지 않으면 안 된다. 반대의견이 제출되었다든가 청문의 요구가 있었던 경우에는 OSHA는 자료 또는 의견 제출기한 최종일로부터 30일 이내에 당해 기준 및 청문의 일시를 연방 행정명령집에 게재하지 않으면 안 된다.[64] 자료 또는 의견 제출기한 만료 후 또는 청문 종료 후 60일 이내에 OSHA는 기준의 제정·개정·철회를 발표하거나 또는 기준을 제정하지 않는 것을 결정하지 않으면 안 된다[제6조(b)].

다. 긴급임시기준

OSHA는 근로자가 유해물질 또는 새로운 위험원에 의해 중대한 위험에 노출되어 있다고 판단한 경우, 제6조 제(b)항의 제정절차를 의하지 않고 연방관보에 의한 공시에 의하여 바로 긴급임시기준을 공포하는 것이 가능하다[제6조 제(c)항]. 그러나 긴급임시기준의 유효기간은 6개월로 한정되어 있고, 그 이후에도 그 기준을 존속하도록 하기 위해서는 제6조 제(b)항의 절차를 거치지 않으면 안 된다[제6조 제(c)항].

이 긴급임시기준은 노동조합이나 새로운 안전보건기준을 추구하는 단체가 주로 선호하는 방법이다. 그런데 동 기준이 법원에서 다투어지게 될 경우, 대부분은 그것의 정당성이 충분하지 않다고 하여 법원

---

64) 산업안전보건기준에 대해서는 노사의 관심이 많고 다양한 의견이 제출되기 때문에 경우에 따라서는 권고위원회의 부의 또는 청문회의 개최 등으로 인해 입안단계부터 기준의 최종적인 제정 때까지 수년을 요하는 경우도 드물지 않다고 한다.

에 의하여 취소되어 왔다. 그러나 이러한 법원의 입장은 기준제정기관(OSHA)에 대하여 동 기준을 제정하는 데 있어 너무 무리한 요건을 요구하고 있다고 하여 학설에 의하여 많은 비판을 받고 있다.[65]

3. 기준의 분류 및 종류

가. 기준의 분류

산업안전보건기준은 일반적으로 몇 개인가의 관점으로 다음과 같이 (비공식적으로) 분류되고 있다.[66] 그 하나는 다양한 산업에 걸쳐 폭넓게 적용되는 수평적(horizontal) 기준과 특정산업에 한정되어 적용되는 수직적(vertical) 기준의 분류이다. 수평적 기준이란 다양한 산업의 모든 근로자에게 적용되는 기준으로서 일반적인 용어가 주로 사용되는 기준이다. 이에 반해 수직적 기준이란 특정산업의 소수 근로자에게 적용되는 상세한 규제이다.

그리고 특정의 요건을 충족시킨 기구설비·물질 및 공정의 사용을 직접적으로 의무 지우는 방법(specification)기준과, 해당 결과가 달성되면 이를 실현하는 방법은 사업주에게 맡기는 성과(performance)기준으로 구분하는 분류도 행해지고 있다. 또한 일반(general)기준과 특별(special)기준으로도 분류되고 있다. 일반기준이란 보호구에 관한 기준과 같이 모든 사업장에 보편적으로 적용된다. 이에 반하여 특별기준은 특정기계에 대한 안전장치기준과 같이 특수한 상황에만 적용된다. 원칙적으로 2개 이상의 기준이 어떤 상황에 적용될 때 특정

---

65) Rothstein, 앞의 책, p. 129.
66) Id. p.155; Nothstein, 앞의 책, p.94; Bokat et al., 앞의 책, p. 65 이하.

산업기준이 전체산업기준에 우선하고 특별기준이 일반기준에 우선한다. 일반기준과 관련하여 동 기준에 의거하여 위반통고를 받은 사업주는 당해 기준이 너무 막연하여 동 기준에 의해서는 그들에게 요구되는 행동에 대한 적절한 정보를 얻을 수 없고, 따라서 일반기준이 적절한 절차(due process)에 위배된다고 주장하는 경우가 종종 있다. 법원은 그 산업에 정통한 통상인의 판단을 기준으로 한다고 하였지만 그 산업의 관습을 기준으로 하면 안전보건에 관하여 짧은 역사밖에 가지고 있지 않은 산업에서는 낮은 수준의 주의만 요구되는 것이 되어 적절하지 않다는 비판이 있다.

나. 적용제외

산업안전보건기준은 원칙적으로 관계가 있는 모든 사업장에 적용되지만, 다음의 경우에는 산업안전보건기준의 적용제외(variance)가 인정된다.[67]

첫째, 사업주가 전문적·기술적 요원을 채용할 수 없거나 기준의 충족에 필요한 재료·기구를 입수할 수 없는 경우 또는 필요한 시설의 건설이나 개조를 시행일까지 완성할 수 없는 것 등을 이유로 사업주가 새로운 기준의 시행일까지 당해 기준을 충족할 수 없는 경우, 사업주는 일정한 요건[68]을 충족시켜 일시적으로(최장 1년) 적용제외의 허가를 노동부장관에게 신청할 수 있다[제6조 제(b)(6)(A)항].

둘째, 사업주가 기준에서 정해진 내용 그대로는 아니지만 다른 방

---

67) Rothstein, 앞의 책, pp. 142-143 참조.

68) 적용 제외의 요건으로서, 사업주는 ⅰ) 당해 기준이 대상으로 하고 있는 유해위험물로부터 근로자를 보호하기 위하여 가능한 모든 수단을 강구하고 있고, ⅱ) 가능한 한 신속하게 기준을 충족하도록 하기 위하여 유효한 계획을 입안하고 있어야 한다[제6조 제(b)(6)(A)항].

법에 의하여 결과적으로 기준과 동등 이상의 내용의 안전보건수준을 달성할 수 있는 경우에는 OSHA에 항구적인 적용제외의 허가를 신청하는 것이 가능하다[제6조 제(d)항].

다. 기준의 종류

산업안전보건기준은 사업주에게 많은 의무를 부과하고 있다. 대표적인 예로서는 안전모, 안전화 및 안전벨트와 같은 개인보호구를 구비할 것, 안전보건교육을 실시할 것, 응급조치체제(장비 및 인원)를 갖출 것, 근로자가 정보에 접근하는 것이 가능하도록 할 것 등을 들 수 있다. 또한 사업장을 정리정돈하고 청결하게 유지할 것, 추락·전도를 방지하기 위하여 가드레일을 설치할 것, 비상구에 관한 것, 위험한 기계에 방호장치를 설치할 것, 유해위험물질의 관리에 관한 것, 음료수나 화장실 등 위생에 관한 것, 환기·방음에 관한 것 등의 기준이 마련되어 있다. 특히 상세한 규정이 정해져 있는 것은 보호구의 제공, 위험한 기계로부터의 보호, 유해위험물질로부터의 보호 등에 대해서이다. 그중에서도 유해위험물질로부터의 보호에 대해서는 그 허용치, 정기점검, 보호구, 라벨 부착, 종업원교육, 건강진단, 기록유지 및 이것에의 접근 등 다양한 내용에 대해 상세한 규제가 이루어지고 있다.

4. 제정된 기준의 사법심사

OSHA에 의해 제정되는 산업안전보건기준에 의하여 불이익을 받는다고 생각하는 자는 누구라도 기준이 공포된 때로부터 60일 이내에 연방항소법원에 취소소송을 제기하여 사법심사를 요구하는 것이 가능하다[제6조 제(f)항]. 심사에 있어서는 이른바 실질적 증거법칙이 적용된다. 이와 같은 취소소송은 경영자단체 또는 노동조합에 의하여 제기되는 경우가 많다. 이에 대한 유명한 사례로서는, 공기 중의 벤젠의 농도에 관하여 1978년에 제정된 영속적 기준(permanent standards)이 종래의 기존 기준(exiting standards)의 10ppm 이하를 1ppm 이하로 개정한 것에 대하여 석유산업단체로부터 소송이 제기된 것이다.

노동부장관은, OSHAct의 기준은 근로자의 안전과 건강을 위하여 '합리적으로 필요하거나 적절'하여야 한다고 규정하고 있는 법 제3조 제(8)항의 규정을 근거로 발암성 물질의 경우 기술적으로 실행 가능한 최저수준을 기준으로 할 필요가 있다고 주장하였다. 이에 대하여 항소법원은 기준의 취소를 인정하는 판결을 내렸고, 연방대법원도 동 판결을 지지하였다.[69] 각 재판관의 의견은 다양하게 나누어져 있지만 상대적 다수의견에 의하면, '안전'이란 '위험이 전무한 상황'을 의미하는 것이 아니며 기준을 제정할 때 노동부장관은 ⅰ) 현상태에서 상당 정도의 위험(significant risk)이 존재하고 있는 것, ⅱ) 신 기준에 의할 경우 그것을 상당한 정도로 제거·경감할 수 있다는 것을 제시할 의무가 있는데, 본건에서는 이것이 충분히 제시되지 않았다고 판단하였다.

한편 같은 해인 1978년에 제정된 면 분진(cotton dust)의 영속적 기준에 의하면, 구조적 개선에 의하여 공기 중의 면 분진을 일정 수준 이하로 감소시키도록 명한 후에 처음 4년간은 경과조치로서 근로자에게 방진마스크를 착용하게 하는 것을 의무 지우고 동 마스크의 착

---

69) Industrial Union Department, AFL-CIO v. American Petroleum Institute, 448 U.S. 607(1980).

용이 불가능한 근로자에 대해서는 임금 등을 유지한 채 다른 직무로 배치전환하도록 명하고 있었다. 이것에 대하여 섬유산업단체가 소송을 제기하였는바, 특히 노동부장관이 '비용·편익분석'(cost-benefit analysis)을 실시하지 않은 것이 부당하다고 주장하였다. 그러나 연방대법원은 OSHAct 제6조 제(b)(5)항이 실행 가능한 범위에서 가장 적절하게 근로자의 건강을 확보할 수 있는 기준을 요구하고 있고 '실행 가능성'이 인정되는 한 비용보다도 근로자의 건강이라고 하는 '편익'을 항상 우선시키는 것이 법의 취지라고 판시함으로써 비용·편익 분석은 불필요하다고 판결하였다. 단, 임금보장을 동반하는 배치전환에 대해서는 안전보건을 위하여 그것이 필요하다는 것이 충분히 증명되지 않는다고 하여 취소를 인정하는 견해를 제시하였다.[70]

제4절 기록보존의무

가. 개요

OSHAct가 시행되기 전에는 산업안전보건문제에 대한 체계적인 감시방법이 없었다. 업무에 의한 상해와 질병에 대한 통계자료도 몇몇 주정부나 사적 기관에 의해서만 수집되었다. 따라서 전국적인 추계 자료는 신뢰할 만한 것이라고 말할 수 없었다. 산업안전보건문제를 평가하고 해결하기 위하여 필요한 일관성 있고 전국적인 자료 처리는 OSHA에 의하여 처음으로 이루어졌다.[71]

---

70) American Textile Manufacturers Institute v. Donovan, 452 U.S. 490(1981).

71) Nothstein, 앞의 책, p. 220 참조.

OSHAct는 제8조 제(c)항에서 기록 보존에 관한 몇 가지 규정을 정하고 있다. 제8조 제(c)(1)항에 의하면, 규칙(regulations)에서 노동부장관(OSHA)이 본법의 시행을 위하여 또는 산업재해·직업병의 원인 및 예방에 관한 정보를 작성하기 위하여 필요하거나 적절하다고 규정하고 있는 경우, 사업주는 본법에 관련하는 자신의 활동에 관한 기록을 작성, 유지 및 보관하지 않으면 안 된다. 그리고 제8조 제(c)(2)항의 규정은 노동부장관(OSHA)에게 노동 관련 사망·부상·질병에 관한 정확한 기록을 작성하고 정기적인 보고를 하는 것을 사업주에게 의무 지우는 규칙을 제정할 권한을 부여하고 있다. 단, 응급조치만을 필요로 하고 의학적 치료, 의식의 상실, 작업과 운동의 제한, 다른 직무로의 배치전환을 수반하지 않는 것은 제외된다. 또한 제8조 제(c)(3)항의 규정에 의하면 노동부장관(OSHA)은 잠재적인 유독물질이나 유해한 물리적 인자에의 근로자 노출에 관한 정확한 기록을 유지하도록 의무 지우는 규칙을 제정하여야 한다.

이러한 의무는 산업안전보건기준과는 달리 직접적으로 근로자를 보호하기 위한 수단·방법을 정한 것은 아니다. 그러나 산업재해 예방을 위한 중요한 의무이고 허위의 기록 또는 보고를 한 자는 제17조 제(g)항의 규정에 의하여 형사제재의 대상이 된다.[72] 기록, 보고 자체를 하지 않는 자도 벌칙 적용에 있어 이와 동일하게 해석되고 있다.

나. 기록 보존 의무의 종류

OSHA는 산업안전보건기준을 통하여 사업주에게 다음과 같은 몇 가지 유형의 기록을 유지하도록 의무 지우고 있다.[73] 첫째, 산업재해

---

72) 10,000달러 이하의 벌금 또는 6개월 이하의 징역에 처하거나 양자가 병과된다.

및 직업병의 기록·보고 규칙(the Recording and Reporting Occupational Injuries and Illness, Part 1904)은 사업주에게 OSHA No. 300상의 일정한 기준을 충족시키는 작업 관련 부상 및 질병을 기록하도록 의무 지우고 있다. 또한 사업주는 각각의 개별적 부상 및 질병을 상세하게 기록하는 OSHA 301 양식을 작성·유지하여야 한다. 그리고 부상과 질병이 발생한 익년도 2월 1일까지 OSHA 300-A 양식에 있는 부상 및 직업병에 관한 연간 요약서(annual summary)를 게시하여야 한다. 위 규칙에 의하면 근로자가 사망하였거나 3명 이상이 입원 요양하는 경우가 발생하였을 때, 사업주는 8시간 이내에 OSHA 지방관서에 보고하여야 한다. 안전보건계획을 승인받은 주의 경우 이와 같은 사고는 주정부의 안전보건 관련 부서에 보고되어야 한다.

둘째, 전체적으로 물리적 위험을 예방할 목적을 가지고 있는 여러 산업안전기준(safety standards)에서도 다양한 유형의 기록을 요구하고 있다. 이것은 다음과 같은 3가지 유형으로 구분될 수 있다. 첫째, 사업주에게 특별한 위험에 대한 대처방법을 기술하는 성문화된 계획을 작성하도록 의무 지우는 기준으로서, 그 대표적인 예로 호흡기보호기준(Section 1910.134)과 위험에너지 관리기준(Section 1910.147) 등이 있다. 둘째, 사업주에게 종업원교육에 관한 성문화된 기록을 보존하도록 의무화하는 기준으로서, 그 대표적인 예로서는 개인보호구기준(Section 1910.132),[74] 공정안전관리기준(Section 1910.119)[75]이 있다. 그리고 셋째로는, 사업주에게 성문화된 점검계획 또는 예방적

---

73) M. A. Bailey et al., Occupational Safety and Health Law Handbook. 2nd ed., 2008, pp. 101-102, 130-131.

74) 사업주는 개인보호구를 착용하도록 의무화된 근로자가 필요한 훈련을 받고 이를 이해하였는지를 훈련받은 근로자의 성명, 훈련일자를 포함하는 증명서를 통하여 증명하여야 한다.

75) 사업주는 ⅰ) 근로자의 인적사항, ⅱ) 훈련일자, ⅲ) 근로자가 훈련을 이해하였는지를 증명하기 위하여 사용된 수단을 모두 포함하는 기록을 준비하여야 한다.

유지관리계획을 보존하도록 의무화하는 기준이다. 그 예로서는 건물의 동력식 플랫폼 관리기준(Section 1910.66), 휴대용 소화기 기준(Section 1910.157)을 들 수 있다.

셋째, 많은 유해위험물질에의 노출을 제한하려는 목적을 가지고 있는 각종 산업보건기준(health standards)은 일반적으로 사업주에게 종업원의 검진 기록뿐만 아니라 그들의 노출 수준에 관한 기록을 작성·보존하도록 의무 지우고 있다. 예를 들면, 납, 카드뮴, 벤젠 기준과 같은 특정물질기준은 사업주에게 근로자의 노출 수준을 판단하기 위한 모니터링을 실시하는 한편 특정 근로자에 대한 의학적 감시를 실시하고 그 결과를 기록해 두도록 의무 지우고 있다. OSHA의 '근로자 노출 및 검진 기록에의 접근기준'(Access to Employee Exposure and Medical Records standard)은 사업주로 하여금 이러한 유형의 보건기준에 의해 요구되는 기록들을 보존하는 의무를 부과하고 있다.

마지막으로 사업주는 OSHA가 기록을 보존하도록 요구하고 있지 않음에도 불구하고 산업안전보건기준의 준수를 입증하기 위하여 종종 일정한 기록들을 보존하기도 한다. 예를 들면 산업안전보건기준의 1910 Subpart L 부분은 휴대용 소화기, 호스, 스프링클러 등과 같은 화재진압 시스템의 보수관리 및 검사 규정을 포함하여 화재예방을 위한 다양한 요건을 규정하고 있는바, Subpart L 기준이 사업주에게 검사 및 점검에 관한 기록 자체를 보존하도록 의무 지우고 있지 않지만 검사 및 점검 기록이 없는 경우에 사업주는 실제적인 문제로서 OSHA의 사업장 감독 시 당해 기준을 준수하고 있다는 것을 증명하지 못할 가능성도 있기 때문이다. 한편 다른 많은 산업안전보건기준은 기본적으로 OSHA 감독 시 사업주로 하여금 당해 기준의 준수를 입증하기 위하여 해당 기록을 보존하도록 의무 지우고 있다.

다. 기록 보존 의무의 예외

산업재해 및 직업병에 관한 기록은, OSHA에 의해서는 산업재해 예방대책의 실시의 관점에서, 그리고 노동부 노동통계국(Bureau of Labor Statistics, 통칭 BLS)에 의해서는 산업재해 통계의 관점에서 각각 일정한 사업주를 대상으로 의무적으로 실시되고 있다.[76] 그런데 산업재해 및 직업병의 기록·보고규칙은 이에 대하여 두 가지 예외를 규정하고 있다.[77]

첫째, Section 1904.1의 규정은 전년도에 근로자 수가 10인 이하였던 사업주에게 OSHA No. 300을 보존하는 의무와 OSHA 301 양식과 OSHA 300-A 요약서를 작성하는 의무를 면제하고 있다. 그러나 이러한 사업주도 노동통계국의 조사에는 응답할 의무가 있고 또한 Section 1904.39의 규정에 따라 작업과 관련한 근로자의 사망 또는 입원은 보고하여야 한다.

둘째, 일부 업종에 대해서는 기록 보존 의무를 부분적으로 면제하고 있다. 그 예로서는 소매품점(예: 철물점, 소매제과점, 자동차 판매 대리점, 의류점, 약국 등), 건강관리시설(예: 일반의원, 치과의원, 의료 실험실 등), 오락시설(댄스교습소, 박물관, 화랑 등), 전형적 사무소(법률사무소, 회계사무소, 연구소, 우체국 등)가 있다. 그러나 이와 같이 부분적으로 예외를 적용받는 시설도 노동통계국의 조사에는 반드시 응답하여야 하고 Section 1904.39의 규정에 따라 근로자의 사망과 3명 이상의 입원에 대해서는 반드시 보고하여야 한다.

---

76) 노동통계국은 모든 업종, 규모의 사업장을 대상으로 산업재해와 직업병에 대한 매년 표본조사를 실시하는데, 동 조사의 대상으로 선정된 사업장은 일정한 양식에 의거하여 산업재해와 직업병에 대한 기록을 작성하여 노동통계국에 보고하여야 한다.

77) M. A. Bailey et al., Occupational Safety and Health Law Handbook. 2nd ed., 2008, pp. 129-130.

제3장 OSHAct의 의무이행 확보

제1절 산업안전보건 감독관

산업안전보건법령의 집행을 담당하는 것은 노동부 소속기관인 OSHA이다. 노동부장관이 OSHA에 대하여 최종적인 책임을 지고 대통령에 대하여 정기적 보고와 권고를 하여야 하지만, OSHA을 통솔하고 있는 것은 청장(Assistant Secretary)이다. OSHA의 법집행은 전국의 지방관서를 통하여 이루어지는데 지방관서의 가장 중요한 직원 중의 하나는 지방소장이다. 지방소장의 책무로서는 현지의 정보제공 요구에 응하는 것, 근로자의 이의제기에 답하는 것, 감독계획을 수립하고 실행하는 것, 위반통고와 벌금을 부과하는 것 등을 들 수 있다. 그리고 「OSHAct」의 법집행의 일차적인 책임은 안전보건감독관(이하 '감독관'이라 한다)에게 있다. 그들의 주요한 직무는 사업주가 산업안전보건법규의 모든 조항을 준수하고 있는가를 확인하기 위하여 사업장 감독을 실시하는 것이다. 대부분의 감독관은 공학과 산업위생에 대한 배경지식을 가지고 있고 산업안전보건에 관한 훈련과 경험을 받았거나 가지고 있다.[78] 한편 독자적인 자체 안전보건계획을 가지고 있는 주정부의 경우에는 OSHA와 별도의 감독시스템과 인력을 가지고 감독을 실시하고 있다.

---

78) Rothstein, 앞의 책, p. 312.

제2절 사업장 감독

OSHA 감독관은 사업장의 안전보건수준을 유지하고 산업안전보건법규의 이행확보를 위하여 사업장의 안전보건상황에 대하여 감독을 실시하고 있다. 「OSHAct」 제8조 제(a)항의 규정에 의하면 감독관은 소유주, 경영자 또는 책임 있는 대리인에게 신분증명서를 제시하고 어떠한 장소에도 출입하는 것이 가능하다. 단, 사용자가 동의하는 경우 또는 긴급의 경우를 제외하고는 사업장의 출입에는 법원의 영장이 필요하다.[79]

그리고 감독은 사전통지 없이 이루어지는 것을 원칙으로 하고 있다.[80] 특수한 사정이 있으면 사전에 통지할 수도 있지만 그것도 감독을 실시하기 24시간 전에 통보하는 것은 금지되어 있다. 특수한 사정이란 다음과 같은 경우를 가리킨다. 즉, ① 명백히 급박한 위험에 대해 사업주로 하여금 가급적 긴급히 시정하도록 할 필요가 있는 경우, ② 감독이 통상적 근로시간 이후에 가장 효과적으로 이루어질 수 있거나 감독을 위해 사업장에서 특별한 준비가 필요한 경우, ③ 사업주대표, 근로자대표 또는 적합한 직원의 도움이 반드시 필요한 경우, ④ 사전통지를 함으로써 철저하고 효과적인 감독이 실시될 수 있다고 지방관서장이 판단하는 경우 등이다.[81]

---

79) Marshall v. Barlow's, Inc., 436 U.S. 307(1978).

80) 본법에 근거한 모든 감독을 장관이나 장관 대리인의 허가를 받지 않고 사전에 통지한 자는 1,000달러 이하의 벌금 또는 6개월 이하의 징역에 처하거나 양자를 병과한다[OSHAct 제17조 제(f)항].

81) 29 C.F.R. 1903.6(a)(1)-(4).

1. 감독의 우선순위

「OSHAct」의 적용대상이 되는 모든 사업장에 대하여 감독을 실시하는 것은 현실적으로 불가능하다. 산업안전보건 측면에서 상태가 가장 나쁜 사업장을 중심으로 감독을 실시하는 것이 효과적일 것이다. 따라서 OSHA은 일반적으로 다음과 같은 우선순위를 두고 이에 의거하여 감독을 실시하고 있다.[82]

가장 높은 감독 우선순위는 급박한 위험이 존재하는 경우이다. 급박한 위험이란 어떠한 위험이 직접적으로 사망을 초래하거나 신체에 심각한 위해를 미칠 우려가 있는 상태 또는 그러한 위험의 절박한 상태가 이 법에 규정된 다른 집행절차에 의하여 제거될 수 있기 전의 상태를 말한다. 심각한 신체적 위해는 신체에 영구적이거나 장기적인 손상을 입히는 경우와 장기적인 신체적 위해가 없더라도 일시적인 불구를 초래하여 입원 요양을 필요로 하는 경우를 말한다.

두 번째는 사망재해 또는 대형재해가 발생한 경우이다. 이 감독의 목적은 산업재해가 산업안전보건기준의 미준수에 의해 초래되었는지를 조사·결정하고 이에 의해 장래의 산업재해의 발생을 예방하기 위해서이다. 본 감독은 ① 1명 이상의 사망재해가 발생한 경우, ② 근로자 5명 이상이 24시간 이상 동안 입원 요양을 요하는 재해를 입은 경우, ③ 세간의 주목을 특별히 많이 받은 재해가 발생한 경우에 실시된다.

세 번째는 근로자가 법위반을 신고한 경우이다. OSHA는 다음의 어느 하나에 해당하는 경우가 아닌 한 공식적인(즉, 문서화된) 신고를 토대로 하여 감독을 실시하게 된다. ① 신고자가 신체적 위해나

---

82) Rothstein, 앞의 책, pp. 317-320; Nothstein, 앞의 책, pp. 295-301 참조.

급박한 위험을 초래할 수 있는 법위반이 존재한다고 믿을 만한 합리적인 근거를 제시하지 못할 때, ② 최근의 감독 또는 다른 객관적인 증거가 위험이 존재하지 않거나 감소되었다는 것을 보여줄 때, ③ 신고내용이 OSHA의 관할범위 안에 있지 않은 경우가 그것이다. OSHA는 급박한 위험을 주장하는 공식적인 신고에 대해서는 24시간 이내에, 심각한 위험을 주장하는 신고에 대해서는 5일 이내에, 그리고 다른 상태를 주장하는 신고에 대해서는 30일 이내에 각각 신고자에게 회신하여야 한다. 비공식적인 신고가 접수된 경우에 OSHA는 일반적으로 근로자에 의해 주장된 위험내용을 기재하여 일정기간 내에 이것을 시정할 것을 요구하는 편지를 사용자에게 보내는 방식으로 대응한다. 신고자는 사업주가 일정기간 내에 시정조치를 취하지 않으면 이를 OSHA에 알려줄 것을 통지·요구받는다. 사업주가 OSHA의 편지에 응하지 않거나 사업주에 의해 시정조치가 취해지지 않았다는 것을 신고자가 주장하면 OSHA에 의한 감독이 실시될 것이다.

다음으로 감독 우선순위가 부여되는 것은 유해위험성이 높은 업종·직업·직장, 유해물질 및 기타 업종을 대상으로 한 지역 차원의 계획적인 감독이다. 이 감독의 대상은 사망, 부상 및 질병의 발생률, 법위반 경력, 유해물질에 노출된 사실 등의 자료에 근거하여 선정되기도 하지만 무작위로 선정되기도 한다. 그리고 이 계획적 감독은 대상이 되는 사업장의 분포에 따라 지역규모, 광역규모 또는 전국규모로 특별감독을 실시하는 경우도 있다. 제조업체에 대한 계획적 감독의 대상은 노동통계국이 가장 최근에 공표한 전국 제조업 평균 작업손실일수(lost workday injury rates)와 동일한 수준이거나 그 이상에 해당하는 사업장이다. 하지만 독자적인 자체 안전보건계획을 갖고 있는 주는 이것과 다소 다른 체계로 감독대상을 선정할 수도 있다.

다섯 번째는 확인 감독을 실시하는 경우이다. 확인 감독이란 이전에 지적된 위반을 사용자가 시정하였는지 여부를 확인하는 감독이다. 위반이 시정되어 있지 않으면, 감독관은 당해 사업주가 OSHA로부터 지적받은 위반사항을 시정하지 않았다는 사실을 알리는 통고를 한다. 이 경우 사용자가 당해 위반을 시정할 때까지 1일 단위로 민사벌칙금이 부과된다.

2. 감독의 과정

감독이 실시되기 전에 감독관은 그 사업장의 설립의 역사, 사업의 성격 그리고 적용되는 기준 등을 포함하여 그 사업장에 관한 많은 정보를 조사, 검토하는 등 감독을 위한 준비를 한다. 그리고 감독을 위한 준비에는 통상적으로 흄, 분진, 가스, 독성물질, 소음 등을 검출해 낼 수 있는 적절한 장비를 선택하는 일도 포함된다.

가. 개시 회의

감독관은 사업주에 신분증명서를 제시한 후 사업주대표와 근로자대표와 함께 개시 회의(opening conference)를 개최하여야 한다. 감독관은 이 회의를 통하여 양 대표와 감독의 실시절차를 논의하게 된다. 그리고 이때 당해 사업장이 OSHA의 지원을 받는 프로그램에 참여하고 있는 사업장인지에 대하여 확인을 한다. 감독이 근로자의 신고에 근거한 것인 때에는 그 신고서 사본을 사업주에게 교부한다. 신고서에 기재된 근로자의 이름은 신고한 근로자의 희망에 의하여 그 사본에 나타나지 않게 할 수 있다[제8조 제(f)(1)항].

감독관은 개시 회의 동안 감독의 이유(예: 근로자 신고, 지역 차원의 계획적 감독 등), 범위 또는 대상 등을 설명하는 한편 당해 사업장에 적용되는 법률, 기준 및 기타 규칙의 사본을 사업주에 교부한다. 개시 회의 시 감독관은 일반적으로 다음 사항을 확인하게 된다. ① 그가 감독과정에서 점검하고자 하는 안전보건기록, ② 그가 점검하고지 하는 것의 물리적 위치, ③ 감독 시 그가 특별히 실시하고자 하는 내용(예: 근로자 면담, 근로자의 작업복에의 측정장치 부착 등).83)

한편 사업주는 개시 회의 때 감독관에게 감독과정에서 어떤 기업비밀을 접하게 될지를 지적하여야 하고 이것에 대한 비밀 준수를 감독관에게 요구할 수 있다.84)

나. 감독 순회

개시 회의를 마친 후 감독관은 사업주대표 및 근로자대표와 함께 사업장을 순회감독(inspection tour)하게 된다. 사업주대표 및 근로자대표는 감독관의 감독을 조력하기 위하여 감독관의 사업장 순회감독에 동행할 권리가 인정된다[제8조 제(c)항]. 여기에서 '근로자대표'는 먼저 사업주와의 관계에서 단체교섭관계를 가지는 노동조합을 의미한다고 해석되고 있다. 당해 사업장에 그와 같은 교섭대표가 존재하지 않고 안전보건위원회(safety committee)가 있는 경우에는 이 위원회의 근로자대표가 사업장의 감독과정에 참여할 근로자대표가 된다. 그리고 당해 사업장에 안전보건위원회도 없는 경우에는 당해

---

83) Bailey et al., 앞의 책, pp. 218-219 참조.
84) Rothstein, 앞의 책, p. 350.

사업장의 근로자들 자신이 감독과정에 참여할 근로자대표를 선정하거나 감독관이 당해 사업장의 근로자들의 이해를 대변할 만한 자를 근로자대표로 선정할 수 있다.[85] 단 근로자를 대표할 만한 자가 없는 경우, 감독관은 합리적이라고 생각하는 수의 근로자로부터 이야기를 듣는 것으로 대신한다. 어떠한 상황에서든 사업주가 근로자대표를 선정할 수는 없다.

감독관에게는 순회감독을 하는 동안 사업장의 안전보건에 관한 기록을 입수·검토하고 유해물질에의 노출을 모니터링하기 위하여 근로자에게 작업환경측정 기기를 부착시킬 수 있을 뿐만 아니라 일반적인 작업환경 시료를 수집할 수 있는 권한이 부여되어 있다. 또한 감독의 목적과 관련된 사진을 찍거나 비디오테이프 촬영도 할 수 있다. 나아가 사업주 측의 관리자·근로자들과 면담하고 다른 합리적인 조사기법을 채용할 권한이 부여되어 있다.[86]

그리고 Section 1903.3의 규정은 감독관에게 감독과 직접적으로 관련된 기록들을 점검할 권한을 부여하고 있는바, 감독관은 감독과정에서 대체로 사업주에게 동 규정에 따라 관련 기록들에 대한 열람 기회를 자신에게 제공할 것을 요구한다. 감독관이 검토하고자 하는 기록에는 대체로 두 가지 종류가 있는데, ⅰ) OSHAct에서 사업주에게 보존하도록 의무화되어 있는 기록과, ⅱ) OSHAct에서 의무화되어 있지는 않지만 감독과 관련되어 있는 기록이 그것이다.[87]

감독과정에서 명백한 기준 위반이 발견되었을 경우 감독관은 이를 즉시 시정하도록 요구할 수 있다. 이러한 시정명령에 따라 사업

---

85) OSHA's Field Inspection Reference Manual(FIRM), ch. Ⅱ, A.2.h.2.

86) Bailey et al., 앞의 책, p. 219.

87) R. S. Rabinowitz et al., Occupational Safety and Health Law, 2nd ed., The Bureau of National Affairs Inc., 2002, p. 173.

주가 곧바로 시정하였을 경우 감독관은 기준 이행에 대한 사업주의 성실성을 판단하기 위한 자료로서 그러한 시정사실을 기록한다. 그러나 기준의 위반상태가 감독과정에서 비록 시정되었다고 하더라도 위반사실은 추후 제재를 위한 자료로 제공된다.

한편 감독관이 감독과정이나 기타 법적 절차에 의하여 제출받거나 입수한 모든 정보는, 그것에 미국법전(U.S.C) 제18권 1905절에서 정하는 기업비밀이 포함되어 있거나 또는 그것이 누설될 가능성이 있는 경우에는 기업비밀로 간주되어 상응하는 보호를 받게 된다(OSHAct 제15조). 기업비밀 정보를 누설한 감독관은 1,000달러 이하의 벌금 또는 1년 이하의 징역에 처해지거나 또는 양자가 병과될 수 있다.

다. 종료 회의

감독관은 감독 순회가 끝난 후 사업주·근로자대표와 종료 회의(closing conference)를 개최하게 된다. 이 회의의 목적은 감독과정에서 발견된 사실에 대하여 양 대표와 의논하고 OSHA가 발행할 예정인 위반통고를 이들에게 간단히 알리기 위해서이다. 이때 감독관은 감독과정에서 확인한 각 위반내용에 대하여 다음과 같은 사항을 검토하게 된다. ① 당해 법위반의 내용 및 성격, ② 확인된 위반상태를 개선하기 위해 사업주가 취할 수 있을 것이라고 생각되는 개선조치, ③ OSHA가 사업주에게 요구할 것이라고 생각되는 개선기간이 그것이다.[88]

종료 회의는 사업주 및 근로자 모두에게 중요하지만 다른 감독 요

---

88) Bailey et al., 앞의 책, pp. 219-220.

건과 마찬가지로 사업주가 본 회의의 미개최로 인하여 자신이 불이익을 받았다고 입증할 수 있지 않는 한, 이것이 개최되지 않았다고 하여 위반통고가 무효로 되는 것은 아니다. 또한 종료 회의 요건은 '실질적인 준수에 의해서도' - 예를 들면 불완전한 종료 회의를 개최한다든지, 종료회의를 개최하지 않았지만 순회과정에서 사업주에게 명백한 법위반 사실을 통지한 경우에 - 충족될 수 있다.[89]

종료 회의를 통하여 사업주는 위반통고가 실제로 발행되기 전에 감독관과 협의할 기회와 함께 감독관이 미처 생각하지 못하였거나 잘못 이해하였을지도 모르는 정보를 공유할 기회를 갖게 된다. 또한 종료 회의는 사업주가 앞으로 취할 예정이거나 이미 취한 개선조치를 감독관과 함께 확인할 기회 또한 제공한다.[90]

제3절 위반통고 및 제재

1. 위반 통고

사업장 감독을 실시한 결과, 사업주가 산업안전보건법규에 위반하고 있다고 판단한 경우, OSHA의 지방소장은 감독관의 보고를 토대로 사업주에게 '합리적으로 신속하게'(with reasonable promptness) 서면으로 위반통고(citation)를 발하여야 한다. 각 위반통고에는 위반하였다고 판단되는 법규의 규정을 포함하여 위반의 구체적 내용, 특히 위반의 성격이 문서로 명시되어 있지 않으면 안 된다. 또한 여기

---

89) Rothstein, 앞의 책, p. 361.
90) Bailey et al., 앞의 책, p. 220.

에는 위반을 제거하기 위한 합리적인 개선기간 또한 정해져 있어야 한다[제9조 제(a)항].

여기에서 '합리적으로 신속하게'란 어떤 법위반이 발생한 후 6개월을 이내에 위반통고를 발하는 것을 의미한다[제9조 제(c)항]. 위반 내용의 특정은 먼저 사업주가 위반을 시정하기 위하여 필요하고, 그리고 이의신청을 할 것인지, 한다면 어떻게 할 것인지를 결정하기 위해서도 필요하다. 산업안전보건심사위원회는 위반통고가 특정성을 충족하고 있는지를 판단할 때 상황을 종합하여 판단한다. 이 문제는 객관적인 요소와 주관적인 요소 모두를 가지고 있는데 기본적으로는 감독에 관련한 상황, 그 업계의 관행, 그리고 통고의 실제의 문언에 정통한 합리적인 사업주가 위반의 성격을 제대로 알 수 있었는지 여부가 문제로 된다.[91] 합리적인 개선기간이 어떠한 기간인가에 대해서는, 경우에 따라 다르지만 감독관은 위반의 중대성, 위험에 노출되어 있는 근로자의 수, 기타 관련 상황을 고려한다.[92]

한편 안전보건과 직접적이거나 즉각적인 관계를 갖지 않는 사소한 위반사항(예를 들면, 화장실의 칸막이)이라고 평가되는 것에 대해서는 위반통고에 대신하여 통지(notice)를 발하는 것이 가능하다[제9조 제(a)항]. 이것은 개선의 요구도 벌칙도 수반하지 않으므로 사업주는 이 통지에 대하여 이의 신청을 하는 것이 불가능하다.

감독을 실시한 후 OSHA가 사용자에게 위반통고를 하는 경우, 노동부장관은 그 감독이 종료된 후 합리적 기간 내에 벌칙의 통지를 보내게 된다. 이 통지에는, 사업주가 통지를 받고 나서 15 근무일(fifteen working days) 이내에 이의를 신청하지 않으면 통고와 제재가 산업

---

91) Rothstein, 앞의 책, p. 367.
92) Bokat et al., 앞의 책, p. 280 이하.

안전보건심사위원회의 최종적인 명령으로 간주되어 그 이후에는 어떠한 법원, 행정기관에 대해서도 재심사를 신청하는 것이 불가능하게 된다는 것을 기재하여야 한다[제10조 제(a)항].

2. 벌칙(Civil and Criminal Penalties)

위반통고를 받은 사업주로서 당해 위반행위가 중대한 성질의 것이 아니라고 판정된 사업주는 각 위반행위에 대하여 7,000달러 이하의 민사벌칙금(civil penalty)이 부과'될 수 있다'(may be assessed)[제17조 제(c)항]. 그리고 중대한 위반을 하였다는 통고를 받은 사업주는 각 위반행위에 대하여 7,000달러 이하의 민사벌칙금이 부과'된다'(shall be assessed)[제17조 제(b)항].

중대한 위반과 중대하지 않은 위반의 가장 중요한 차이는 사고가 발생할 가능성보다는 사고가 발생하였을 때 초래될 부상의 정도(심각성)이다.[93] 중대한 위반과 중대하지 않은 위반에 대하여 부과될 수 있는 민사벌칙금의 최고액은 동일한 금액이지만, 실제에 있어서는 일반적으로 중대한 위반에 대해서 훨씬 많은 금액의 민사벌칙금이 부과된다.[94]

중대한 위반으로 간주하기 위해서는 노동부장관은 위반과 사망 사이의 관계 또는 위반상태가 사망이나 중대한 건강상의 침해를 일으킨다는 것을 입증하여야 한다. 그리고 노동부규칙에 의하면, 두 개 이상의 중대하지 않은 위반이 합체될 경우 사망이나 중대한 건강상의 침해를 일으킬 가능성이 있는 때에는, 이것은 합체하여 1개의

---

93) Rothstein, 앞의 책, p. 416.
94) Rothstein, 앞의 책, p. 417.

중대한 위반을 형성한다.[95]

「OSHAct」제5조의 기준, 동법 제6조에 따라 제정된 기준(standards), 규칙(rules), 명령(orders) 또는 동법에 의거하여 제정된 규칙(regulations)을 고의로 또는 반복적으로 위반하는 사업주는 각 위반행위에 대하여 70,000달러 이하의 민사벌칙금이 부과될 수 있다(may be assessed). 단, 고의적인 각 위반행위에 대해서는 5,000달러 이상의 민사벌칙금이 부과될 수 있다[제17조 제(a)항].

일정한 사업주에 대하여 민사벌칙금을 부과할 때는 위반의 중대성과 사업주의 성실성, 기업의 규모, 과거의 기준 준수상황 등이 종합적으로 고려된다[제17조 제(j)항].

동법 제6조에 따라 제정된 기준, 규칙, 명령 또는 동법에 의거하여 제정된 규칙을 고의적으로 위반하고 그 위반행위로 근로자의 사망을 초래한 사업주는 10,000달러 이하의 벌금(fine) 또는 6개월 이하의 징역에 처하거나 양자를 병과한다(결과적 가중범). 재차 위반한 경우에는 20,000달러 이하의 벌금 또는 1년 이하의 벌금에 처하거나 양자를 병과한다[제17조 제(e)항].

한편 「벌금집행법」(Criminal Fine Enforcement Act)[96]에 따라 모든 연방범죄에 대한 최고벌금액은 증액된다. 「벌금집행법」에 의하면, 사망을 초래하는 범죄로 유죄판결을 받은 개인에 대한 최고벌금액은 250,000달러이고[18 U.S.C.A. §3571(b)(3), (4)], 개인이 아닌 자(예컨대 회사)에 대해서는 500,000달러이다[18 U.S.C.A. §3571(C)(3), (4)].

적정절차(due process)의 고려 때문에 제17조 제(e)항 규정에 근거하는 형사상의 법 위반은 반드시 기준(standard)에 근거하여야 하고

---

95) Rothstein, 앞의 책, p. 418.
96) 18 U.S.C.A. §3571.

제5조 제(a)(1)항의 일반적 의무조항에 근거할 수는 없다. 그러나 민사상의 고의적 법위반은 일반적 의무조항에 근거할 수 있다. 또한 형사상의 법 위반은 중대하여야 하지만 민사상의 고의적 법 위반은 중대할 필요가 없다. OSHAct의 형사사건은 통상의 연방형사사건과 동일하게 심리·재판된다. 따라서 적용되는 시효기간은 5년이고 형사상의 증거규칙과 입증부담이 적용되며 배심심리를 받을 권리도 보장된다. 그리고 회사는 그의 대리인·사용인의 행위에 대하여 형사적으로 책임이 물어질 수 있다.[97]

OSHAct에는 제17조 제(e)항의 규정 외에도 다른 형사적 제재 조항을 포함하고 있다. 감독계획을 사전에 통지하는 자를 형사처벌하는 제17조 제(f)항,[98] 허위로 기재 또는 보고하는 자를 형사처벌하는 제17조 제(g)항,[99] 그리고 감독관의 업무수행을 완력을 사용하여 방해하는 자를 형사처벌하는 제17조 제(h)항[100]이 그것이다. 이 외의 법위반사항은 형사벌이 아니라 민사벌로서 다루어진다.

제9조 제(a)항에 따라 발부된 위반통고를 받은 위반행위에 대해 시정기간 내에 시정하지 아니하는 사업주는 이러한 미 시정 또는 위반행위가 계속되는 동안 매일 7,000달러 이하의 민사벌칙금이 부과될 수 있다[제17조 제(d)항].

---

97) Rothstein, 앞의 책, p. 441.

98) 본법에 의하여 수행되는 감독을 장관이나 그 대리인의 허가 없이 사전에 통지한 자는 1,000 달러 이하의 벌금 또는 6개월 이하의 징역에 처하거나 양자를 병과한다.

99) 본법에 근거하여 제출되거나 유지하도록 의무화되어 있는 모든 신청, 기록, 보고, 계획 또는 기타의 문서에서 허위의 기재, 표현 또는 증명을 한 자는 10,000달러 이하의 벌금 또는 6개월 이하의 징역에 처하거나 양자를 병과한다.

100) 감독관에 폭력적으로 저항하거나 감독관을 방해·폭행하는 자에 대해서는 5,000달러 이하의 벌금 또는 3년 이하의 징역에 처하거나 양자를 병과한다. 치명적인 무기가 사용되었을 때에는 10,000달러 이하의 벌금 또는 10년 이하의 징역에 처하거나 양자를 병과한다. 감독관이 살해되면 당해 처벌은 사형을 포함한다(미국법전 제18권 1114절).

제4절 위반통고에 대한 이의신청

OSHA의 지방관서장이 발부한 위반통고 또는 제재의 통지에 대하여 이의가 있는 사업주는 15 근무일 이내에 OSHA의 지방관서장에 대하여 이의신청을 하는 것이 가능하다. 동 지방관서장은 이 이의신청을 산업안전보건심사위원회에 전달하여야 한다[제10조 제(c)항]. 사업주는 위반통고의 일부 또는 전부, 제재의 내용, 개선기간 또는 이들 모두에 대하여 이의신청을 할 수 있다. 근로자 또는 그 대표도 역시 15일 이내에 이의 신청을 할 수 있지만, 이것은 OSHA가 자신의 사업주에게 통지한 위반사항의 개선기간이 너무 길다는 이유에 한정되어 있다. 이 기간에 이의신청이 제기되지 않으면 당초의 위반통고와 제재의 통지가 확정된다. 한편 적법한 이의신청이 제기되면 위반통고의 개선기간은 아래에서 설명하는 산업안전보건심사위원회에 의한 최종적 명령이 나올 때까지 그 진행이 일시적으로 중단된다.

그리고 OSHA는 사업주가 개선기간 내에 위반내용을 개선하지 않았다고 판단한 경우, 사업주에게 우편으로 당해 사실과 이것 때문에 당해 사업주에게 부과될 제재를 통지하게 되는데[제10조 제(b)항], 이 통지를 받은 사업주 역시 15 근무일 이내에 이의신청을 하는 것이 가능하다.

이의신청이 제기된 사건은 산업안전보건심사위원회에 송부되어 심사가 이루어지게 된다. 산업안전보건심사위원회는 상원의 조언과 동의를 얻어 대통령이 임명하는 3인의 위원으로 구성된 준사법적인 독립적 기관이다[제12조 제(a)항]. 독립적인 심사기관을 설치한 이유는 행정집행과 함께 사법심사의 권한까지 노동부장관에 맡기는 것에 대한 재계로부터의 반발 때문이었다. 심사위원회는 3인의 위원 중 1인이 위원장이 되고, 심사위원회의 운영에 대하여 책임을 지는 종신직인 행정심판관(administrative law judge)을 임명할 책무를 진다[제12조 제(e)항]. 위원의 임기는 6년이고 무능 또는 태만하거나 부정행위를 했다고 판단되는 경우에만 대통령에 의하여 해임된다[제12조 제(b)항]. 각 위원은 법률담당 직원과 보조 직원을 둔다. 다수의 행정심판관이 심리가 열리는 각지의 산업안전보건심사위원회의 지방관서에 배치된다.

이 심사위원회는 소추권자인 노동부장관과는 별개의 중립적인 입장에서 위반통고 또는 벌칙금의 정당성 여부를 심사할 권한을 갖고 있고, 나아가 심리 중에 위반통고 또는 벌칙금을 승인, 수정 및 파기하거나 다른 적절한 구제를 추가할 권한을 가지고 있다[제10조 제(c)항]. 그런데 실제로는 행정심판관이 모든 사전 심리 및 본안 심리를 실시하고 1차적으로 결정을 한다. 이 결정에 대하여 30일 이내에 어느 한쪽의 당사자로부터 이의가 제기되지 않는 한 이 행정심판관의 결정이 최종적인 것이 된다[제12조 제(j)항]. 본 심사위원회의 최종 결정에 불복하는 당사자(노동부장관도 포함)는 누구라도 최종적 명령이 확정된 날로부터 60일 이내에 각 지방의 연방항소법원에 사법심사를 요구할 수 있다[제11조 제(a)항].

한편 사용자가 위반통고에 의해 요구되는 개선사항을 이행하기 위하여 성실하게 노력하였음에도 불구하고 사업주 자신의 합리적인 관리범위 밖의 요인에 의하여 개선을 달성할 수 없었다는 것을 입증하는 경우에는 위반통고의 내용에 대한 변경신청을 하는 것이 가능하다. 사용자로부터 이 변경신청이 제기되면, 노동부장관은 소정의 청문절차를 거친 후 위반통고의 개선요구내용을 그대로 유지하거나 수정하는 명령을 내려야 한다[제10조 제(c)항]. 그러나 사용자의 이러한 변경신청에 대하여 당해 사업장의 근로자들이 OSHA의 지방관서에 이의신청을 제기하는 경우에는 변경신청의 심사권한이 산업안전보건심사위원회로 변경된다.

이상과 같은 행정적인 제재절차 이외에, 사용자의 고의적인 위반에 의하여 근로자가 사망한 경우 등[제17조 제(e)항] 몇몇 행위유형에 대해서는 징역 또는 벌금의 형벌도 규정되어 있는바, 이것은 통상의 형사절차가 적용되므로 사법부가 소추를 담당하게 된다.[101]

제5절 긴급금지명령

감독관은 급박한 위험을 발견한 경우 사업주에 대하여 위험에 노출되어 있는 근로자를 피란케 하고 사업주 스스로 위험을 제거하도록 요구하게 된다.[102] 사업주가 자발적으로 제거하지 않는 경우 감독관은 OSHA에 이 사실을 알리고[103] OSHA는 연방지방법원에 급박한 위험이 있는 작업에 대한 금지명령을 신청하게 된다[「OSHAct」제13조 제(a)항 참조]. 이러한 OSHA의 신청이 있는 경우 동 법원은 OSHAct에 근거한 집행절차의 결과가 나올 때까지 금지명령 구제(injunctive relief) 또는 일방적 긴급금지명령(temporary restraining order)을 내리게 된다[「OSHAct」제13조 제(b)항]. 이 절차는 「연방민사소송규칙」(FRCP) 제65조1의 규정된 바에 따라 집행된다. 다만 이러한 금지명

---

101) 이상의 내용은, 주로 Bailey et al., 앞의 책, p. 231 이하에 의한다.

102) Nothstein, 앞의 책, p. 367.

103) Nothstein, 앞의 책, p. 368.

령은 5일 이상 효력을 갖지 못한다.

한편 감독관은 사업주와 마찬가지로 당해 위험의 영향을 받는 근로자들에게도 발견한 급박한 위험의 존재를 알리지 않으면 안 된다[「OSHAct」 제13조 제(c)항]. 근로자는 급박한 위험이 존재하는 작업장으로부터 이탈하는 것이 가능하다. OSHA가 자의적인 판단으로 당해 상황을 충분히 생각하지 않고 금지명령신청을 하지 않는 경우, 근로자 또는 그 대표는 사업장이 있는 장소를 관할하는 연방지방법원 또는 컬럼비아특별구 법원에 직무집행영장을 요구하는 소송을 제기할 권리를 갖는다[「OSHAct」 제13조 제(d)항]. 그러나 OSHA가 이 집행절차를 취할지 여부는 절대적 의무가 아니라 재량적 의무인데다가 영장을 요구하는 원고 측에게 무거운 증명책임이 부과되어 있고 또한 적절한 구제를 제공할 정도로 직무집행영장 결정이 신속하게 내려질지가 불확실한 점을 고려할 때, 이 권리의 실효성은 낮을 것으로 생각된다.104)

---

104) Rothstein, 앞의 책, p. 438.

제4장 OSHAct의 법적 성격

제1절 OSHAct와 사법적 청구의 가능성

1. OSHAct의 사법적 효력의 유무

「OSHAct」의 성격과 관련해서는 동법이 제정된 이후 몇 개인가의 소송에서 원고 측으로부터 동법은 묵시적으로 민사소송에 의한 사법적 권리를 실현하는 것을 인정하고 있다고 하는 주장이 제기되었지만, 판례는 일관되게 그와 같은 주장을 받아들이지 않아 왔다.[105] 이들 판례가 의거하는 것은 동법 제4조 제(b)(4)항의 "본법의 어떤 조항도 근로에 기인하거나 근로의 과정에서 발생하는 근로자의 부상·사망에 관하여 산업재해보상법에 대신한다든지 그것에 영향을 주는 것을 의도하지 않고 있고, 또한 사업주와 근로자의 보통법 또는 제정법상의 권리·의무나 책임을 확대 내지 감축하거나 그것에 영향을 미치는 것을 의도하고 있지 않다"고 하는 문언이다.

판례에 의하면, 이 문언은 의회가 「OSHAct」의 제정에 의하여 새로운 사법적 청구권을 창설하려고 한 것은 아니고 오히려 기존의 사법적 권리의무에 영향을 주지 않는 것을 의도하고 있는 것이 명백하

---

105) Skidmore v. Travelers Ins. Co., 356F.Supp.670(E.D. La. 1973), aff'd per curiam, 483 F.2d 67(5th Cir.1973) Jeter v. St. Regis Paper Co., 2 OSHC 1591, 1594(5th Cir. 1973); Byrd v. Fieldcrest Mills, inc., 496 F.2d 1323(4th Cir. 1974); Russell v. Bartley, 494 F.2d 334(6th Cir.1974).

다고 한다. 또한 판례는 동법이 사업주의 의무규정, 기준이나 규칙에 대하여 규정함과 함께 그 실효성 확보를 위한 형사제재와 민사벌, 그리고 일정한 경우의 연방지방법원에 의한 금지명령 규정을 두고 있는 등 포괄적인 시스템을 갖추고 있다는 것을 지적하고 의회에는 동법에 근거한 근로자부터의 사법적 청구권을 인정할 의도는 없었다고 한다. 그리고 동법의 문언, 입법사, 본법의 목적이나 방침 등 어느 것을 보더라도 의회가 「OSHAct」에서 본법 위반에 대해 사법적 청구권을 창설하는 것을 의도하였다는 것을 엿보게 하는 것은 없다고 주장한다.[106] 나아가 판례는, 「OSHAct」와 그 관련 법규의 실효성 확보조치의 규정은 의회의 정책을 실효성 있는 것으로 하는 데 있어서 사법적 청구권을 불필요로 하기에 충분할 정도로 포괄적이라고 주장한다.[107]

이와 같이 판례는 제4조 제(b)(4)항의 문언, 「OSHAct」가 당사자에게 의무를 부과하고 그 실효성을 확보하고 있는 자기완결적인 구조를 갖추고 있는 것, 「OSHAct」의 목적이 제2조가 제시하듯이 손해배상에 의한 구제가 아니라 안전하고 위생적인 직장의 제공인 것 등으로부터 「OSHAct」가 사법적 청구권을 창설한 것은 아니라고 해석하고 있다. 학설상으로도 판례의 이와 같은 해석에 반대하는 주장은 보이지 않는다.[108]

2. 이행청구권의 가능성

위에서 살펴본 바와 같이 「OSHAct」는 근로자에게 민사소송을 제

---

106) St. Regis Paper, Co., 507 F. 2d 973, 977(5th Cir. 1975).
107) Ibid.
108) Nothstein, 앞의 책, p. 560; Bokat et al., 앞의 책, p. 712 등.

기할 수 있는 사법적 권리를 부여하고 있지 않다. 이것으로부터 「OSHAct」는 이 의무위반에 대한 이행(금지)청구권을 허용하고 있지 않다고 생각되지만 종래 문제로 되어 온 사법적 권리는 모두 손해배상청구권이고 이행청구권은 아니다. 그리고 통상적으로 산업안전보건법규의 이행의 실현은 근로자의 신고를 통하여 행정에 의하여 이루어진다고 생각되어 왔다. 즉, 근로자가 사업장에서의 산업안전보건법규 위반을 발견한 경우, 「OSHAct」 제8조 제(f)항의 규정에 근거하여 행정 당국에 이를 신고하고 사업장 감독을 요구는 방식으로 법규위반 상황을 개선하는 것을 법규 이행의 일반적인 실현방법이라고 생각하여 왔다.

학설[109]에서는 구체적인 「OSHAct」의 기준이 이미 존재하는 경우에 민사상의 안전한 작업환경을 침해하는 행위의 금지청구가 동법에 의의하여 배제되는가가 문제로 되어 왔다. 이 문제는, 근로자가 보통법에 의하여 안전한 작업환경의 제공이라고 하는 의무의 이행을 청구하는 것이 가능한지와 관련하여 논의되었다.

보통법상 사업주는 근로자에 대하여 i) 안전한 직장의 제공, ii) 안전한 기구·장비의 제공, iii) 합리적으로 판단할 때 근로자가 알아차리지 못할 것이라고 생각되는 위험에 대한 경고, vi) 충분한 수의 동료 근로자의 제공, v) 일을 안전하게 작성하기 위한 규칙의 작성·이행의무를 지는 것으로 되어 있다.[110] 그런데 이들 의무의 위반에 의하여 발생한 손해에 대해서는 과실에 의한 불법행위 소송에 의하여 손해배상 청구하는 것이 불가능하다. 왜냐하면 후술하듯이 각주의 산업재해보상법이 부상을 당한 근로자에 의한 과실에 의한

---

109) Rothstein, 앞의 책, pp. 591-592.
110) Id. p. 590.

불법행위 소송을 배제하고 있기 때문이다(소위 '배타적 구제'). 그러나 이 배타적 구제조항은 손해배상청구 소송에만 적용되고 이행(금지)청구를 구하는 소송에는 적용되지 않는다.

그 결과 Shimp v. New Jersey Bell Telephone Co. 사건[111](이하 'Shimp 사건'이라 한다. 뉴저지 주)에서는 근로자로부터 사업주에 대하여 직장 내에서의 흡연의 금지를 요구하는 금지청구가 행해졌는데, 판례는 이것을 인용하고 사업주에 대하여 "현재 식당으로서 사용되고 있는 직장 외 장소로 흡연을 제한하는 것에 의한 안전하고 위생적인 제공할 것"을 명하였다. 그 후 미주리 주에서도 직장에서 담배 연기에 노출되어 있던 근로자로부터 동일한 청구가 행해져 인정된 바 있다.[112]

이와 같이 사업주가 근로자에게 안전하고 위생적인 직장을 제공하는 등의 보통법상의 의무에 위반하고 있는 경우에 이에 대한 금지(이행)를 요구하는 청구를 인정하는 판례가 출현하고 있지만, 학설은 이와 같은 금지구제가 일반화되지는 않을 것이라고 분석하고 있다.[113] 그 이유의 하나로서 제시된 것이, 이러한 판례가 「OSHAct」 및 그 규칙에 의하여 규제되어 있지 않은 흡연에 관한 사건이라는 것이다. 즉, 학설은 산업안전보건기준이 설정된 사항에 관해서는 민사의 이행청구는 배제된다고 생각하고 있는 것이다. 그리고 이유의 두 번째는, Shimp 사건에서 문제된 위험이 업무수행과 밀접하게 관련하여 발생하는 것이 아니어서 업무수행을 방해하지 않고 제거할 수 있는 성격의 위험인자였다는 사실이다. 학설은 본건에서 법원이 금지명령을 발한 것은 문제가 된 것이 담배연기였기 때문이고, 금지명령에 의하여 업무수행이 방해되는 종류의 위험이 문제로 된다면

---

111) Shimp v. New Jersey Bell Telephone Co., 145 N. J. Super. 516, 368, A.2d 408(Ch. Div. 1976).

112) Smith v. Western Electric Co., 643 S.W. 2d 10(Mo. App. 1982).

113) Rothstein, 앞의 책, pp. 591-592.

결론은 달라질 수 있을 것이라고 지적하고 있다.

3. 불이익취급과 민사소송의 가능성

「OSHAct」는 제11조 제(c)항에서 사업주에 대하여 근로자가 동법에 의해 인정된 권리를 행사하였다는 이유로 불이익 취급하는 것을 금지하고 있다. 그리고 본법의 권리를 행사한 것 때문에 불이익을 받았다고 생각하는 근로자는 OSHA에 신고하는 것이 가능하고, OSHA는 이러한 신고를 접수한 경우에는 적절한 조사를 실시한 후 이 규정의 위반이 있다고 판단되면 근로자를 위하여 연방지방법원에 소송을 제기하여야 한다. 이 규정으로부터 「OSHAct」에 의하여 인정된 권리행사를 이유로 불이익취급을 받은 근로자가 사업주의 제11조 제(c)항의 불이익취급 금지조항 위반에 대하여 민사상 소송을 제기하는 것이 허용되는지가 문제로 된다.

판례는 근로자가 신고권의 행사 등을 이유로 해고 등의 불이익취급 받은 경우의 구제에 대해서는 제11조 제(c)항이 포괄적으로 규정하고 있고, 따라서 민사소송은 동 조항에 의해 배제된다고 판단하고 있다.[114] 특히 이 점을 상세하게 판시한 판결이 Taylor v. Brighton Corp.사건 판결[115]이다. 이 판결은 「OSHAct」가 묵시적으로 이 위반을 민사소송에서 다툴 권리를 인정하고 있지 않다고 판단하는 데 있어서 연방대법원이 Cort v. Ash 사건 판결[116]에서 채용한 법리를 사용하였다. 이 법리에 의하면 연방의 법률에 민사적 청구권이 인정되

---

114) Braun v. Kelsey-Hayes Co., 635 F. Supp. 75(E.D.Pa. 1986), George v. Aztec Rental Center, Inc., 763 F. 2d 184(5th Cir. 1985).

115) Taylor v. Brighton Corp., 616 F. 2d 256, 8 OSHC 1010(6th Cir. 1980).

116) Cort v. Ash, 422 U.S. 66(1965).

는 것은 다음과 같은 4가지 조건을 충족하는 경우만이라고 한다. 즉, ① 원고가 그 법률에 의하여 이익을 얻는 집단의 일원일 것, ② 그와 같은 청구권을 인정하는 입법자의 의도가 명시 또는 묵시로 인정될 것, ③ 민사적 청구권이 그 법률의 체계와 정합성을 가질 것, ④ 연방법에 근거하여 민사적 청구권을 추정하는 것이 전통적으로 주가 관여해야 하는 것이라고 되어 있는 사항과 저촉되지 않을 것이다.

본 판결은 이 법리를 본건에 적용하여 제11조 제(c)항에 나타나 있는 입법자의 의도가 민사소송권의 추정을 오히려 부정하고 있고 그 결과 「OSHAct」의 법체계와 일치하지 않는다고 하여, 「OSHAct」는 그 위반에 대하여 근로자에게 민사적 청구를 허용하고 있지 않다고 결론지었다. 여기에서 주목할 만한 점은 본건에서 노동부가 법정 조언자(amicus curiae)[117]로서 제11조 제(c)항에 관하여 개인에 의한 소송을 인정하는 것이 바람직하다고 주장하고 있음에도 불구하고 법원이 그것을 받아들이지 않고 있는 점이다. 노동부는 행정 당국의 인적 한계, 민사소송에 의하여 근로자가 「OSHAct」에 관한 자신의 권리를 인식할 수 있게 된다는 기대로부터 이와 같은 주장을 하였지만 본 판결은 그와 같은 논의는 법원이 아니라 의회에서 이루어져야 한다고 판시하였다. 이 판결은 그 후의 판결에도 많은 영향을 주었다고 평가되고 있다.

제2절 OSHAct의 법적 의의

위에서 설명한 바와 같이 「OSHAct」가 근로자에게 이것에 직접적

---

117) 법원에 계류되어 있는 사건에 대하여 법원에 정보 또는 의견을 제출하는 자를 일컫는다.

으로 근거하여 민사적 청구를 하는 것을 허용하고 있지 않지만 그것은 반드시 동법이 민사적으로 전혀 무의미하다는 것을 뜻하는 것은 아니다. 과실에 의한 불법행위 소송이나 제조물 책임에 근거한 손해배상청구소송에서 「OSHAct」의 기준 위반이 사업주 등의 과실행위나 유책성을 보이는 근거로서 주장될 수 있다.

1. 손해배상청구소송과 OSHAct의 법적 의의

가. 피재근로자에 의한 손해배상청구의 가능성

미국에서는 근로에 기인하여 부상을 입거나 질병에 걸린 근로자 또는 그 부양가족에 대하여 사용자의 과실의 유무에 관계없이 정률의 소득보상급부, 의료급부 및 재활을 실시하고, 또 근로자가 사망한 경우에는 유족에게 사망급부를 지급하는 산재보상제도가 있다. 산업재해보상법제 제정 전에는 재해를 입은 근로자가 사업주에 대하여 과실에 의한 불법행위 이론에 근거하는 소송을 제기하는 것이 가능했지만, 많은 경우에 있어서 ① 근로자 자신에게도 산업재해 발생에 대해 과실이 있으면 설령 사용자에게 과실이 있었다고 해도 그 책임을 물을 수 없다고 하는 '기여과실(contributory negligence)의 법리', ② 근로자가 업무에 동반하는 위험을 인수했다고 인정되는 경우에는 사용자의 과실에 의하여 산업재해를 입어도 사업주의 책임은 면제된다고 하는 '위험인수(assumption of risk)의 법리', ③ 동료근로자의 과실에 의하여 발생한 산업재해에 대해서는 사업주는 책임을 지지 않는다고 하는 '공동고용(common employment)의 준칙' 등에 의하여 근로자가 손해배상을 받는 것이 사실상 불가능하였다.[118] 이러한 점이 감안되어 모든 주에서 재해를 당한 근로자에게 산재보상을 보장할 목적으로 산업재해보상법이 입법화되었다.

모든 주의 산업재해보상법이 근로자에게 보상책임을 보장할 것을 사업주에게 의무 지우고 있지만 보험의 방법은 주에 따라 상이한바, 대체로 다음과 같은 3종류가 있다.[119] ① 민간의 보험회사가 제공하는 산재보험에 가입하는 방법, ② 주 기금에 의하여 보상이 제공되는 방법, ③ 주에 일정한 보증금을 납부하고 보상책임의 재정적 능력이 있다는 인증을 받은 사업주가 자기보험에 의하여 급부를 제공하는 방법이 그것이다. 그리고 연방공무원과 항만근로자 등에 대해서는 별도의 산재보상제도가 마련되어 있다.

미국 각주의 산업재해보상법은 근로자가 산재보상을 받은 경우 민사상의 손해배상청구를 일률적으로 배제하고 있다. 그러나 산업재해보상법의 적용을 받지 않는 근로자는 손해배상청구에 의하여 보상을 받을 수 있다. 적용이 제외되어 있는 근로자는 주에 따라 다르지만 농업근로자, 영세소규모 기업의 근로자, 가사근로자, 임시근로자가 대표적인 대상이다. 그리고 사업주의 고의적 또는 의도적 행위에 의하여 근로자가 산업재해를 입었을 때, 미성년자가 산업재해를 입은 경우 등에도 손해배상청구가 인정된다.[120]

산업재해보상법의 '배타적 구제' 조항은 부상한 근로자의 당해 사업주에 대한 소송에만 적용된다. 따라서 제3자에 대한 소송은 배제되지 않고 다양한 소송이 허용되고 있다. 첫째, 관련회사에 대한 소송은 주에 따라 다르지만 공동사업주라고 할 정도로 밀접한 관계가

---

118) Bokat et al., 앞의 책, p. 10; J. B. Hood, et al., Workers Compensation and Employee Protection Laws, Thomson/West, 1990, pp. 2-5 참조.

119) 林弘子, 「アメリカにおける労災補償法責任の法理と保険制度の生成」, 『労働災害補償法論』, 法律文化社, 1985, 48쪽 참조.

120) Rothstein, 앞의 책, pp. 611-612.

아니면 인정된다고 하는 주가 있다. 둘째, 몇 개인가의 주에서는 하청회사 근로자의 원청회사에 대한 소송이 인정되고 있다. 셋째, 동료 근로자에 대한 소송은 그 동료의 입장·지위, 사업주의 안전책임과의 관계에 의해 결정된다. 넷째, 건축가 또는 기술자가 직장의 안전보건에 대하여 책임이 있는 경우에는 그들의 의무 위반으로 인해 부상을 입은 근로자에 의해 민사책임이 물어질 수 있다. 다섯째, 특히 건설업에서 부상한 근로자가 사고현장의 설비, 시설 등의 소유자에 대하여 소송을 제기하는 경우도 있는데 이것이 가능한가는 주의 보통법에 따라 다르다.121)

제조물책임소송도 다수 제기되고 있다. 전형적인 예는, 근로자가 직장에서 사용하고 있는 기계의 결함 때문에 부상을 입은 경우 그 기계의 제조자에 대하여 손해배상청구를 하는 사례이다. 제조물책임소송은 도매업자나 설비 설치자 등에 대해서도 제기될 수 있다.

나. 손해배상청구소송과 OSHAct의 법적 의의

미국에서는 피재근로자가 사업주나 제3자에게 손해배상청구소송을 제기할 때 그 소송의 근거로서 과실의 불법행위를 이용하는 것이 일반적이다. 이 경우 그 성립요건은 행위자가 법에 의해 일정한 행위기준에 따르는 것이 요구되고 있음에도 불구하고, 행위자가 그 의무에 위반하고 그것이 원인이 되어 현실적으로 손해가 발생하는 것이다.122) 이와 같은 소송에서는 통상인이 그 상황에 놓인 경우에 어떻게 행동할 것인가라고 하는 객관적인 기준이 이용된다.123) 「OSH

---

121) Rothstein, 앞의 책, p. 480 이하 참조.

122) Nothstein, 앞의 책, p. 549.

123) Ibid.

Act」가 제정된 이후 과실의 불법행위에 근거한 손해배상청구소송에서「OSHAct」의 기준이 피고가 지불해야 할 주의의 수준 또는 취하여야 할 행위의 기준을 보이는 증거로서 주장되거나 피고에게 과실이 있었다는 증거로서 주장되어 왔다.124) 즉, 피고가 원고에 대해 부담하고 있는 의무의 내용을 증명하기 위해「OSHAct」기준이 이용되는 것이다. 이것을 증거로서 어느 정도 인용할지에 대해서는 주의 입장에 따라 다르다.125)

일부의 주에서는, 동법의 기준은 그것 자체로 과실의 불법행위의 주의의무 위반을 구성(행위 자체로 성립하는 과실, negligence perse)한다고 판단하고 있다. 또 다른 일부 주에서는, 동법의 기준은 피고가 기울여야 할 주의의무 내용의 기준으로서 단순히 참고되는 것에 그치고 있다. 그리고 문제로 되고 있는 동법의 기준이 형사처벌을 동반하는 것인 경우에만 그 위반을 과실의 불법행위 판단 시 고려할 수 있다고 판단하는 주도 있다. 한편 동법의 기준을 과실의 불법행위의 판단 시 어떠한 기준으로도 삼지 않는 주도 있다.

제조물책임소송에서「OSHAct」의 기준이 제조물의 하자 유무의 판단기준으로 이용될 수 있는가 하는 점도 제조물책임소송의 증가와 함께 중요성을 더해 가고 있는 문제이다. 일반적으로 당해 사건에 적용되는 OSHA의 기준이 요구되는 주의의무의 수준을 결정할 때 고려될 수 있다고 판단되기 때문에, 원고는 피고가 동법의 기준을 충족하고 있지 않은 것은 제조물에 하자가 있었다는 증거라고 주장한다.126) 반대로, 피고가 동법의 기준을 충족하고 있었던 것이 하자가 없었다는 것을 의미한다고 주장하는 사례도 나타났다.127) 그리

---

124) Id. p. 550.
125) Rothstein, 앞의 책, p. 646 이하 참조.
126) Turney v. Ford Motor Co., 50 Ill. Dec. 85, 418 N.E.2d 1079(1981).

고 제조물책임은 엄격책임이기 때문에 일반적인 과실의 불법행위의 경우와 달리 「OSHAct」의 기준을 이용하는 것에 주저하는 판례도 많이 보인다.128)

2. 노무급부거절 소송과 OSHAct의 법적 의의

위에서 언급한 바와 같이 「OSHAct」는 제11조 제(c)항에서 사업주가 근로자에 대하여 '동법에 의하여 인정된 권리행사'를 이유로 불이익하게 취급하는 것을 금지하고 있는바, '동법에 의하여 인정된 권리행사' 중에는 근로자의 정당한 노무급부거절도 포함된다는 것이 연방대법원129)의 입장이다.

그런데 직장의 위험을 이유로 노무급부를 거절한 근로자의 보호에 대해서는 「OSHAct」가 제정되기 전부터 Taft-Hartley Law 제502조가 이를 규정하고 있었다. 즉, 단체협약으로 무파업조항을 체결한 경우 사업주는 노무를 제공하지 않는 근로자에 대해 징계나 해고를 하는 것이 가능하지만, 동법 제502조는 직장의 위험을 이유로 노무급부를 거절한 경우에는 그것은 파업에 해당하지 않고, 따라서 징계가 허용되지 않는다고 규정하고 있다. 그렇다고 하면 어떠한 경우에 노무급부거절이 파업에 해당하지 않고 정당화되는 것인가, 그리고 그 판단기준으로서 OSHAct는 활용될 수 있는가가 문제로 될 수 있다.

Gateway Coal Co. v. United Mine Workers 사건 판결130)에서 연방

---

127) Jordan v. Kelly-Springfield Tire & Rubber Co., 624 F.2d 674(5th Cir.1980).

128) Bokat et al., 앞의 책, p. 717.

129) Whirlpool Corp. v. Marshall, 445 U.S. 1(1980).

130) Gateway Coal Co. v. United Mine Workers, 414 U.S. 368(1974), quoting 466 F. 2d 1157, 1162(3rd Cir. 1972).

대법원은 이에 대하여 제502조에 근거하여 노무급부거절을 정당화하기 위해서는 노동조합이 특별히 위험한 상황이 존재한다고 하는 판단을 뒷받침하는 확실하고 객관적인 증거를 제시하여야 한다고 판시하였다. 그런데 노동조합 측이 노동환경이 특별히 위험하다는 것을 증명하는 것이 매우 곤란하다는 점이 그 후의 판례131)에서 언급되고 있다. OSHAct의 중대한 위반이 존재하는 경우 이를 특별히 위험하다고 주장할 수 있는가 하는 점에 대해 전국노사관계위원회(NLRB)는 그 경우에도 특별히 위험하다고 말하기에는 충분하지 않다고 판단하고 있다.132)

한편 정당하게 노무급부를 거절한 근로자는 「OSHAct」 입법 이전부터 노동조합 활동에 대한 부당노동행위를 규율하는 「전국노동관계법」(NLRA) 제8조 제(a)(1)항의 규정에 의하여 보호되어 왔다. 전국노동관계법에 의하면, 보호되는 노무급부거절인가의 여부는 근로자의 행동이 집단적인 행동일 것과 성실한 행동이어야 한다는 주관적인 기준에 의하여 판단된다. 이에 반해 「OSHAct」 제11조 제(c)항에 의하여 근로자의 노무급부거절이 보호받으려면, 근로자의 행동이 성실한 행동일 것과 작업조건이 매우 위험하다는 근로자의 판단에 합리적 근거가 있어야 한다고 하는 주관적이고 객관적인 기준이 요구된다.133)

---

131) NLRB v. Maryland Shipbuilding & Drydock Co., 683 F. 2d 109(4th Cir. 1982).

132) Bokat et al., 앞의 책, p. 672.

133) Rothstein, 앞의 책, p. 597.

제5장 최근의 산업안전보건정책의 동향

1. 자율적 보호 프로그램(VPP)

OSHA가 사업장의 안전보건관리시스템의 확립을 촉진하기 위해 추진하는 자율적 보호 프로그램(Voluntary Protection Programs, 통칭 VPP)은 행정, 사업주 및 종업원의 협력에 의해 사업장에서의 안전보건프로그램을 발전시키고, 근로자의 안전과 건강을 향상시키기 위하여 소정의 수준에 달한 사업장에 대하여 인정을 하며, 이것을 획득한 사업장은 OSHA에 의한 정기감독의 대상으로부터 제외되는 제도이다.

OSHA가 이 제도를 개시한 것은 1982년이지만, 2008년 말까지 인정된 사업장의 수는 2,161개에 달한다. 인정된 사업장에서의 재해의 발생률은 같은 업종의 다른 회사와 비교하면 현저하게 낮고 안전보건의 향상에 현저하게 공헌한다고 평가되고 있다.[134]

인정의 단계에는 3종류가 있고, 규범적인 상태에 달한 사업장에 대해서는 '별'(star), 개선의 필요가 있을 때에는 '우수'(merit)의 인정이 부여된다. 특히 특수한 대처를 시험적으로 행하고 있을 때에는 '실증'(demonstration)의 인정을 한다.

VPP는 종래는 인정의 대상이 고정된 사업장으로 한정되어 있었

---

[134] http://www.osha.gov/dcsp/vpp/index.html

지만, 2009년 5월 개정(시행)으로 노동력이 유동적인(mobile work-force) 건설현장과 복수의 사업장을 가지고 있는 기업(corporate)이 본 제도의 대상으로 추가되었다. 또한 프로그램의 내용도 확충되어 VPP상에서의 안전보건관리시스템의 요구내용이 ⅰ) 경영진의 리더십과 종업원 참가(의사표명, 방침, 계획의 책정, 시스템의 자기평가 등), ⅱ) 작업 장소의 유해위험요인 분석, ⅲ) 유해위험요인의 제거와 억제, ⅳ) 각 계층의 안전보건교육이라는 4가지 항목으로 구성되게 되었는데, 이 구성내용은 ILO 가이드라인의 안전보건관리시스템135)에 위험성평가(관리)가 가미된 것이다.

VPP 인정을 받기 위해서는 ⅰ) 안전보건관리시스템이 우수한 상태에 있을 것, ⅱ) OSHA와의 협조관계가 존재할 것, ⅲ) 종업원에 의한 VPP 참가에 대한 지지가 있을 것, ⅳ) 「OSHAct」가 준수되고 있을 것, ⅴ) 종래의 OSHA에 의한 감독의 이력에 문제가 없을 것, ⅵ) 위 조건이 향후 준수되는 것에 의한 보증이 있을 것 등의 조건을 충족시켜야 한다.136)

2. OSHA의 중점 감독프로그램

OSHA는 새로운 산업, 새로운 기술 및 변화하는 노동력에 대한 과제로 현장특정목표(Site Specific Targeting: SST), 국가중점프로그램(National Emphasis Programs: NEP), 중점시행프로그램(Enhanced Enforcement Program: EEP)을 활용하여 대응하고 있다.

OSHA의 프로그램은 중점성, 효율성을 지향하고 있다. 이 프로그램의

---

135) ILO, Guidelines on occupational safety and health management systems(ILO-OSH 2001), 2001.
136) OSHA Trade News Release Jan. 9. 2009.

효과를 확인하기 위한 요소는 여러 가지이지만, 가장 중요한 것은 많은 근로자가 건강을 침해받지 않고 다치지 않은 상태로 귀택하는 것이다.

EEP 개시 4년 후 OSHA는 2008년 1월에 EEP의 내용을 개정하였다. 「OSHAct」의 의무 이행에 관심이 없는 사업주를 목표로 하고 있는 프로그램의 목적에 변함은 없지만, 기준을 대폭적으로 수정하여 과거의 중대, 고의, 반복의 경력을 가지고 있는 사업주에 중점을 두는 것으로 하였다. 프로그램의 최초 5년간(2004~2008) EEP의 대상으로 2,471건의 감독을 실시하였다.

2008년의 행정운영계획에서 OSHA는 재해·상병률이 높고 중대한 재해·질병의 비율이 큰 업종을 선정하고 지원, 교육 및 법집행(감독 등) 활동을 중점적으로 하고 있다. 중점업종은 조경공사, 석유가스서비스, 주택건설, 상업·기관빌딩건설, 도로·교량건설 등이다.

NEP는 국가적으로 중대하다고 인정되는 주요한 건강 또는 안전에 관련되는 유해위험요인에 중점을 두는 것이다. 본 프로그램의 실시계획을 전국 차원에서 통일적으로 실시하기 위하여 OSHA의 일선 감독관에 지도서를 배포하고 있다. 최근 실시되었던 NEP는 석유정제공정의 안전관리, 연소성분진, 사지절단위험, 선박해체 등이다. OSHA는 2008년에 38,591건의 감독건수 중 NEP 관계로 8,730건의 감독을 실시하였다.[137]

SST는 사고재해 또는 직업병이 다발한 고위험 사업장 전반에 대한 안전보건실태를 감독하는 프로그램으로서, 일정 건수 이상의 재해·질병발생 사업장을 대상으로 한다. 이 프로그램으로 연간 약 4,500개 사업장을 선정하여 감독을 실시한다.

---

137) http://www.osha.gov/as/opa/2008EnforecementData120808.html 참조.

제4편 영국

제1장 HSWAct 제정 경위

영국에서 산업안전보건에 관한 근로조건과 근로자의 제 권리는 오래전부터 보통법과 제정법 쌍방에 의하여 규제되어 왔다. 보통법 상 사업주는 공장설비의 상태와 채용되고 있는 노동의 방법에 대해서 특별한 주의의무를 지고 있다. 그리고 사업주가 이러한 의무에 위반한 경우에는 민사소송이 제기되게 된다.

'공장' 입법은 19세기 초에 이미 개시되었는데, 1802년에「도제의 보건 및 풍기에 관한 법률」(Health and Morals of Apprentices Act)ー 본법은 방적공장의 도제 사이에 위험한 유행병이 널리 퍼진 후 의회를 통과하였다ー 이 도제에 관한 보건규정을 처음으로 규정한 데 이어 1833년에「공장법」(Factory Act), 1842년에는「탄광법」(Mines and Collieries Act) 등 일련의 법률이 공장근로자의 산업안전보건에 관한 조항을 규정하였다. 그리고 마침내 1901년에는「공장 및 작업장법」(Factory and Workshop Act)이 제정되어 모든 공장에서의 작업조건을 규제하기에 이르렀는바, 이 법률은ー 이것은 최종적으로는 1961년「공장법」으로 되었다ー 현대 입법의 원형을 이루는 것이다. 1961년「공장법」은 공장감독, 형사책임 및 민사소송권에 의해 강행되는 상세한 규칙을 정하여 공장의 안전과 복지를 전체적으로 규제하였다. 그리고 1954년「광산 및 채석장법」(Mines and Quarries Act), 1971년「광산관리법」(Mines Management Act) 등의 일련의 특별법 또한 근로자의 안전보건에 대하여 규정하였다.

그런데 이러한 법의 전개는 그 결과로서 상호 조정되지 않는 법률, 규칙, 규범이 특정의 산업만을 대상으로 하거나 특정사항만의 개선을 목적으로 하는 '법규의 누더기'와 '법의 과잉'이라고 말할 수 있는 상태를 초래하게 되었다. 즉, 무엇이 규제되어 있고 그 이행은 어떻게 확보되는지에 대해 당사자조차도 파악할 수 없는 상태였다고 평가되고 있다.[1]

산업안전보건법의 입법을 추진한 로벤스 경(Lord Robens)을 의장으로 하는 산업안전보건위원회(Committee on Safety and Health at Work 1970-1972)는 '로벤스 보고서'에서 즉흥적으로 그때그때 만들어진 시대에 뒤진 법률이 복잡하게 서로 얽혀 있는 관계로 노사 당사자가 산업안전보건에 대해 무관심에 빠져 있다고 하는 인식하에서 몇 가지의 방향을 제시하였다.

첫째, 9개의 대표적인 산업안전보건 입법과 7종류의 감독관이 존재하는 현상을 개선하여 1개의 포괄적인 기본법과 1개의 행정기관으로 산업안전보건규제를 일원화하는 것이다. 입법 전에는 여러 개의 감독기관으로부터 감독을 받는 사업장도 있었는가 하면 전혀 감독의 대상에 들어와 있지 않은 사업장도 있었다. 또한 어떤 사업장에 당해 법률이 적용될지 여부는 당사자에게 있어서도 어려운 해석 문제였고 효과적인 규제가 집행되지 않고 있었다.[2]

둘째, 당사자인 사업주, 근로자 등의 자발적인 노력을 촉진하기 위하여 법률의 비중을 낮추는 것이다. 당사자에게는 법률에 정해진 상세한 기준을 충족시키는 일뿐만 아니라 현장에서 매일 활동하는 자로서 보다 정확한 안전보건활동을 적극적으로 하는 것이 기대되었다.[3]

---

1) N. Selwyn, Law of Health and Safety at Work, 17th ed., 2008, p. 1 이하 참조.

2) Safety and Health at Work Report of the Committee 1970-1972(이하 'Robens Rep'라 약칭한다.), para 33.

셋째, 법률에서 사업주와 근로자의 기본적 의무를 일반원칙으로 명확히 함과 동시에 개별사항에 관한 제정법에 의한 상세한 규제를 줄이고 실행준칙(code of practice)을 중심으로 하는 제정법 이외의 기준을 활용한 규제를 할 필요가 있다. 법으로서의 효력을 갖지 않는 실행준칙을 활용하면 기술혁신이나 예방과학의 진전에 부응하여 유연한 규제를 하는 것이 가능하다.[4]

넷째, 산업재해의 예방을 위하여 이행확보조치의 담당기관에 보다 많은 권한을 부여하는 것이다. 새로운 법은 산업재해가 발생한 후의 보상체계를 통해 사업주에게 간접적으로 예방에 대한 인센티브를 주고자 하는 것이 아니라, 사업장의 산업재해를 최소한으로 감소시키는 것을 목적으로 한다. 이를 위해서는 금지명령, 개선명령 등 새로운 형태의 이행확보방법의 채용(採用)이 중요하다.[5]

영국의 산업안전보건법인 「HSWAct」는 이 로벤스 보고서를 토대로 하여 모든 산업의 안전보건에 대해 포괄적으로 기본적 규제를 행하는 입법으로서 1974년에 탄생되었다.

---

3) Robens Rep. para 28.

4) Robens Rep. paras 142-154.

5) Robens Rep. paras 269, 276.

제2장 HSWAct의 구조

　「HSWAct」는 총 4개 장 84개 조문으로 구성되어 있다. 제1장은 '산업안전보건, 복리후생, 위험물질과 대기 중에의 배출물의 관리', 제2장은 '노동의료자문서비스', 제3장은 '건축물', 제4장은 '잡칙 및 일반규정'으로 되어 있다.

　본법은 먼저 그 목적이 ① 근로활동에 종사하는 사람들의 건강, 안전 및 복리후생을 확보하고, ② 근로활동 중인 자의 활동에 의하여 또는 그것과 관련하여 발생하는 안전보건상의 위험으로부터, 근로활동 중인 자 이외의 자를 보호하며, ③ 폭발물, 고가연성 등의 위험물의 보존과 사용을 규제하고, 그러한 물질의 불법적인 취득, 소유 및 사용을 방지하는 한편, ④ 공장, 사무소, 상점 등으로부터 유해물질 및 불쾌한 물질이 대기 중으로 배출되는 것을 관리하는 것이라고 선언하고 있다(제1조). 그리고 사업주 등이 부담하는 일반적 의무를 규정하고 있다(제2조~제9조). 그다음으로 정책입안과 법령을 집행하기 위한 행정기관으로서 후술하는 안전보건위원회(Health and Safety Commission: HSC)와 안전보건청(Health and Safety Executive)의 구성, 기능, 권한 등을 규정하고 있다(제10조~제14조). 이것에 이어 안전보건규칙과 실행준칙의 제정과 효력에 대하여 규정하고 있다(제15조~제17조). 그리고 이행확보를 위한 기관, 그 구성원의 임명, 권한, 그 조치에 대한 이의신청 등에 대해 규정하고 있다(제18조~제26조). 또한 벌칙에 처해지는 행위, 소추, 입증책임 등 형벌에 대해 규정하고 있다(제33조~제42조).

전체적으로 보면 HSWAct는 먼저 당사자의 의무를 선언하고, 그 다음 규칙 등의 제정에 대하여 규정한 후, 이러한 의무와 규칙 등의 행정기관에 의한 의무이행 확보와 벌칙을 규정하는 체계로 이루어 져 있다고 말할 수 있다. 아울러 안전보건에 관한 다양한 조직에 대하여 규정하는 조직법으로서의 성격을 가지고 있다.

한편 「HSWAct」는 제1조 제2항에서 이 법률 제정 이전의 많은 산업안전보건 관련법규군(「공장법」, 「광산채석법」, 「폭발물법」 등) 을 정리하고 서서히 동법에 근거한 안전보건규칙이나 실행준칙으로 대체·통합화하는 것에 의하여 통일적인 법체계를 구성할 것을 강조하고 있다(이는 로벤스 보고서를 구체화하는 선언의 하나라고 말할 수 있다). 이를 환언하면, 「HSWAct」의 제정에 의하여 직장에서 일하거나 직장의 활동에 의하여 영향을 받는 모든 자가 제정법의 적용을 받게 되었지만, 본법에 의하여 당연히 종래의 제정법상의 규정이 폐지되는 것은 아니고 동법에 근거한 새로운 규칙 등에 의해 대체될 때까지는 종래의 제정법상의 규정이 여전히 효력을 갖게 되는 것이다.

제1절 적용범위[6]

영국의 「HSWAct」는 가사사용인을 제외한 모든 고용근로자에 적용된다. 이것은 근로자의 다소, 근로시간의 장단을 불문한다. 이 법은 공무원, 광부, 사무직 근로자, 육체 근로자 모두에게 적용되고 있

6) Selwyn, 앞의 책, p. 75 이하 참조.

다. 이것은 종래 존재하고 있던 제정법을 통합한 결과이다. 「HSW Act」가 제정될 당시까지 적용대상으로 하는 제정법이 없어 산업안전보건관계법령의 대상 밖에 놓여 있던 근로자들이 본법에 의해 처음으로 보호의 대상으로 된 것이다. 구체적으로는 교육, 운수, 항공, 우편, 병원, 호텔, 선술집, 음식점, 송전, 교량, 심해어업, 해양석유개발 등에 종사하는 근로자이다.

그리고 「HSW Act」가 규정하는 의무의 주체는 사업주와 근로자에 한정되지 않고 직장에서 사용하는 물품, 물질 등의 제조자, 공급자, 설계자 및 수입자를 비롯하여 자영업자, 시설의 지배·관리자 등을 포함하고 있는 것도 주목할 만하다. 나아가 본법에 의해 보호되는 대상이 근로자에 한정되지 않고 지역주민, 방문자, 통행인 등의 일반 공중도 보호하여야 할 대상으로 규정하고 있는 점도 큰 특징이라 말할 수 있다. 이러한 자는 고용관계에 있는 자가 아닌바, 이러한 종류의 자들에 대한 법적용 확대에 의해, 종래의 「HSW Act」의 성격이 고용관계에 있는 자의 산업안전보건보호법이었던 것에 비하면, 신법은 고용근로자의 안전보건 확보뿐만 아니라 산업활동 등이 초래하는 위험 일반을 방지하는 법으로서의 성격도 아울러 갖게 되었다고 말할 수 있다. 또한 본법은 위험물의 보존 및 사용, 그 불법소유 등에 대해서도 규정하고 있는데, 위험물은 근무장소에 관계없이 어디에서 발견되어도 모두 적용대상이 된다. 유해물의 방출에 대해서는 인체에 유해하지 않아도 불쾌감이나 환경파괴로 연결되는 것을 그 대상으로 하고 있다.

제2절 일반적 의무

1. 개설

로벤스 보고서는 산업재해 중 법규에 정해져 있는 사항의 위반이 원인이 되어 발생하는 것은 전체의 약 6분의 1에 불과하고, 많은 산업재해는 작업습관, 현장의 정리정돈, 휴면에러에 기인하여 발생한다고 주장하였다. 따라서 설령 법적 규칙을 추가하였더라도 재해예방에 도움이 되지 않았을 것이라고 판단하였다.[7] 그리고 산업안전보건에 관한 일반적인 원칙을 입법으로 구체화할 필요를 제안하고 있다.[8]

로벤스 보고서는, 일반적인 원칙의 법적 표명에 의하여 모든 관계자에게, 산업안전보건의 확보가 직장의 조건과 환경에 영향을 미치는 자의 계속적인 법적·사회적 책임이라고 하는 의식을 명확하게 확립시키고, 자신의 역할과 책임을 한층 폭넓은 시야에서 종합적으로 인식하도록 하는 것을 의도하였다.[9] 법률가 중에는 이러한 일반적 원칙은 이미 보통법에 의하여 명확히 되어 있으므로 입법에 의하여 명확히 할 필요는 없다고 주장하는 자도 있었지만, 로벤스 보고서는 그것에 대하여 법률가와는 달리 일반인의 대부분은 보통법에 대한 지식이 없다고 반론하였다.[10] 이러한 경과로부터, 본법의 일반적 의무는 종래의 보통법상 인정되어 왔던 의무를 성문화하고 벌칙에 의하여 강제할 수 있도록 한 것이라고 말할 수 있다.[11]

---

7) Robens Rep. para 30.

8) Robens Rep. para 128 이하.

9) Robens Rep. para 130.

10) Robens Rep. para 132.

모든 관계자에게 의식과 자각을 갖게 한다고 하는 목적 이외에 로 벤스 보고서는 또 하나의 목적을 제시하여 일반적 의무의 필요성을 보다 강조하고 있다. 그것은 사업장 감독을 수행하는 감독관에게 상세한 법규의 위반 유무와 동시에 사업장의 전반적인 상황에 관심을 갖게 하는 것이다.[12) 관계자에 대한 일반적 의무를 규정하게 되면, 감독관이 사업장에서 구체적인 법규 위반은 발견할 수 없지만 산재 예방을 위하여 어떤 조치를 요구할 필요가 있다고 판단하는 경우, 일반적 의무의 위반으로서 명령을 발한다든지 벌칙을 부과하는 것이 가능하다.

영국의 「HSWAct」는 사업주, 근로자 외에 여러 유형의 자에게 이와 같은 일반적인 의무를 부과하고 있다. 이하에서 일반적 의무의 내용을 소개한다.

2. 근로자에 대한 사업주의 의무

「HSWAct」는 사업주의 일반적 의무로, 먼저 "합리적으로 실행 가능한 범위[13)에서 모든 근로자의 직장에서의 건강, 안전 및 복리후생을 확보할 것"라고 규정하고 있다(제2조 제1항). 이 사업주의 의무에는 안전한 기계·설비 및 작업조직, 안전한 물품·물질의 사용·취급·보관·운송, 안전을 위한 정보제공·지시·훈련·점검, 안전한 작업장 및 출입수단, 안전하고 위생적인 작업환경의 제공 및 관리, 작업 중의 복리후생에 관한 것이 포함된다(제2조 제2항). 이 의무는

---

11) M. Dewis, The law on health and safety at Work, 1978, p. 7.

12) Robens Rep. para 131.

13) '합리적으로 실행 가능한 범위'의 의미에 대해서는 제3장에서 후술한다.

그 범위가 매우 넓고, 보통법상의 안전주의의무 위반으로서 손해배상의 대상이 될 만한 것은 모두 본법의 감독관에 의한 조사 및 형사소추의 대상이 될 수 있다.[14]

그리고 5인 이상의 근로자를 고용하는 사업주에 대하여, 근로자의 직장에서의 안전보건에 관한 일반적 방침 및 그것의 이행을 위한 조직과 계획을 기술한 것을 사업장규정(written statement)으로 작성하고, 필요시 이를 개정하는 한편, 당해 규정 및 이것의 개정 규정을 모든 근로자에게 알릴 것을 의무화하고 있다(제2조 제3항). 이러한 안전보건의 일반적 방침은 감독관에 의한 사업장 안전보건감독의 출발점이 된다.

한편, 사업주는 제2조 제4항에 근거하여 「1997년 안전대표 및 안전위원회 규칙」(Safety Representatives and Safety Committees Regulations 1977)에 따라 당해 사업장의 종업원 중에서 임명된 안전대표를 승인하고 그에게 편의를 제공하며 훈련을 위한 시간을 인정하여야 한다. 그리고 사업주는 사업장의 안전보건 확보를 위한 조치를 촉진·개발하고 이러한 조치의 효과성을 확인하는 데 있어 그와 안전대표가 효과적으로 협력할 수 있게 하는 규정(계획)을 작성·유지하기 위하여 안전대표와 협의하여야 한다(제2조 제6항).

3. 비근로자에 대한 사업주와 자영업자의 의무

모든 사업주는 합리적으로 실행 가능한 범위에서 자신의 사업에 의하여 영향을 받을 수 있는, 자신이 고용하고 있지 않은 자가 안전보건상의 유해위험에 노출되지 않도록 사업을 행하지 않으면 안 된다(제3조 제1항). 그리고 자영업자(self-employed person)[15]도 합리적으로 실행 가능한

---

14) G. Janner, Janner's Compendium of Health AND Safety Law, 1982, p. 12 참조.

범위에서 자신의 사업 수행에 의하여 영향을 받는 자신과 다른 사람(그의 근로자가 아닌 자)이 안전보건상의 유해위험에 노출되지 않도록 당해 사업을 수행하지 않으면 안 된다(제3조 제2항). 그리고 사업주와 자영업자는 당해 사업의 영향을 받을 가능성이 있는 자에게 그 사업 수행방법의 안전보건 측면에 관한 정보를 제공하지 않으면 안 된다(제3조 제3항).

위와 같은 규정에 의하여, 작업을 위해 공장 안에 들어오는 하청업체(subcontractor), 공장의 폭발에 의하여 피해를 입을 수 있는 인근 주민, 공장을 방문하는 자, 대학 캠퍼스의 학생 등이 「HSWAct」에 의한 보호의 대상으로 된다. 로벤스 위원회는 근로자가 자영업자의 작업 중 부주의한 행동에 의하여 특별히 위험에 노출될 수 있다고 보고, 자영업자를 보호법(산업안전보건법)의 적용범위에 포함할 필요가 있다고 지적하였다.[16]

4. 비근로자에 대한 시설 지배·관리자의 의무

「HSWAct」는 주로 사업주와 근로자 간의 관계와 관련되어 있지만, 부동산이나 건물을 지배·관리하는 개인이나 법인(회사, 지방자치단체 등)에 대해서도 일정한 의무가 부과되어 있다. 이러한 부동산이나 건물은 사람들에 의하여 다양한 목적으로(예를 들면, 일을 수행하기 위하여, 상품이나 서비스를 제공하기 위하여, 계산을 하기 위하여) 방문된다. 이러한 시설의 지배·관리자에게는 자신의 시설(부동산·건물)에 승낙을 얻고 들어오는 사람들의 안전에 대해 일정 정도의 책임을 져야 하는 관리의무가 발생한다.[17]

---

15) 개인사업자라고 하기도 하며, 법인사업자가 이에 대비되는 사업자에 해당한다. 자영업자는 근로자(피고용인, 고용원)가 있는 자영업자와 근로자가 없는 자영업자(1인 사업자)로 구분된다.

16) M. Dewis, The law on health and safety at work, 1978, pp. 179-180.

17) J. Stranks, Health and Safety Law, 4th ed, 2001, p. 30.

본법 제4조는 일정한 자에게 ⅰ) 그들의 근로자가 아닌 자, ⅱ) 작업장 또는 설비·물질의 사용장소로서 활용되는 비거주용 시설을 이용하는 자에 대한 보호의무를 부과하고 있다.

제4조에 따라 본조가 적용되는 시설, 당해 시설에의 출입수단 또는 당해 시설 내의 설비·물질을 일정 정도 지배·관리하는 자는, 합리적으로 실현 가능한 범위에서 ⅰ) 시설, ⅱ) 시설을 이용하는 자에 의해 이용되는 모든 출입수단, ⅲ) 시설 내에 있거나 시설에서의 사용을 위해 제공된 설비·물질이 안전하고 건강상 유해가 없도록 합리적인 조치를 취하여야 한다.[18]

5. 유해배출물 관련시설 관리자의 의무

유해물질의 배출에 관련한 시설을 관리하는 자는 당해 시설로부터 유독하거나 불쾌한 물질이 대기 중으로 배출되는 것을 방지하기 위하여 '실행 가능한 최상의 방법'을 이용할 의무가 있다(제5조). 이 규정은 공공의 안전보건도 시야에 넣고 있다. 로벤스 위원회는 현대의 산업활동, 특히 화학산업의 특징인 대규모 재해로부터 근로자와 함께 공중도 보호할 필요가 있다고 생각하여 이러한 의무를 제안하였다.

한편 여기에서 사용되고 있는 '실행 가능한 최상의 방법'이라는 기준은 지역공동체에 해로운 영향을 전혀 또는 거의 초래하지 않을 정도의 수준으로서 추가적인 개선의 여지가 없는 수준을 의미하며 '합리적으로 실행 가능한 범위에서'라는 기준보다 고도의 기준이라고 해석되고 있다.[19]

---

18) N. Selwyn, The Law of Health & Safety at Work 2008/09, p. 98.
19) F. B. Wright, Law of Health and Safety at Work, 1997, p. 88.

6. 제조자 등의 의무

사업장에서 작업 중에 사용하는 물품 또는 물질을 설계, 제조, 수입 또는 공급하려고 하는 자에 대해서는 다음과 같은 의무가 부과되어 있다(제6조 제1항·제4항). 즉, ① 물품이 적절하게 사용되는 경우, 합리적으로 실행 가능한 범위에서 당해 물품이 안전하고 건강장해의 위험이 없도록 설계·제조되도록 할 것, ② ①의 의무를 이행하기 위하여 필요한 검사 또는 시험을 실시하거나 그 실시를 계획할 것, ③ 설계, 검사·시험이 이루어진 물품의 사용법에 관하여 그리고 그 사용단계에서 안전하고 건강장해의 위험이 없도록 하기 위해 필요한 조건에 관하여 각각 충분한 정보를 제공하여야 한다.

또한 작업 중 사용되는 물품 또는 물질을 설계 또는 제조하려고 하는 자는 그 설계 또는 제조에 의하여 발생하는 안전보건상의 유해 위험을 발견하고 나아가 합리적으로 실현 가능한 범위에서 그것을 배제하거나 최소한으로 억제하기 위하여 필요한 연구를 실시하거나 그 실시를 계획하여야 한다(제6조 제2항·제5항).

그리고 작업에 사용되는 물품을 작업자들에 의해 당해 물품이 사용되는 시설 내에 조립 또는 설치하려고 하는 자는 합리적으로 실현 가능한 범위에서 그것이 적절하게 사용되는 경우 그 조립 또는 설치 방법이 건강장해를 초래하거나 안전성의 문제를 초래하지 않도록 조치할 의무가 있다(동조 제3항).

7. 근로자의 의무

근로자는 자신의 안전보건 및 자신의 행위에 의하여 영향을 받을 가능성이 있는 자의 안전보건에 합리적인 주의를 기울일 의무가 있다. 또한 제정법상의 규정에 의하여 자신의 사업주 및 기타의 자에게 부과된 의무가 이행되도록 하기 위하여 필요한 한도에서 그들에게 협력할 의무가 있다(제7조). 그 결과 사업주에게 근로자에 대하여 보호구를 제공하도록 의무가 부과되어 있는 경우, 담당 관리감독자는 보호구가 근로자에게 제공되도록 조치할 의무가 있는 한편, 근로자는 그것을 착용할 의무가 있다.

8. 기타 의무

누구라도 제정법의 규정에 의하여 안전보건 및 복리후생을 위하여 제공된 것을 고의 또는 인식 있는 과실로 방해한다든지 악용해서는 안 된다(제8조). 그리고 사업주는 제정법상의 의무의 이행으로서 행하거나 제공하는 것에 대하여 근로자에게 비용을 부담하게 해서는 안 된다(제9조).

제3절 안전보건청(HSE) 및 HSE 이사회

종전의 안전보건위원회(HSC)와 안전보건청(HSE)은 「2008년 법률개정(안전보건청) 명령」에 의해 폐지되고 안전보건청이라고 불리는 새로운 단일조직으로 대체되었다.[20] 종전의 HSE는 HSW Act 제10조의 규정에 의하여 1975년에 새롭게 설치된 기관으로서 노동연금부

---

20) 기존의 안전보건위원회는 새로운 안전보건청 위원회로 그 명칭이 바뀌었고 이 안전보건청 위원회의 위원들은 위원회의 비집행위원으로서 그 역할을 수행하게 된다. HSW Act상의 안전보건위원회와 안전보건청의 기본적인 권한과 기능은 새로운 조직으로 거의 그대로 이관되었다(http://www.hse.gov.uk/aboutus/ furtherinfo/merger.htm).

(Department of Work and Pensions)의 소속으로 되어 있으나 예산이나 의회보고 외에는 노동연금부와 독립적으로 운영되어 왔다.

1. 안전보건청(HSE)[21]

HSE는 산업안전보건법령을 집행하는 기관으로서 산업안전보건법에 의하여 종래의 각 부처의 안전보건업무를 통합하여 설립되었다. HSE는 형식상으로는 소관부처(노동연금부)에 소속되어 있기는 하지만 사실상 소관부처로부터 독립적으로 운영되고 있다. 소관부처는 의회에 대한 청구역할을 수행할 뿐이다.

HSE는 HSC가 소관부처의 승인을 얻어 임명하는 3명의 이사로 구성되어 있다. 먼저 그중의 1명은 소관장관의 승인을 얻어 위원회에 의해 청장으로 임명되고 나머지 2명은 청장과의 협의 후 소관장관의 승인을 얻어 위원회에 의해 임명된다(「HSW Act」 제10조 제5항).

HSE의 업무영역은 원자력시설, 광산, 공장, 농장, 병원, 학교, 근해 석유가스시설(해양시설), 위험물 수송 등의 안전보건으로서 매우 광범위한 분야에 걸쳐 있다. 다만 철도안전,[22] 소비자안전, 식품안전, 해상안전, 항공안전, 환경오염 등의 분야는 다른 기관에 의해 관장된다.

HSE에는 2008년 4월 1일 현재 감독관, 정책자문관, 기술자, 과학/의학 전문가, 일반직원 등 3,573명의 직원이 근무하고 있다.[23] HSE

---

21) Selwyn, 앞의 책, p. 49 이하 참조.

22) 철도안전의 정책·집행에 대한 책임은 2006년 4월 HSE에서 철도규제청[Office of Rail Regulation(ORR)]으로 이관되었다.

23) HSE은 2001년 기준으로는 4,081명이었으나 철도 관련 업무가 철도규제청(ORR)로 이관됨에 따라 직원 수가 감소되었다.

의 감독관은 공장·원자력시설·농업·광산·채석·해양 부문, 전문 분야 등에서 활동하고 있다.[24] 2012년 7월 1일 현재 7개 지방청과 29개의 지역사무소가 설치되어 있다.

HSE의 주요 임무는 다음과 같다(제11조 참조). ① HSE 이사회의 결정을 위한 제안서 등의 준비, ② HSE 이사회의 정책결정사항 이행 및 산업안전보건법령의 집행, ③ HSE 이사회에 대한 정책 조언과 지원, ④ 노동의료 지원서비스(Employment Medical Advisory Service: EMAS) 업무의 운영(특수건강진단, 질병상담, 유해환경조사, 직업병 발생원인 조사연구, 사업주·근로자에 대한 자문·정보제공 등 산업보건문제에 대한 지원서비스 실시)이 그것이다. HSE는 EMAS의 업무를 전국적으로 수행하기 위하여 전국에 7개의 EMAS 지부(HSE EMAS Offices)를 두고 있다.

한편 영국의 산업안전보건법령은 HSE 외에 지방 당국(지방자치단체, Local Authorities: LAs)의 환경보건감독관(Environmental Health Officers)[25]에 의해서도 수행된다(「HSW Act」 제18조 제2항 참조). 지방 당국은 유통, 사무소(금융 등), 상점, 창고, 호텔, 레저, 외식산업, 종교시설 등 상대적으로 유해위험도가 낮은 서비스 부문의 법집행을 담당한다.

HSE는 1975년에 설치된 'HSE/지방 당국(LAs) 집행연대위원회'(HELA)를 통해 본법의 집행에 대하여 지방 당국과 긴밀하게 협력하는 한편, 지방 당국에 대해 지역사무소를 통하여 조언과 지원을 실시하고 있다. HSE와 지방 당국 간 역할분담은 「1998년 안전보건(집행기관) 규칙」에서 분명하게 규정되었다. 이 규칙은 기본적으로 세 가지 원

---

24) 오염방지에 대한 집행은 1995년 「환경법」에 따라 환경청으로 이관되었다(Selwyn, 앞의 책, p. 100 참조).
25) 환경보건감독관은 HSE 감독관이 행사하는 모든 권한을 가지고 있다.

칙, 즉 감독대상은 수행되는 주된 활동의 개념을 기초로 하고, 이중 감독은 회피되어야 하며, 집행기관에 의한 자기감독은 없다는 원칙을 적용하고 있다.[26]

2. HSE 이사회[구 안전보건위원회(HSC)][27]

HSE 이사회는 사업장 안전보건에 관한 최고 정책자문 및 의결기구로서 산업안전보건의 기술적 측면보다는 사회·정책적 측면을 주로 논의하는 고도의 타협적 정책결정기관이다.

본 이사회는 소관 장관에 의하여 임명되는 11명의 비집행위원으로 구성된다. 소관 장관이 본 위원회의 위원을 임명할 때에는 위원 중 3명은 소관 장관이 적절하다고 생각하는 사용자대표조직, 또 다른 3명은 소관 장관이 적절하다고 생각하는 근로자대표조직, 그리고 1명의 위원에 대해서는 소관 장관이 적절하다고 생각하는 지방자치단체의 대표조직, 마지막으로 나머지 4명은 안전보건 전문단체 및 위임기관과 각각 협의하여야 한다. 이사회 위원의 임명은 실제로는 사용자단체 및 근로자단체의 추천에 의하여 이사회의 의장이 임명한다. 이러한 의미에서 HSE 이사회는 다양한 영역을 포괄하는 사회적 합의체의 역할을 담당한다고 할 수 있다.

본 이사회의 주요 임무는 다음과 같다(「HSW Act」 제11조 참조). ① 안전보건규칙 및 실행준칙의 제·개정 제안,[28] ② 연구개발, 훈

---

26) Selwyn, 앞의 책, p. 64.

27) Wright, 앞의 책, p. 11 및 http://www.hse.gov.uk 참조. HSC와 HSE가 통합되어 HSE가 되면서 기존의 HSE 이사회는 HSE 고위경영팀(Senior Management Team)으로 변경되었다.

28) 안전보건규칙은 HSE 이사회가 입안하고 소관장관을 거쳐 의회에 제출하여 승인을 받도록 되어 있고, 실행지침은 HSE 이사회가 소관장관의 동의를 얻어 승인하면 효력이 발생하며 의회의 동의는 필요하지 않는다(과거에 HSC의 제안을 소관장관이 거부한 예는 거의 없다).

련, 정보제공, 기술자문, 위험물질 관리, ③ 안전보건정책 결정, 중장기 계획 수립, 연간 사업계획 작성[이 결정(계획)은 소관 장관의 승인을 얻은 후 HSE에서 집행], ④ HSE에 대한 총괄적 지도감독 및 법 집행과 관련한 지방 당국에 대한 지도.

한편 HSE 이사회는 특수한 유해위험이 있는 분야와 특정한 산업 부문에 대하여 분야 또는 산업별로 20개의 자문위원회가 설치되어 있어 본 이사회에 대해 전문적인 조언 및 정보를 제공하고 있다. 자문위원회는 일반적으로 노·사가 수적으로 균형을 유지하고 학계·산업계 전문가, HSE 직원이 포함되어 있다.

제4절 안전보건규칙과 실행준칙

안전보건규칙과 실행준칙은 일반적 의무와 함께 의무주체가 준수하지 않으면 안 되는 의무를 창설한다. 안전보건규칙과 실행준칙은 「HSWAct」에 근거하여 제정되는 규범이다. 안전보건규칙과 실행준칙이 취급하는 사항은 산업안전보건에 관한 모든 사항에 걸쳐 있고 매년 약간의 안전보건규칙 또는 실행준칙이 제정되어 HSWAct하에서의 산업안전보건규제의 충실화에 기여하고 있다.

1. 안전보건규칙

안전보건규칙은 HSE로부터 제안을 받아 소관부처가 제·개정한다(제15조). 소관부처의 장관이 스스로 주도권을 가지고 작성하는 경우도 있지만, 그 경우에는 사전에 HSE 및 적절하다고 판단되는 다른 단체와 협의하여야 한다. HSE가 제안을 하는 경우에도 해당 정부기관 및 이해단체와 협의를 하여야 한다(제50조). 일반적으로는 먼저 HSE가 자문서의 형태로 제안을 하고 이것을 사용자단체, 노동조합, 동업조합 등과 같은 이해단체에게 의견조회를 한다. 그다음 규칙 초안에 대한 발표가 이루어지며, 필요하면 수정을 하고 최종안의 형태로 소관 부처에 제출된다.[29] 그 후 규칙은 국회에 제출되어 상원과 하원으로 구성된 위임명령 합동위원회에 의해 검토되어야 한다. 이때 검토는 해당 규칙의 내용적 적합성이 아니라 기술적 적격성(예: 모법의 위임범위 내에 있는지 여부)을 대상으로 한다. 국회에서 반대하지 않으면 국회에 제출되고 나서 21일 후에 자동적으로 효력이 발생하게 된다.[30]

정부는 안전보건규칙을 통하여 시대에 뒤떨어진 기존의 법 규정을 폐지 또는 개정하는 것이 가능하고 관련 조항의 실효성 확보를 위한 기관을 만드는 것도 가능하다. 또한 특별한 경우에는 일반적 의무에 관한 규정(제2조 내지 제9조) 또는 기존의 법 규정을 제외시키거나 변경을 하는 것이 가능하다. 그리고 물질 등의 제조·공급·사용을 금지·규제한다든지 공장의 건설, 물질의 표시 등에 대한 요건을 부과하고 등록제도를 마련하거나 건강진단이나 작업환경측정 등의 필요한 조치를 강구하는 의무를 부과할 수 있으며, 또한 특정의 사고위험이 있는 경우에 일정한 사항을 금지하거나 조치하도록 하는 의무를 규정할 수도 있다(제15조, 부칙 제3조). 이와 같은 안전보건규칙의 기능을 활용하여 기존 입법의 폐지 또는 수정, 새로운 법적 구조의 마련이 이루어진다. 예를 들면, 「방사선물질법」, 「공장법」의 일부 등이 폐지나 수정되어 새로운 규칙에 의하여 대체되었다.[31]

---

29) Selwyn, 앞의 책, p. 11.

30) The health and safety system in Great Britain, 2002, para 39(http://www.hse.gov.uk/pubns/ohsingb.pdf).

31) I. Fife & E. A. Machin, Health and Safety, 1990, p. 61.

한편 안전보건규칙에는 모든 기업에 적용되는 것과 특정산업 고유의 위험에 대해 적용되는 것이 있다. 이하에서는 영국의 안전보건정책을 특징적으로 나타내는 규칙이라고 말해지고 있는 「1977년 안전대표·안전위원회규칙」을 먼저 소개하고, 그다음으로 EU의 통합에 즈음하여 제정된 6개의 규칙 및 기타 특징적인 규칙을 모든 기업에 적용되는 규칙을 중심으로 설명하는 것으로 한다.

가. 1977년 안전대표 및 안전위원회 규칙

본 규칙은 사업주에 의하여 인정된 노동조합이 있는 직장에 적용되는 규정이다. 이 규칙은 "사업주와 근로자가 합동으로 보다 효과적인 자율적 기준을 제정하는 것에 의해 직장의 안전보건을 확보하여야 한다"고 하는 로벤스 보고서의 취지에 따라 제정된 상징적인 규칙이라고 말할 수 있다. 본 규칙에 의하면, 노동조합은 직장의 안전보건에 관하여 사용자와 협의하기 위하여 근로자를 대표하는 위원을 선임할 권리를 가지고, 사업주는 2명 이상의 안전대표로부터 서면에 의한 요구가 있는 경우에는 직장의 안전보건문제를 검토하는 안전위원회를 설치할 의무를 진다. 한편 안전대표의 직무 및 사업주가 안전대표에게 제공하여야 할 정보 등에 대해서는 인증실행준칙(Approved Code of Practice: 통칭 ACOP)이 제정되어 있다.[32]

나. 1992년 작업장(안전·보건·복리후생) 규칙

본 규칙은 1993년 1월에 시행되었지만 모든 작업장에 적용된 것

---

32) Wright, 앞의 책, pp. 184-185.

은 1996년 1월부터이다. 동 규칙은 작업장에서의 기본적인 안전보건 및 복지에 관한 문제로서 다음에 기술하는 요소를 성과기준으로 폭넓게 규제하고 있다. 즉, 환기, 온도, 조명, 청결·폐기물 관리, 작업공간의 면적, 근무장소(자리)·의자, 바닥·통로, 추락위험·추락물, 창·문·벽, 채광창, 환기창, 복도, 에스컬레이터, 위생시설, 화장실, 음료수, 탈의실, 휴게실, 식당 등을 규제대상으로 하고 있다.

다. 2002년 작업장 개인보호구 규칙

본 규칙은 종전에 개인보호구를 산발적으로 다루고 있었던 「HS W Act」 이전의 거의 모든 규정과 「HSW Act」 제정 이후의 일부 규정을 폐지·대체한 「1992년 규칙」을 개정한 것이다.

본 규칙은 사업주로 하여금 각 근로자에게 공급하고자 하는 개인보호구가 적합한지를 결정하기 위한 '보호구 적합성 평가'를 실시하도록 요구하는 한편(제6조), 보호구의 사용목적·방법, 보호구가 막을 수 있는 위험 및 보호구 관리방법 등을 근로자가 알 수 있도록 근로자에게 이해하기 쉽게 정보제공 및 설명하도록 의무 지우고 있다(제9조).

한편 사업주는 근로자에게 제공되는 보호구가 적절하게 사용되도록 하기 위한 모든 합리적인 조치를 강구하여야 하고, 모든 근로자는 사용 후에 보호구 보관장소에 다시 놓일 수 있도록 하기 위해 모든 합리적 조치를 취하여야 한다(제10조).

개인보호구를 규정하고 있는 다른 규칙, 즉 「작업 중의 납 관리규칙」(1998년), 「전리방사선 규칙」(1999년), 「작업 중의 석면 관리규칙」(2002년), 「건강유해물질 관리규칙」(2002년), 「작업 중의 소음규칙」

(1989년), 「건설(머리보호) 규칙」(1989년)의 특별한 요건은 「작업 중의 개인보호구 규칙」의 보다 일반적인 요건에 우선한다.[33]

라. 1992년 수작업 규칙

본 규칙은 「EU 중량물 명령」(Heavy Loads Directive)을 이행하는 규칙으로서, 「HSWAct」에 근거하여 사업주 등에게 부과된 일반적 의무와 「사업장 안전보건관리규칙」(1992년)상의 일반적인 요건을 보충하고 있다. 동 규칙의 주요 내용은 사업주에게 상해의 위험을 수반하는 수작업을 가능한 한 회피하는 조치나 리스크를 경감하는 조치 등을 강구하도록 의무 지우는 것이다.

마. 1992년 안전보건(단말기표시장치) 규칙

본 규칙은 근로자가 단말기표시장치를 장시간 사용하는 경우, 사업주는 그 영향을 평가한 후 당해 근로자의 시력검사 등을 실시하고 경우에 따라서는 작업용 안경 등을 지급하도록 의무화하고 있다.

바. 2008년 기계류 공급(안전)규칙

「2008년 기계류 공급(안전)규칙」은 「EU 기계류 명령」[Machinery Directive(2006/42/EC)]을 국내법령으로 제정한 것이고, 이것은 1989년의 「EC 기계류 명령」(98/37/EC)의 내용을 받아들인 「1992년 기계류 공급(안전)규칙」과 그 후(1994년)의 수정규칙을 대체하는 것이다.

---

33) J. Stranks, Health and Safety Law, 5th ed., 2005, pp. 265-266.

본 규칙은 산업안전보건의 관점에서 기계류 및 안전부품의 제조자·공급자에 대하여 다음과 같은 의무를 부과하고 있다. ① 본 규칙의 관련되는 필수안전보건기준(부록Ⅰ Schedule2)을 충족시킬 것, ② 기계류에 대한 '기술시방서'(technical file)를 작성할 것, ③ '적합성 선언'(Declaration of Conformity)을 할 것, ④ 국가인증기구(United Kingdom Accreditation Service: UKAS)에 의해 인증된 '등록기관'(Notified Body)의 심사를 받을 것, ⑤ 생산품에 'CE마크'를 부착할 것 등이다.

사. 2007년 건축(설계·관리) 규칙

「2015년 건설(설계·관리) 규칙」은 2007년 규칙을 개정(1994년 제정)한 것으로 건설사업을 추진할 때의 안전, 보건 및 복지 관리를 규정하고 있다.

이 규칙은 다음과 같은 중요 요소를 규정하고 있다. ① 예방의 일반원리를 적용하여 위험성을 관리하는 것, ② 적기(適期)에 적절한 사람과 조직을 지명하는 것, ③ 모든 사람이 안전하게 자신들의 일을 수행하는 데 필요한 정보, 지시, 훈련 및 감독을 받도록 하는 것, ④ 의무주체들이 서로 협력 및 의사소통하고 자신들의 일을 조정하는 것.

건설사업을 수행하기 위해 설계자(주된 설계자 포함), 수급인(주된 수급인 포함)을 지명할 책임이 있는 자는 지명된 자들이 안전하게 건설사업을 수행하기 위한 숙련, 지식 및 경험을 갖고 있다는 것을 보장해야 한다. 지명된 자가 조직이면 적절한 조직적 능력도 갖춰야 한다. 지명하는 자는 지명 전에 지명받는 자가 이 자질을 갖고 있는 지를 증명해야 한다. 지명을 구하는 설계자·수급인은 필요한 숙련, 지식 및 경험을 갖고 있지 않으면 지명을 수용해서는 안 된다. 또한 의무주체들(근로자들 포함)은 동일하거나 인접한 건설현장에서 공사를 수행하거나 공사와 관련된 다른 자들과 협력해야 한다(제8조).

발주자는 주된 설계자와 주된 수급인을 실행 가능한 한 빨리, 그리고 반드시 공사 시작 전에 지명해야 한다(제5조).

수급인은 건설현장에서 일할 자가 자신에게 할당된 작업을 수행하는 데 필요한 숙련, 지식, 훈련 및 경험을 갖고 있거나 얻는 과정에 있지 않으면 그를 채용하거나 지명해서는 안 된다[제15조(7)]. 수급인은 건설공사가 합리적으로 실행 가능한 한 위험이 없는 상태에서 수행될 수 있도록 그의 관리하에 있는 근로자들에게 적절한 감독, 지시 및 정보를 제공해야 한다[제15조(8)].

다른 자의 관리하에서 건설공사를 수행하는 자들(근로자들 포함)은 그들 자신과 다른 자들의 안전보건을 위태롭게 할 수 있는 중요한 것을 관리하는 자에게 보고해야 한다[제8조(5)], 근로자들 또는 그들의 대표는 자신들의 안전, 보건 및 복지에 영향을 미칠 수 있는 문제에 대해 적기에 의견이 물어져야 한다[제14조(b)].

아. 1995년 부상, 질병 및 위험사고 보고 규칙

「1995년 부상, 질병 및 위험사고 보고 규칙」(RIDDOR)은 작업 중 근로자 등이 입은 일정한 범주의 부상과 질병, 일정한 위험사고(dangerous occurrences[34]),[35] 가스사고를 관계 당국에 보고하는 기준을 규정하고 있다. 관계 당국은 대부분의 경우 HSE이지만 상업용 시설에서의 부상

---

34) near misses라고도 한다.

35) 기계와 물질에 의한 위험한 사고로서 구체적 대상은 본 규칙 별표 2에 열거되어 있다. 리프팅 기계류의 붕괴 또는 전복, 압력시스템의 고장, 화물컨테이너의 고장, 폭발물, 생물학적 인자와 관련된 사고, 전리방사선 발생기의 기능부전, 파이프라인 및 도로상에서의 위험물질의 운송과 관련된 사고, 빌딩 또는 구조물의 붕괴, 화재, 폭발, 인화성 물질의 누출, 부상·사망 또는 인체에 다른 손상을 초래하는 물질의 누출 등이 그것이다.

과 질병은 지방 당국(대부분 환경보건감독관)에 보고되어야 한다.

책임 있는 자[36]는 다음에 열거하는 사고가 발생한 경우, 먼저 '실행 가능한 가장 신속한 수단'(예컨대 전화, 팩스)[37]으로 관할 당국에 통지하고 그 후 승인된 양식에 따라 이를 관할 당국에 보고하여야 한다.[38] ① 작업 중 또는 작업과 관련하여 발생한 사고로 인해 사망한 경우(공중을 포함한 모든 자), ② 작업 중인 자가 작업 중 또는 작업과 관련하여 발생한 사고의 결과로서 일정한 중요재해(major injury)[39]를 입은 경우, ③ 작업 중이지 않은 자가 작업 중 또는 작업과 관련하여 발생한 사고의 결과로서 재해를 입어 치료를 위해 사고현장에서 병원으로 이송되는 경우, ④ 작업 중이지 않은 자가 병원에서 작업 중 또는 작업과 관련하여 중요재해를 입은 경우, ⑤ 위험사고가 발생한 경우[40]를 말한다[제3조(1)].

책임 있는 자는 작업자가 작업 중에 또는 작업과 관련하여 발생한 재해로 7일(사고 발생 당일은 제외되지만 비업무일은 포함된다)을 초과하여 연속적으로 자신의 업무를 정상적으로 수행할 수 없는 경우, 즉 휴업(incapacitation)을 한 경우에[41] 이를 가능한 한 신속하게,

---

36) 보고는 책임 있는 자에 의해 이루어져야 한다. 최고경영자 또는 그의 위임인이 대체로 책임 있는 자가 되지만, 광산, 채석장, 해상, 잠수활동 영역에서는 보다 특정한 자에게 보고책임이 있다.

37) 일반적으로는 전화가 사용된다.

38) 인터넷에 의한 보고(http://www.hse.gov.uk/riddor)도 허용되고 있다.

39) 중요재해는 본 규칙 별표 1에 구체적으로 열거되어 있다. ① 손·발가락 이외의 모든 골절, ② 모든 절단, ③ 어깨·고관절·무릎·척추 탈골, ④ 시각손실, ⑤ 안구의 화학적 화상, 뜨거운 금속에 의한 화상 또는 안구 관통상, ⑥ 의식 상실을 유발하거나 심폐소생술 또는 24시간 이상의 입원이 필요한 전기적 화상 또는 쇼크에 의한 부상, ⑦ 저체온증, 열성 질환(열중증 등) 또는 의식상실을 유발하거나 심폐소생술 또는 24시간 이상의 입원이 필요한 모든 부상, ⑧ 질식, 화학물질이나 생물학적 유해물질에 노출되어 발생한 의식상실, ⑨ 유해물질이 호흡기, 소화기 또는 피부를 통해 흡입 또는 흡수되어 의학적 치료가 필요한 급성병증 또는 의식상실이 발생한 경우, ⑩ 생물학적 요인 또는 그것에서 나오는 독소 또는 감염된 물질에 노출되어 발생하였다고 생각되는 의학적 치료가 필요한 급성병증.

40) 위험사고는 그 자체로서는 근로자의 사망이나 부상을 초래하지 않을 수 있지만 반복해서 발생하는 경우 필연적으로 사망이나 부상을 동반할 것이기 때문에 이에 대한 예방과 대책 수립을 위하여 보고(기록)하도록 한 것이라고 생각된다.

41) 휴업은 당해 근로자가 결근하거나 근로계약이나 그의 작업의 통상적인 과정상 합리적으로 보아 수행할 것으로 기대되는 업무를 정상적으로 수행하지 못하는 경우를 의미한다.

여하튼 15일 이내에 승인된 양식에 따라 보고하여야 한다[제3조(2)].[42]

근로자가 작업 중에 제3조에 의한 보고대상이 되는 재해를 당하여 사고일부터 1년 이내에 사망한 경우에는 제3조의 규정에 따라 과거에 그 사고발생을 보고하였는지 여부에 관계없이 사업주는 이 사실을 인지한 즉시 서면으로 관할관서에 사망사실을 통지하여야 한다(제4조).

작업자가 별표 3의 Part I 의 column 1에 규정된 직업병(3유형 47종)의 하나에 이환되고 그의 작업이 Part I 의 column 2의 해당 부분에 열거된 업무활동의 하나에 해당하거나 해상 작업자가 별표 3의 Part II 에 열거된 질병의 하나에 이환된 경우, 책임 있는 자는 승인된 양식에 따라 관할관서에 즉시 보고하여야 한다. 이상의 기준은, ① 근로자의 경우는 책임 있는 자가 당해 질병을 별표 3에 규정된 질병의 하나로 진단한 등록의사에 의해 준비된 문서를 받은 때, ② 자영업자의 경우는 등록의사에 의해 질병을 앓고 있다고 통보(문서 또는 구두)받은 때 각각 적용된다(제5조).

사업주는 보고 대상인 모든 사고와 질병을 기록하여야 한다. 특별한 양식은 요구되지 않으며 사고보고양식의 복사본의 형태 또는 사고기록부(accident book)이더라도 무방하고 컴퓨터에 저장될 수도 있다. 사고기록에는 사고 또는 위험사고의 날짜와 시간, 재해자의 성명과 직업,[43] 재해의 특성, 사고발생장소, 상황에 대한 간단한 기술하고, 질병기록에는 질병진단일, 환자의 성명과 직업, 질병의 이름과 특성, 관할관서에 처음 보고한 일자, 처음 보고한 방식이 포함되어야 한다(제7조).

---

42) 본 규칙의 개정(2012년 4월 6일)으로 관할 당국으로의 보고대상이 종전의 3일 초과 휴업재해에서 7일 초과 휴업재해로 완화되었다. 이 경우 3일을 초과하는 휴업재해는 보고는 하지 않더라도 기록은 하여야 한다. 보고기한도 종전에는 사고발생일부터 10일 이내이었으나 15일 이내로 연장되었다(http://www.hse.gov.uk/riddor/ reporting-change.htm). HSE는 이번 개정으로 문서작업이 줄어들고 사업주의 병가관리가 수월하게 되며 보고제도가 보다 심각한 부상을 초래하는 위험성에 초점이 맞춰지게 될 것이라고 평가하였다(http://www. personneltoday.com/Articles/24/04/2012/58495/riddor-changes-will-have-a-positive-effect-says-hse.htm).

43) 작업 중이 아닌 자가 재해를 입은 경우에는 승객, 고객, 방문자 등 재해자의 신분을 기록한다.

자. 1998년 작업장비의 제공·사용 규칙

「1998년 작업장비의 제공·사용 규칙」은 1989년 11월 30일 제정된 EC명령인 「근로자가 사용하는 작업장비의 최저안전보건기준」(89/665/EEC)[44]의 내용을 받아들여 작업장비를 사용하는 사업주의 책임을 규정한 규칙이다. 「1992년 규칙」은 본 규칙(「1998년 규칙」) 제정으로 폐지되었다.

본 규칙에서 사업주의 주된 책임은 적절한 기구의 선정, 보수·점검 실시, 교육·훈련 실시, 기구의 위험 부분의 안전장치 설치, 적절한 정지시스템과 긴급 시의 정지제어의 도입, 주의표시 등이다. 규제의 대상은 모든 기계·기구·장치와 손공구, 설비 등을 포함하는 등 매우 광범위한 범위에 걸쳐 있고, 작업용으로만 사용하는 것뿐만 아니라 다른 용도와 복합적으로 사용하는 것까지를 포함한다.

차. 2002년 건강유해물질관리 규칙

「2002년 건강유해물질관리 규칙」(COSHHR)은 직장에서의 건강피해의 방지를 규정한 규칙이다. 이 규칙은 1988년에 제정된 규칙의 개정규칙이지만 기본적인 사고방식은 당초 그대로이다. 1988년의 동 규칙은 영국에서 처음으로 위험성평가의 실시를 의무화한 규칙인데, 그 후 위험성평가의 중요성이 널리 인식되어 정착되게 된 것을 생각하면 당시로서는 획기적인 규칙이었다고 말할 수 있다.

현행 규칙의 주된 내용은 작업 시작 전에 직장에서의 인체에 유해한 모든 물질에 대해서 건강에 대한 위험성평가(assessment of the

---

44) 일반적으로는 「기계류 안전 명령」이라고 알려져 있다.

risk to health)를 실시하고(제6조), 합리적인 관리수단의 적절한 사용과 적용을 강제하는 것이다(제8조). 예를 들면, 위험성평가 결과 공기 중의 유해물질이 기준치를 초과하는 경우에는 환기장치를 설치하는 등의 대책이 의무화되어 있다. 또한 사업주는 건강에 유해한 물질에 노출되거나 노출될 수 있는 근로자들의 건강보호를 위하여 작업환경측정(제10조), 건강진단(제11조),[45] 정보제공・지시・교육(제12조)을 실시하여야 한다.

석면, 납, 소음, 전리방사선에 대해서는 별도의 개별규칙에서 규제되고 있다.

카. 1999년 중대사고위험관리 규칙

「1999년 중대사고위험관리(COMAH) 규칙」은 「EU Seveso Ⅱ 명령」에 부응하기 위하여 제정된 규칙으로서, 위험한 산업활동에 기인하는 중대사고의 발생 및 확대의 방지에 관한 안전체제를 구축하기 위해 제정된 규칙이다. 일상활동에 편입된 안전관리시스템을 통하여 인간과 환경에 대한 위험을 관리하는 것이 본 규칙의 주된 목적이다. 동 규칙은 위험물이 존재하는 시설, 위험물의 존재가 예측되는 시설, 공업화학처리가 제어불능이 된 경우에 위험물이 발생할 가능성이 있는 시설에 적용된다. 동 규칙에 의하면, 시설관리자에게는 중대사고를 방지하고 인간과 환경에 대한 영향을 억제하기 위해 필요한 모든 수단을 강구해야 한다는 일반적 의무가 부과되어 있다.

---

45) 건강진단은 「1999년 직장의 안전보건관리규칙」 제6조에도 규정되어 있다("모든 사업주는 그의 근로자가 위험성평가에 의해 확인된 안전보건상의 위험에 관하여 적절한 건강진단을 받도록 하여야 한다").

이를 구체적으로는 살펴보면, 시설관리자에게는 다음과 같은 대응의무가 있다. ① 중대사고 방지에 관한 방침의 작성과 문서에 의한 보존, ② 공사의 착공 및 조업의 개시 전 시설, 책임자, 위험물 등에 관한 정보와 안전성 보고서의 관할 당국에의 통지, ③ 중대사고 발생 시 관할 당국에의 보고, ④ 긴급사고 대응계획의 책정, ⑤ 지역주민에의 정보제공이 그것이다.

타. 1999년 사업장 안전보건관리 규칙

「1999년 사업장 안전보건관리 규칙」(MHSWR)은 EU의 시장통합에 즈음하여 1992년에 제정(1993년 1월 1일 시행)된 1992년 규칙의 개정판이라고 할 수 있는데, 안전과 보건을 관리하기 위하여 사용자가 조치하여야 할 사항을 전반적으로 규정하고 있다.

이 중에서도 모든 사업주에 대하여 당해 사업의 활동에 수반하는 근로자 및 일반국민에의 위험에 관련되는 적절한 평가(위험성평가)를 의무 지우고 있는 점이 본 규칙의 핵심적 내용이다.

본 규칙은 「EU 산업안전보건 기본명령」 및 이것을 보충하는 「임시근로자 안전보건개선 명령」(91/383/EEC)을 영국의 국내법에 받아들이기 위하여 제정된 것으로서, HSE가 가장 중요시하고 있는 규칙이다.

그리고 본 규칙은 사업장 안전보건관리시스템(Occupational Safety and Health Management System)[46]의 사고방식에 근거한 것으로 되어 있고, 기본적으로 BS 8800(1996년)과 OHSAS 18001(1999년)의

---

46) 영연방국가에서는 일반적으로 'Occupational Health and Safety Management System'라고 표기한다.

사고방식에 기초한 것이라고 말할 수 있다.

동 규칙에 규정되어 있는 사업주의 구체적 의무는 다음과 같다. ① 위험성평가의 실시(제3조), ② 예방·보호조치의 효과적인 계획, 조직화, 관리, 모니터링 및 검토를 위한 적절한 안전보건시스템(health and safety arrangements)의 구축 및 실행(제5조),[47] ③ 건강진단(제6조), ④ 사업주의 안전보건기준 준수지원을 위한 1명 이상의 적격의 안전보건담당자(competent persons) 지명(제7조), ⑤ 긴급 시 대응계획의 책정(제8조), ⑥ 응급조치, 긴급의료처치, 구조작업에 관하여 외부서비스기관과의 협력(제9조), ⑦ 근로자에 대한 관련 안전보건정보 제공(제10조), ⑧ 시설을 공유하는 다른 관계자와의 협력(제11조), ⑨ 방문근로자에 대한 안전보건상 위험에 관한 정보 제공(제12조), ⑩ 근로자의 자격·훈련(제13조), ⑪ 근로자의 의무(제14조), ⑫ 임시근로자에 대한 안전보건정보 제공(제15조) 등이다.

이 중에서 가장 중요한 규정은 전술한 바와 같이 위험성평가 실시에 대한 의무를 부과하고 있는 조항이다. 영국에서는 법률이 아니라 이 규칙에서 모든 사업주에 대하여 위험성평가를 의무 지우고, 근로자 수 5인 이상의 사업주에 대하여 결과를 기록하도록 요구하고 있다. 동 규칙에서는 위험성평가에 관한 의무 자체만을 규정하고 있고, 실제의 평가방식·기준 등에 대해서는 인증실행준칙에서 규정하고 있다. 그러나 인증실행준칙으로도 사용자가 실제로 위험성평가를 실시하기에는 불충분하였고 위험성평가가 좀처럼 산업현장에 침투하지 않는 경향을 보였기 때문에 HSE은 그 후 많은 안내지침(guidance note)을 발행하여 왔는데, 그중 대표적인 것은 1996년에 발행한 '위험성평가 5단계'(five steps to risk assessment)이다. 이 외에도 HSE는

---

47) 상시근로자 5인 이상의 사업주는 안전보건시스템을 기록화할 의무가 있다.

소규모 사업장을 대상으로 업종별 안내지침을 발행하여 소규모 사업주가 위험성평가를 실시하도록 하는 데 주력하고 있다.

그리고 본 규칙은 「EU 산업안전보건 기본명령」의 내용을 받아들여 다음과 같은 9가지의 재해예방의 일반원칙을 규정하고 있다(제4조). 즉, ① 위험의 회피, ② 회피될 수 없는 위험의 평가, ③ 위험에 대한 근본적인 대처, ④ 개개의 업무의 개선(특히 직장의 설계, 작업용 기구·설비의 선택 등에 관하여), ⑤ 기술변화에의 적응, ⑥ 위험요인을 보다 위험이 적은 것으로 대체, ⑦ 기술, 조직, 직장환경 등을 망라한 종합적인 예방대책의 책정, ⑧ 개개의 예방대책보다 집단적인 예방대책의 우선, ⑨ 근로자에의 적절한 지도가 그것이다.

한편 상대적으로 유해위험도가 높은 작업에 대해서는 개별적인 규칙(「2002년 건강유해물질 관리규칙」, 「2002년 작업장의 석면관리규칙」, 「2005년 작업장의 소음관리규칙」 등)에 의하여 엄격하게 위험성평가를 실시하도록 하는 의무가 규정되어 있다.

파. 기타의 주된 규칙

위에서 설명한 규칙 외에, 모든 기업에 적용되는 주된 규칙으로는 다음과 같은 것이 있다. ① 기본적인 응급처치설비를 모든 사업장에 배치하고 이 사실을 근로자에게 통지할 의무를 규정하고 있는 「1981년 안전보건(응급수당)규칙」, ② 산업안전보건에 관한 필요사항을 근로자에게 알리는 포스터의 게시 등을 의무화하고 있는 「1998년 안전보건(근로자에 대한 정보제공) 규칙」, ③ 청각장해로부터 근로자를 보호하기 위하여, 소음에 대한 위험성평가로서 노출평가 (assessment of exposure)을 실시할 것과 이에 대한 적절한 대책을 강구할 것을 강제하고 있는 「2005년 작업장 소음 관리규칙」, ④ 전기의 발생·공급·전환·송전·배전·저장·측정·사용 등과 관련하여 발생하는 재해를 예방하기 위하여 사업주와 자영업자를 대상으로 전기에 대한 안전성 확보를 규정하고 있는 「1989년 작업장 전기규칙」.

2. 실행준칙

의회는 실용적인 지침을 제공할 목적으로 많은 기관에 실행준칙을 제정할 권한을 부여하였다. 실행준칙은 실무에서의 구체적인 실시기준을 규정한 것으로서 그 자체로는 법적으로 강제력이 있는 의무를 부과하는 것은 아니지만, 특정한 상황에서는 법원이나 심판소에 의해 고려될 수 있다. 실행준칙은 「HSWAct」상으로는 행정부뿐만 아니라 극단적으로 말하면 누구라도 작성하는 것이 가능한 자율적 기준으로 되어 있다. 그러나 실제로는 관련 장관의 승인하에 HSE에 의하여 제정된 인증실행준칙(ACOP)이 대부분이다.[48]

인증실행준칙(ACOP)은 「HSWAct」 제2조 내지 제7조의 일반적 의무, 안전보건규칙, 기존의 산업안전보건법규의 조항에 대해 실제적인 지침을 제공하기 위하여, ⅰ) HSE가 스스로 제정하거나 또는 ⅱ) HSE 외의 다른 개인 또는 기관(업종별 단체 등 실적이나 권위가 있는 기관)에 의하여 제정되거나 제정 제안이 이루어진 실행준칙[예컨대 영국 규격(British Standards)]을 HSE가 승인하는 형태로 공포된다(제16조). HSE 승인을 행하는 경우에는 사전에 HSE가 적절하다고 생각되는 정부부처 또는 다른 기관(예를 들면, 방사선에 관해서는

---

48) Selwyn, 앞의 책, pp. 13-14; Wright, 앞의 책, pp. 107-108 참조.

국가방사선보호위원회)과 협의를 한 후 소관부처로부터 동의를 얻어야 한다. 그리고 HSE는 인증실행준칙(ACOP)의 승인 철회가 필요하다고 판단할 경우(예컨대 시간의 경과로 보다 높은 기준이 필요하게된 경우), 소관부처의 동의와 관련 정부기관 등과의 협의를 거쳐 인증실행준칙(ACOP)의 승인을 철회할 수 있다(제16조 제5항).

인증실행준칙(ACOP)은 어떻게 하면 법규에서 요구되는 사항을 충족할지를 구체적으로 규정한 실시기준으로서 안전보건규칙과는 달리법규로서의 효력은 갖지 않고 그것을 준수하지 않는 것 자체로는 형사·민사상 책임을 지지 않는다. 그러나 형사절차에 있어서 형사책임이 물어지고 있는 자가 인증실행준칙(ACOP)의 규정을 준수하지 않았다는 것이 명백히 인정된 경우, 인증실행준칙(ACOP)과 같은 정도의유효한 다른 방법으로 법규를 준수하고 있는 것을 증명하지 못하는한 당해 인증실행준칙(ACOP)의 미준수는 바로 법규 위반이 있었던것으로 간주된다(제17조). 한편, 「HSWAct」는 민사절차에서의 실행준칙의 지위에 대한 기준을 규정하고 있지 않지만, 실행준칙 규정의 미준수는 과실(negligence)의 명백한 위반을 구성할 수 있다.[49]

본법에 의한 규제에 있어서의 실행준칙의 중요성은 매우 크다고말할 수 있다. 로벤스 보고서에 의하면 새로운 법에서는 일반적으로규칙보다도 실행준칙을 활용하여야 할 것이라고 주장되고 있다. 그이유는 실행준칙에 의하는 방법이 보다 유연하고 적극적인 규제를행하는 것이 가능하기 때문이다. 규칙의 경우, 수치를 사용한 상세한 기준이나 취하여야 할 구체적인 조치 또는 행동을 규정하게 되면그것의 개정에는 시간이 소요되기 때문에 얼마 안 있어 시대에 뒤떨어진 것이 되고 만다. 게다가 최저기준을 초과하는 적극적인 규제를

---

49) Selwyn, 앞의 책, p. 14.

행하는 것이 어렵다. 그러나 실행준칙은 상세한 기준이나 구체적인 조치를 규정하여도 개정이 용이하므로 기술이나 과학의 발전에 신속하게 대응하는 것이 가능하다. 또한 법으로서의 효력을 갖지 않으므로 최저기준에 얽매이지 않고 보다 적극적이고 선진적인 수준의 규제를 행하는 것이 가능하다. 그 때문에 로벤스 보고서는 산업안전보건을 도모하는 데 있어서 '기본이 되는 법률', '간결하게 대강의 윤곽을 정하는 규칙', '상세한 내용을 정하는 실행준칙'이라고 하는 3종류의 규범을 상정하였다.[50]

　　현재 인증실행준칙(ACOP)은 약 50개 공포되어 있는데, 대표적인 것으로서는 납의 관리, 응급조치, 안전대표 및 안전위원회, 안전대표의 유급교육시간 보장, 건강에 유해한 물질의 규제, 발암성 물질의 규제, 생물학적 인자의 규제, 위험성평가 등에 관한 것이 있다.

---

50) Wright, 앞의 책, pp. 107-108; C. D. Drake, Law of Health and Safety at Work: The New Approach, 1983, p. 117 참조.

제3장 HSWAct의 특징

1. 합리적으로 실행 가능한 범위

본법의 제2조, 제3조, 제4조, 제6조의 일반적 의무조항에는 '합리적으로 실행 가능한 범위에서'(so far as is reasonably practicable)라는 문언이 사용되고 있다. 이 문언은 영국의 산업안전보건법제를 이해하는 데 있어서 간과할 수 없는 표현으로서, 「HSWAct」의 의무규정뿐만 아니라 규칙 등에도 반복적으로 출현하고 있다. 이 표현은 지도적 판례(leading case)[51])에 의하면 '물리적으로 가능한'이라는 문언보다 협의의 의미를 가진다고 해석되고 있다.

구체적으로, 이 조건은 당해 의무가 부과되어 있는 자가 그 의무를 달성하기 위하여 필요로 하는 시간, 수고, 비용 및 물리적 곤란성과 특정한 활동 또는 환경에서의 위험성의 크기(중대성) 간에 비교형량이 이루어지는 것을 인정하는 것이다. 즉, 위험성의 정도에 비하여 위험성을 제거하는 데 막대한 경비, 수고 등이 소요되는 경우에는 사업주는 이에 대처하여야 할 의무를 면제받게 되는 것을 의미한다. 위험성이 크면 위험성의 감소를 위하여 상당한 경비나 수고 등을 들여 해결방안을 강구하는 것이 합리적이지만, 위험성이 적을 경우에는 사용자에게 많은 비용, 수고 등을 강요하는 것은 합리적이지 않게 된다.[52]) 그러나 '합리적으로 실행 가능한 범위'의 대책은 사

---

51) Edwards v. National Coal Board [1949] All ER 743 at 747(CA).

업장의 규모나 재정상태와는 관계없이 요구된다. 사업주 각자에게 위험성 관리수단을 제공할 능력 또는 특정 과제에 드는 비용을 부담할 능력이 있는지 여부는 비용에 대한 사정(査定)을 할 때 반영되어야 할 합리적 요소라고는 말할 수 없다.[53]

이 조건과 관련하여 본법 제40조는 이것에 위반하여 형사소추된 경우 사업주가 법의 요구를 충족시키는 것이 합리적으로 실행 가능하지 않았다는 것, 거꾸로 말하면 합리적으로 실행 가능한 모든 대책을 취하였다거나 또는 보다 좋은 합리적인 수단이 없었다는 것을 입증해야 한다고 규정하고 있다. 민사소송에서도 어떠한 것을 하는 것이 실행 가능하지 않았다는 것에 대한 입증부담은 당해 의무가 부과된 자에게 있다. 관계자는 법규의 기준을 충족하기 위하여 확률과의 비교형량을 근거로 합리적으로 실현 가능한 모든 대책을 실시하고 있었다는 것을 제시할 수 있으면 자신을 옹호하는 것이 가능하게 된다. 이때, 비교형량은 문제가 된 사고가 발생하기 이전의 일정한 시점을 기준으로 하여 이루어진다.[54]

참고로, '실행 가능한 범위에서'(so far as is practicable)란 보다 엄격한 기준을 내포한다.[55] 이 수식어는 일반적으로 사업주가 위험성에 대처하여야 하는 시점에서의 (최신의) 지식과 식견에 따른, 기술적으로 가능한 모든 수단을 포함하는 것으로 이해되고 있다. 따라서 위험성을 제거하기 위해 요구되는 비용, 시간, 노력 등의 곤란성은 고려되지 않는다.[56]

---

52) Selwyn, 앞의 책, p. 38 참조.

53) M. Robert, Occupational safety and Health Journal, 2003.9, RoSPA, pp. 12-16.

54) R. Lewis, Labour Law in Britain, 1986, p. 452.

55) 이 수식어는 과거 「공장법」 제4조 제1항(환기)에서 사용된 표현이다.

56) M. Goodman, Health and Safety: Law and Practice, 1988, p. 70 참조.

2. 규제의 유연성

영국 「HSWAct」의 또 다른 특징이라고 말할 수 있는 것은, 로벤스 보고서에 입각하여 법률이나 규칙을 제정하는 데 있어서, 법률·규칙에서의 규정은 가능한 한 목표나 일반원칙(goals and general principles)으로 한정하고 구체적이고 기술적인 규정은 실행준칙이나 HSE가 발행하는 지침(guidance note)에 위임하는 구조를 취하고 있다는 점이다. 이와 같은 구조의 확립에 의하여 기술혁신이나 유해위험요인의 변화에 신속하고 유연하게 대응하는 것이 가능하게 되고 동시에 사업주 등이 주체성을 가지고 자율적으로 안전보건에 대응하는 것이 도모되고 있다고 말할 수 있다.

그리고 영국에서 안전보건규칙에 의하여 안전보건사항을 새롭게 규제하는 데 있어서는 다음과 같은 순서에 의하여 규제를 검토, 설정하는 것으로 되어 있다. 즉 일차적으로는 일반적 의무(general duties)와 포괄적 규정의 성격을 가지고 있는 「직장의 안전보건관리규칙」(Management of Health and Safety at Work Regulations)의 활용을 검토하고, 이것이 어렵다고 판단되면 그다음으로 법규로서 효력이 없는 지침(guidance note)이나 인증실행준칙(ACOP)을 제정하는 방향으로 검토하며, 또 이것으로 충분치 않다고 판단되는 경우에는 규제방식 중에서도 목표설정형(goal-setting) 규제를 우선적으로 설정하는 것을 고려하게 된다. 그리고 목표설정형 규제로도 소기의 목적을 달성하기 어려울 경우에 비로소 구체적이고 특정적인 방법을 규정하는 지시형(prescriptive) 규제의 설정을 최종적으로 검토하는 구조를 취하고 있다. 「HSWAct」는 이와 같은 규제선택의 순서구조(hierarchy of options)에 의하여 규제자에 의한 개입의 필요를 최소한으로 유지하려고 하고 있다.[57]

제4장 HSWAct의 의무이행 확보

제1절 집행절차

산업안전보건법규의 집행은 앞에서 설명한 바와 같이 대부분은 HSE에서 이루어지고 있고 서비스 부문에 한정하여 지방자치단체에서 이루어지고 있다. 양 기관은 본법을 집행하기 위하여 일정한 자격을 구비한 자를 감독관으로 임명하는 권한을 가진다(제19조). 감독관은 사업장에 출입하여 검사·조사·측정 등을 수행할 권한, 출입권한을 가지는 시설에서 발견한 물품, 물질 및 공기의 표본을 수거 또는 수집할 권한, 관계자에게 질문할 권한, 서류의 제출을 명할 권한, 사진을 촬영할 권한 등 광범위한 권한이 부여되어 있다(제20조). 또한 급박한 신체에의 위험 우려가 있다고 판단되는 경우에는 사업장에 출입하여 해당되는 물품 또는 물질을 압수하거나 그 위험성을 제거하는 것이 가능하다(제25조).

산업안전보건법규의 위반은 두 가지 방식으로 처리될 수 있다. 그 하나는 감독관에 의한 집행명령을 발하거나 압수·파기이고, 다른 하나는 형사범죄에 대한 형사소추이다.[58]

---

57) HSE, Reducing risks, protecting people-HSE's decision-making process, 2001, p. 57 이하.

58) 어떤 자가 다음과 같은 위반을 한 경우에는 형사소추가 이루어진다. ⅰ) 법령 위반의 결과로서 사망사건이 발생한 경우, ⅱ) 위반이 중대하고 피해가 심각한 경우, ⅲ) 안전보건기준을 분별없이 무시한 경우, ⅳ) 법령을 반복적 또는 지속적으로 잘 준수하지 않은 경우, ⅴ) 자격이 없거나 심각한 위반 상태에서 작업을 수행한 경우, ⅵ) 문서경고나 개선·금지명령을 따르지 않은 경우, ⅶ) 감독관의 법집행과정을 의도적으로 방해한 경우가 그것이다(Selwyn, 앞의 책, pp. 125-126 참조).

1975년 1월 HSE의 발족에 의해 종전의 5개 감독제도(공장감독, 폭발물감독, 탄광·채석감독, 원자력시설감독, 알칼리공기오염감독)는 HSE 감독으로 일원화되었다. 다만, 특정한 분야에 대해서는 지방당국(LAs) 감독관과 철도규제청(ORR)의 감독관에 의해서 감독이 이루어지고 있다.

1. 개선명령

감독관은 어떤 자가 ⅰ) 산업안전보건법규에 위반하고 있거나, ⅱ) 위반이 계속되거나 반복될 우려가 있는 경우로서 하나 이상의 규정을 위반하여 왔다고 판단하는 경우에는 개선명령(improvement notice)을 내릴 수 있다(제21조). 이 명령은 문제되는 규정과 위반에 대한 상세한 판단근거를 기술하여 이의제기 기간인 21일 이내의 범위에서 기간을 특정하여 시정하도록 요구하는 것이다.[59]

개선명령에 따르지 않으면 형사처벌될 수 있다. 개선명령에 대한 이의신청은 21일 이내에 노동심판소(Employment Tribunal)에 대해 제기하여야 한다[「2004년 노동심판소(조직 및 절차) 규칙」 부칙4]. 노동심판소는 당해 명령을 취소, 변경하거나 아니면 그대로 인정할 수도 있다[제24조(2)]. 신청이 처리될 때까지는 개선명령의 효력이 정지된다[제24조(3)(A)].

법규정의 요건이 절대적이면, 이의 위반 시 항변이 있을 수 없다. 그러나 법규정이 합리적으로 실행 가능한 것을 하도록 하는 것이면, 노동심판소는 사건의 상황에 따라 그 자신의 판단을 할 수 있다.[60]

---

59) Selwyn, 앞의 책, p. 109.
60) Selwyn, 앞의 책, p. 110.

2. 금지명령

감독관은 중대한 상해를 일으킬 위험이 있는 행위가 행해지고 있거나 행해지려는 움직임이 있다고 판단한 때에는 당해 문제가 처리될 때까지 당해 활동을 정지하는 것을 명하는 금지명령(prohibition notice)을 발하는 것이 가능하다. 금지명령은 개선이 이루어지기 전에 명령의 상대방이 문제가 있는 행위에 나서는 것을 금지하는 것이다.

만약 감독관이 중대재해(serious personal injury)의 발생 위험이 절박하다고 판단하면 명령은 바로 효력을 발하고(즉각적인 금지명령), 그 외의 경우에는 명령서에 특정된 기간이 경과된 후에 효력이 발생한다(유예된 금지명령, 제22조).

금지명령은 효력발생 이전에는 언제든지 철회될 수 있다. 금지명령에 따르지 않으면 무거운 형벌이 부과될 수 있다. 금지명령에 관한 이의신청에 있어서 그 신청기간 및 노동심판소의 권한은 개선명령과 동일하지만, 그 신청은 노동심판소가 특별히 그 뜻을 명시하지 않는 한 금지명령의 효력을 정지하는 효과를 갖지 않는다[제24조 제3항 제(B)호]. 노동심판소가 명령이 정당하다고 판단하면 명령은 당초의 명령 그대로의 형태 또는 노동심판소가 적당하다고 생각하는 형태로 수정되어 인정되게 된다. 정당하지 않다고 판단되면 무효가 된다.

노동심판소는 판단을 내릴 때에 안전보건상의 필요와 안전보건조치를 취하는 것에 의한 부정적 측면을 비교형량하게 된다. 사업주의 재력이 부족하여 당해 안전보건조치를 취하게 되면 기업이 경영난에 빠질 것 같은 사례에서는, 노동심판소는 당해 명령이 실제로 당해 기업의 폐업을 초래할지 어떨지 어려운 판단에 직면하게 된다.

노동심판소의 재결에 대해서는 법률문제에 대해서만 고등법원에 상소할 수 있다.[61]

제2절 제재

1. 형사책임

형사처벌의 대상이 되는 범죄는 일반적 의무규정 위반, 안전보건규칙의 위반, 급박한 위험에 대한 감독관의 조치명령 위반, 개선명령 또는 금지명령에 의해 부과된 개선요구 또는 금지 위반, 감독관 업무의 의도적인 방해, 보관·사용·제출이 요구되는 장부·기록·신고서·기타 문서에 의도적으로 허위의 기재를 하는 것, 면허요건에 위반하여 활동하는 것 등이다(제33조).

일반적으로 안전보건규칙 위반 등 상대적으로 중대하지 않은 법령 위반에 대해서는 하급법원인 치안법원(magistrates' court)에서 약식절차에 의하여(on summary conviction) 형사소추되고, 「HSW Act」의 중요규정 위반 등 중대한 법령 위반에 대해서는 치안법원의 회부절차(committal proceedings)[62]를 거쳐 상급법원인 형사법원(Crown Court)에서 정식절차로 기소된다(on indictment).[63] 형사법원은 일반적으로 중한 형사사건에 대한 제1심법원으로 기능하지만, 치안법원

---

61) Wright, 앞의 책, pp. 156-157 참조.
62) 중한 범죄에 대하여 형사법원에서 재판을 받아야 할 피고인을 상대로 그가 형사법원의 재판에 회부되어 재판을 받는 데 충분할 정도로 소추된 범죄사실에 대한 증거가 있는지 여부를 확인하기 위한 예비심문을 행하고 피고인이 형사법원에서 재판을 받음에 있어 어떠한 상태에서 누구로부터 재판을 받을 것인지를 결정하는 절차를 말한다(김용진, 『영국의 형사재판』, 청림출판, 1995, 6쪽).
63) 대부분의 형사사건이 기소되고 유죄판결이 선고되는 곳은 치안법원이다.

의 유죄 인정이나 양형에 대한 피고인의 항소사건도 처리하며, 이
경우 불이익변경금지의 원칙이 적용되지 아니하고 치안법원에서 선
고할 수 있었던 어떠한 종류의 형도 선고할 수 있다.[64]

치안법원은 ⅰ) 일반적 의무규정 위반(근로자에 대한 것을 제외),
ⅱ) 개선명령 또는 금지명령 위반, ⅲ) 법원의 시정명령[65] 위반, ⅳ)
안전보건규칙 위반 등의 경우에는 20,000파운드 이하의 벌금을 부
과하거나 이것과 동시에 또는 이것에 대신하여 12개월 이하의 징역
형을 명할 수 있다. 그리고 감독관 업무의 의도적인 방해에 대해서
는 51주 이하(잉글랜드와 웨일즈) 또는 12개월 이하(스코틀랜드)의
징역형 또는 5,000파운드 이하의 벌금을 선택적으로 부과하거나 양
자를 병과할 수 있다.[66] 근로자의 일반적 의무규정 위반에 대해서는
12개월 이하의 징역형 또는 5,000파운드 이하의 벌금을 선택적으로
부과하거나 양자를 병과할 수 있다.[67] 또 위원회의 직접적인 조사·
질문권한의 행사를 고의적으로 방해하는 경우 등에는 징역형 없이
5,000파운드 이하의 벌금을 부과할 수 있다.

한편 중대한 법령 위반의 경우, 형사법원을 통해 대부분의 위반사
항에 대해서는 상한이 없는 벌금 또는 2년 이하의 징역형이 선택적
으로 부과되거나 양자가 병과되고, 일부 위반사항에 대해서만 징역
형 없이 상한이 없는 벌금이 부과될 수 있다.[68]

---

64) 김용진, 앞의 책, 7쪽.

65) 법원은 형벌에 대신하거나 추가하여 피고에게 시정을 명할 수 있다.(HSWAct 제42조 제1항)

66) R. Matthews & J. Agreros, Health and Safety Enforcement: Law and Practice, 2003, p. 182;
Selwyn, 앞의 책, p. 126 참조.

67) 「HSWAct」 별표 3A에는 위반사항별로 재판의 종류, 약식판결 및 정식재판 벌칙이 상세하게
규정되어 있으며, 이러한 벌칙(형량)은 종종 변할 수 있다.

68) 영국에서는 산업안전보건법령을 위반한 자에 대한 처벌을 강화하기 위하여 HSWAct 제33조(위반를
개정하는 내용의 2008년 「안전보건 위반법」[Health and Safety (Offences) Act]을 제정(2009년 1월 시
행)하였다. 종전의 벌칙규정에서는 위반사항에 따라 5,000파운드 이하, 20,000파운드 이하, 무제한의
벌금을 부과할 수 있었을 뿐이고 일부 사항을 제외하고는 징역형이 불가능하였으나(특히, 약식재판

그리고 본법은 법인에 의한 관계법규 위반이 당해 법인의 임원, 관리자, 비서, 기타 이와 동일한 지위에 있는 자의 동의 또는 묵인에 의하여 행해지거나 그들의 과실에 기인한다고 입증되는 경우에는 당해 행위자와 함께 법인에게도 책임을 묻는 양벌규정을 규정하고 있다(제37조).

형사소추의 결정 시에는 일반적으로 소추대상이 되는 자의 지금까지의 안전보건에 관한 기록, 법규의 준수를 확인하기 위하여 감독관이 방문한 횟수, (만약 사고가 발생했다면) 사고의 규모, 당해 형사소추에 의한 공적 이익에의 영향 등이 고려된다.[69]

HSE는 매년 약 1,000건을, 지방 당국은 약 250건을 기소하고 있으며, 기소하여 유죄판결이 난 비율은 약 90%이다. 벌금액은 최근 증가하는 추세에 있으며, 평균적으로 약 20,000파운드인 것으로 조사되고 있다.[70]

2. 민사책임

「HSW Act」는 기본적으로는 형벌법규의 성격을 가지고 있다고 말할 수 있는데, 동법은 이 점을 명시적으로 규정하고 있다. 즉, 제47조 제1항은 제2조 내지 제7조에 의해 부과된 의무의 불이행 또는 제8조 위반에 대하여 근로자 등에게 민사적 청구권을 부여한 것이 아니라고 규정하고 있다[제47조 제1항 제(A)호].

다만, 안전보건규칙(제15조, 부칙3)의 위반은 당해 규칙에서 반대

대상 사항), 개정된 벌칙규정에서는 20,000파운드까지 부과할 수 있는 위반사항이 증가하고 대부분의 사항에 대하여 12개월 이하(치안법원) 또는 2년 이하(형사법원)의 징역형이 가능해졌다.

69) R. Matthews & J. Agreros, Health and Safety Enforcement: Law and Practice, 2003, p. 182.

70) Selwyn, 앞의 책, p. 129; HSE, Enforcement action(http://www.hse.gov.uk/enforce/index.htm).

의 취지를 명시하고 있지 않는 한 민사책임의 근거가 될 수 있다(제47조 제2항). 또한 안전보건규칙에 위반하는 경우의 책임을 면제하거나 제한하는 계약은 당해 규칙이 별도로 규정하고 있지 않는 한 무효가 된다(제47조 제5항).

제3절 안전대표 및 안전위원회

영국의 「HSW Act」에서는 행정기관과 더불어 사업장의 안전대표, 안전위원회가 사업주 등의 의무이행 확보의 중요한 역할을 담당하고 있다.

사업주는 「HSW Act」 제2조 제4항에 근거하여 제정된 「1977년 안전대표·안전위원회 규칙」에 따라 임명된 안전대표를 승인하여야 한다. 안전대표는 조합원인 근로자 중에서 사업주로부터 승인을 받은 조합에 의하여 임명된다(동 규칙 제3조 제1항, 제8조 제2항). 안전대표는 합리적으로 실행 가능한 한 과거 2년간 당해 사업장에 고용되어 있었거나 또는 2년 이상의 유사한 고용경험을 가지고 있는 자이어야 한다(동 규칙 제3조 제4항). 안전대표는 사업장의 안전보건사항(안전보건 확보조치의 촉진, 개발 및 그 유효성 검토 등)에 관한 사업주와의 협의에서 근로자를 대표한다. 그리고 사업주는 이 안전대표와 협의를 할 의무가 부과되어 있다(「HSW Act」 제2조 제6항). 또한 사업주는 안전대표에게 본법 제2조 제4항에 정하는 임무를 수행하기 위하여 필요한 편의 및 원조를 제공하여야 하고(동 규칙 제5조, 제6조), 유급의 훈련시간을 인정하지 않으면 안 된다(동 규칙 제4조 제2항). 사업주가 훈련시간을 허용하지 않거나 임금을 지급하지 않으면 노동심판소에 불복신청을 하는 것이 가능하다(동 규칙 제11조). 그리고 안전대표는 사업장에 잠재적 유해물질 및 위험요소가 존재하는지를 확인하고 발생한 산업재해의 원인을 조사하는 한편 근로자에 의해 제기된 안전보건 및 복리후생에 관한 불평·고충을 조사할 권한을 가지고 있다. 또 근로자의 안전보건 및 복지후생에 영향을 미치는 일반적 문제에 대하여 사용자에게 이의를 제기하고 안전위원회의 회의에 참가할 권한이 부여되어 있다(동 규칙 제4조 제1항). 게다가 안전대표는 스스로의 판단에 의해 사업장을 정기적으로 점검할 권한과 보고대상 재해 또는 직업병이 발생된 후 당해 사업장을 점검할 권한을 가지고 있다(동 규칙 제5조, 제6조).

한편 2명 이상의 안전대표가 서면으로 요구하는 경우, 사업주는 적어도 1명의 안전대표를 포함하는 안전위원회를 설치하여야 한다(「HSW Act」 제2조 제7항 및 동 규칙 제9조). 안전위원회는 직장의 안전과 건강의 확보를 위한 대책의 심의 등을 행한다. 이것의 범위를 초과하는 문제는 사업주와 노동조합이 결정하게 된다. 한편 「1996년 안전보건(근로자와의 협의)규칙」[Health and Safety(Consultation with Employees) Regulation]은 「1977년 안전대표·안전위원회 규칙」에 근거한 안전대표에 의하여 대표되지 않는 근로자들이 존재하는 경우, 사업주는 그들 근로자와 직접적으로 또는 근로자 집단으로부터 선출된 '근로자 안전대표'(representatives of employee safety)와 협의할 의무가 있다고 규정하고 있다(제3조).

한편 「1996년 고용권법」(Employment Rights Act 1996) 제100조의 규정에 의하면, 근로자의 산업안전보건활동과 관련하여 사업주가 근로자를 다음과 같은 이유로 해고한 경우에는 그 해고는 불공정한 것으로 간주된다. 즉, ① 직장의 안전보건상의 위험을 방지하고 감소시키는 활동의 임무를 부여받은 자가 그 활동을 행하거나 행하려고 한 것, ② 직장의 안전보건에 관한 안전대표 또는 안전위원회 위원인 자가 그 임무를 수행하거나 수행하려고 한 것, ③ 안전대표 또는 안전위원회가 없거나 그러한 기관을 통하여 문제를 제기하는 것이 합리적으로 보아 실행이 가능하지 않을 때, 근로자가 유해하거나 위험하다고 생각하는 것에 대하여 합리적 수단에 의해 사업주의 주의를 촉구한 것, ④ 근로자가 중대하고 급박한 위험을 회피하기 위해서라고 합리적으로 생각하고, 그 직장 또는 그 직장의 위험한 장소를 이탈하거나 이탈하려고 한 것 또는 위험이 존재하는 동안 그 장소에 돌아오지 않은 것, ⑤ 근로자가 중대하고 급박한 위험이 있다고 합리적으로 생각하고 자신 또는 다른 자를 보호하기 위해 적절한 조치를 취하거나 취하려고 한 것이다.

제5장 HSWAct의 법적 성격

제1절 HSWAct와 사법적 청구의 가능성

1. HSWAct 위반에 근거한 손해배상청구권의 유무

영국의 「HSWAct」는 손해의 보전이 아니라 예방을 위한 규제와 제재를 근본원리로 한 입법, 즉 형사제재에 의하여 집행되는 입법으로서 제정되었다.[71] 그 때문에 동법 제47조 제1항은, 본법의 의무규정이 그 위반에 대하여 민사소송을 제기하는 권리를 부여하고 있지 않다는 것을 명시적으로 규정하고 있다. 본법의 의무규정은 관계자의 일반적 의무이지만, 여기에는 사업주에게 안전보건에 관한 일반적인 방침의 작성과 주지를 의무 지우는 등 다소 구체적인 조치의 성격을 가진 규정[제2조(3)][72]도 있는바, 근로자가 본법의 위반에 근거하여 사법적 청구를 하는 것이 불가능하다고 한 것은 영국의 산업안전보건의 역사에 비추어 보면 중요한 의미를 갖는다. 왜냐하면 영국은 전통적으로 산업안전보건법규의 위반에 의하여 입은 손해에 대해서는 근로자에게 산업안전보건법규 위반에 근거한 손해배상청구를 인정하여 왔기 때문이다.[73] 다만 제47조 제4항의 "제1항과 제2

---

71) S. Dawson et al., Safety at Work: the limits of self-regulation, 1988, p. 3.

72) 별도로 정하고 있는 경우를 제외하고, 모든 사업주는 종업원의 근로 중의 안전보건에 관한 일반적 방침 및 그 방침을 실행하기 위해 현재 실시되고 있는 조직과 계획을 사업장규정으로 작성하고 적절하다고 생각되는 빈도로 이를 개정하는 한편, 그 규정과 그것의 개정내용을 모든 종업원에게 알릴 의무가 있다.

항의 규정은 본법의 조항과는 무관계한 청구권에는 영향을 미치지 않는다"는 규정으로 판단컨대, 제47조 제1항에서 말하는 본법의 의무위반에 의해 발생한 손해배상청구는 과실불법행위(negligence)에 근거하여 행하는 것이 예정되어 있다고 생각된다.[74]

한편 본법 제47조 제2항은 안전보건규칙에 의하여 부과된 의무의 위반은 당해 규칙이 반대의 규정을 두고 있지 않는 한 손해와의 인과관계가 긍정되는 범위에서 그것을 근거로 손해배상을 청구할 수 있다고 규정하고 있다. 동조에 의하여 안전보건규칙에 대해서는 반대의 정함이 없는 한 종래의 산업안전보건법규와 같이 제정법상의 의무 위반에 근거한 손해배상청구가 인정되는 것이 명확하게 되었다. 제정법상의 의무 위반에 근거한 손해배상청구에 의하여 피재자는 과실에 의한 불법행위에 근거한 손해배상청구와 마찬가지로 고통, 신체기능의 결손 등의 일반손해 및 상실된 수입 등의 특별손해에 대한 배상을 받는 것이 가능하다.[75]

제47조 제1항에서 본법의 의무규정에 대해서는 제정법상의 의무 위반에 근거한 손해배상청구권을 인정하지 않는 것이 명백함에도 불구하고 본법에 근거하여 제정된 안전보건규칙에 대해서는 손해배상청구권을 인정한 이유는 무엇일까. 전술한 바와 같이 안전보건규칙은 종래의 산업안전보건법규를 폐지하거나 수정하기 위하여 사용되었다. 그 때문에 종래의 산업안전보건법규와 동일하게 개별적·구체적인 사항에 대해서 상세한 기준을 규정하지 않을 수 없었다. 종래의 산업안전보건법규에 대해 제정법상의 의무 위반에 근거한 손해배상청구가 인정되어 온 것에 비추어 보면, 종래의 산업안전보건법

---

73) J. Mnukman, Employer's Liability at Common Law 19(11th ed., 1990).

74) N. Selwyn, Law of Employment 400(7th ed., 1991) 참조.

75) M. Whincup, Modern Employment Law, 7th ed., 1991, p. 338.

규와 유사하거나 이것에 수정을 가한 것에 불과한 규정에 대해 제정법상의 의무위반에 근거한 손해배상청구권을 인정하지 않는 것은 명백히 불합리할 것이다. 이러한 사정에서 「HSWAct」는 반대의 정함을 두는 규정에 의하여 그것을 부정하는 선택지를 두면서 안전보건규칙에 대하여 그것에 근거한 손해배상청구를 인정한 것이라고 생각된다.

2. HSWAct 위반에 근거한 이행청구의 가부

앞에서 언급하였듯이 「HSWAct」 제47조는 본법의 규정의 위반에 대하여 어떠한 민사적 청구권도 부여한 것이 아니라고 규정하고 있다. 이 조항은 「HSWAct」가 동법의 의무주체의 의무 위반 때문에 손해를 입은 근로자에게 동법 위반에 근거한 손해배상청구권을 부여하고 있지 않은 것을 의미하는 동시에, 동법의 의무주체가 동법이 규정하는 의무를 이행하고 있지 않은 경우에 그 사법적 이행청구를 하는 것을 허용하지 않는 취지라고 생각된다.

한편 본법의 제47조 제2항은 반대의 정함이 규정되어 있지 않는 한 안전보건규칙 위반에 근거한 민사적 청구를 인정하고 있는바, 근로자가 손해가 발생하기 전에 안전보건규칙이 규정하는 내용의 사법적 이행청구를 하는 것을 인정하고 있는지에 대해서는 명확하지 않다. 이 점에 대하여 언급을 하고 있는 학설은 안전보건규칙의 이행청구를 인정하지 않을 근거는 없다는 판단하에 이를 긍정적으로 해석하고 있다.[76]

---

76) J. Hendy & M. Ford, Health and Safety 1, 1992, p. 401.

제2절 불법행위 소송에서의 HSWAct의 법적 의의

위에서 언급하였듯이 「HSWAct」의 의무조항은 그 위반에 근거한 민사적 청구권을 근로자에게 부여하고 있는 것은 아니다. 그러나 본법 제47조 제4항은 "제1항, 제2항의 규정은 본법의 조항과는 무관계한 청구권에는 영향을 미치지 않는다"고 규정하고 있는바, 따라서 본법 위반 이외의 소송 원인에 근거한 민사적 청구는 배제되고 있지 않다. 그 결과 과실에 의한 불법행위에 근거한 손해배상청구소송에서 본법이나 그 관련 법규의 규정이 사업주의 과실행위나 근로자의 노무급부거절의 정당성을 근거 지우는 것으로 주장될 수 있다.

영국에서는 「HSWAct」의 의무위반에 의해 발생한 손해에 대해서는 과실의 불법행위에 근거하여 사법상의 손해배상청구를 하는 것이 예정되어 있다. 그리고 안전보건규칙의 위반에 대해서는 규칙에 반대의 정함이 없는 한, 제정법상의 의무위반에 근거한 손해배상청구가 인정되고 있다. 제정법상의 의무위반에 근거한 손해배상청구가 인정된다고 하여 제정법의 의무주체가 보통법상의 주의의무로부터 해방되는 것은 아니다. 따라서 제정법상의 의무위반과 함께 과실의 불법행위를 근거로 하여 소송이 제기될 수 있다.

보통법에 근거한 손해배상청구에서 초기에는 과실의 불법행위법이 발달되지 않았기 때문에 고용계약에 근거한 합리적인 주의를 기울일 의무의 위반으로서 청구가 인정된다고 하는 판시가 제시되었다.[77] 그러나 Donoghue v. Stevenson 사건 판결[78]에서 과실의 불법행위에 근거한 소송이 인정된 이래 손해배상 산정에 있어 보다 유리

---

77) Lord Herschell in Smith v. Baker & Sons [1891] AC 325, HL.

78) Donoghue v. Stevenson [1891] AC 562.

한 것, 절차 등을 이유로 하여 과실의 불법행위에 근거한 소송이 보다 일반적인 것이 되었다.[79]

그러나 과실의 불법행위에 근거한 손해배상청구에는 몇 개인가의 이론적 난점을 안고 있었다. 즉, 동료근로자의 과실에 의하여 발생한 산업재해에 대해서는 사용자는 책임을 지지 않는다고 하는 '공동고용(common employment)의 법리', 근로자가 업무에 동반하는 위험을 인수하였다고 인정되는 경우에는 설령 사업주에게 과실이 존재하였다고 하더라도 그 책임이 면제된다고 하는 '위험인수(assumption of risk)의 법리', 근로자 자신에게도 산업재해의 발생에 대해 과실이 있을 때에는 설령 사용자에게 과실이 있었다고 하여도 그 책임을 물을 수 없다고 하는 '기여과실(contributory negligence)의 법리' 등이다.[80]

이와 같은 난점 때문에 산업재해에 대하여 사용자의 과실 자체를 요건으로 하지 않는 무과실책임 보상을 가능하게 하는 입법의 필요성이 인식되어 1897년에 마침내 「근로자재해보상보험법」이 제정되게 되었다.[81] 그런데 동법은 그 보상액이 상당히 낮고 지급기간도 제한되어 있었다. 그리고 민사배상청구권과의 관계는 근로자가 동법에 의한 보상청구권과 손해배상청구권 중 어느 쪽 하나를 선택하는 선택권 방식으로 되어 있었다[제1조 제2항 제(B)호].[82] 그 후, 동법은 몇 차례의 법 개정을 거쳐 1946년의 「국민보험(업무재해)법」[National Insurance (Industrial Injuries) Act]으로 편입되었는데, 국민보험법에서는 모든 근로자를 적용대상으로 하고 부상과 직업병 모두 보상의 대상으로 하는 한편, 보험급부의 내용과 보험갹출액이 균일제로 되

---

79) Lewis, 앞의 책, p. 465.

80) 岩村正彦, 『労災補償と損害賠償』, 東京大学出版会, 1984, 25쪽.

81) J. Munkman, Employer's Liability at Common Law, 11th ed., 1990, pp. 15-16.

82) Munkman, 앞의 책, p. 16.

었으며, 보험료의 6분의 5에 대해 노·사가 대등하게 부담하고 6분의 1은 국가가 부담하는 것으로 되었다.[83] 민사손해배상청구와 산재보험급부의 관계에 대해서는, 1946년의 「국민보험(업무재해)법」자체에는 어떠한 규정도 없었고 1948년 「법개혁(인신손해)법」[Law Reform (Personal Injuries) Act]에 의해 급부의 조정이 이루어지게 되었다. 그런데 사회보험에 의한 근로자의 산재보상은 그 후의 수정을 거쳐 사회보장제도의 일부로 통합되었는바, 1975년 「사회보장법」 성립에 의해 산재보험기금은 폐지되고 국민보험기금으로 일체화되었다. 그리고 1990년부터는 산재보험급부의 비용 전액이 세금에서 조달되고 통합기금에서 지불되게 되어 산재보상급부는 보험료에 의거하지 않는 무각출 급부로 되었다. 한편 1969년의 「사업주책임(강제보험)법」[Employers' Liability(Compulsory Insurance) Act]에 의하여 영국에서 사업을 경영하는 사업주는 원칙적으로 산업재해에 동반하는 민사배상책임을 위하여 자격 있는 보험회사와의 보험계약을 체결하는 형태로 보험가입을 하는 것이 강제되어 있다.[84]

이상의 경과를 거쳐 영국에서는 현재 산재보상제도와 민사손해배상제도의 병존주의 제도가 정착되어 있고 근로자에게는 과실의 불법행위에 의하여 손해배상청구를 제기하는 방법이 열려 있다.

과실의 불법행위의 요건으로서는 주의의무의 존재, 과실행위에 의한 의무 위반, 의무위반에 의한 손해 발생이 제시되고 있다. 이 주의의무 위반은 근로자 자체가 아니라 근로자 개개인에 대하여 부담하는 것이므로 일처리가 서투른 근로자나 고용된 지 얼마 되지 않은 근로자에 대해서는 보다 많은 주의를 기울여야 한다.[85] 그런데 사업

---

83) 安枝英伸, 「諸外国における労災補償制度およびその法理の生成と発展(イギリス)」, 『労働災害補償法論』, 法律文化社, 1985, 27쪽.

84) 安枝英伸, 앞의 논문, 35쪽 이하.

주는 안전보건을 절대적으로 보장하여야 하는 것은 아니다. 근로자도 자기의 안전에 대하여 유의하는 것이 요구된다. 사업주가 위험을 알지 못하고 있고 또 현재 그가 알 수 있는 지식으로 보아 아는 것을 합리적으로 기대할 수 없는 경우에는 사업주에게 책임을 물을 수 없다고 보아야 할 것이다. 그러나 일단 위험이 알려졌다면 사업주는 지금까지 예견할 수 없었던 위험한 상황으로부터 근로자를 보호하기 위한 모든 합리적 수단을 취하지 않으면 안 된다.[86]

한편 과실의 불법행위는 제정법의 규정과 분리해서 생각할 수 없다. 제정법의 규정은 어떠한 주의를 기울였어야 하는가를 보이는 기준으로서 종종 언급된다. 그러나 제정법상의 의무를 준수하고 있는 것은 의무주체에 유리한 증거가 되지만 그것으로 충분하다고 하는 추정은 이루어지지 않는다. 법원은 독자적으로 어떠한 조치가 취해져야 하는가를 판단할 수 있다.[87] 그러나 실제상 제정법을 준수한 사업주 등이 보통법상의 과실 있는 행위를 하였다고 판단하는 것은 불가능하지는 않다고 하더라도 현실적으로는 곤란할 것이다. 또한 제정법상의 규정이 충분히 상세하고 포괄적이면 보통법상의 주의의무는 그것 이상의 예방책을 요구하는 것은 없다고 해석되고 있다.[88]

제3절 안전주의의무

영국에서 사업주에게는 합리적으로 예측할 수 있는 위험으로부터

---

85) Byers v. Head Wrightson & Co. Ltd. [1961] 2 All ER 538.

86) Wright Rubber Co. Ltd, Cassidy v. Dunlop Rubber Co. Ltd, (1972) 13 KIR 255, CA.

87) Munkman, 앞의 책, pp. 52-53.

88) National Coal Board v. England [1954] AC 403.

근로자를 보호할 보통법상의 묵시적 안전주의의무가 있다고 이해되고 있다. 사용자의 안전과 건강에 관한 의무는 제정법에 의하여 엄격하게 규정되어 있지만, 보통법상의 의무로도 존재한다.

이 의무는 종래는 주로 불법행위법상의 과실을 긍정하기 위하여 사용되어 왔다. 그리고 산업재해에 관한 민사소송 등은 이 의무에 근거하여 발전한 과실법리에 의거하고 있다. 그러나 1950년 후반부터는 사업주의 계약상의 묵시적 의무로서 고용계약에 받아들여져 왔고, 불법행위법상의 안전주의의무의 기준은 고용계약상으로도 동일하게 타당하다고 말하여야 할 것이다.

이 의무는 각 근로자에게 개별적으로 지고 있는 의무이기 때문에 사업주의 의무불이행의 유무도 개별적으로 판단된다. 따라서 어떤 근로자가 특히 위험을 받기 쉬운 경우에는 사업주는 특별한 주의를 하는 것이 필요하다고 이해된다.

사업주가 안전에 대한 지식을 어디까지 추구하고, 어디까지 비용을 부담하여야 하는가에 대해 법원은 다음과 같은 점을 배려하여야 한다고 판시하였다. ① 사업주는 가지고 있는 지식 또는 가지고 있어야 할 지식에 비추어 근로자의 안전을 확보하도록 조치를 취하여야 한다. ② 사업주는 명백하게 부당한 경우를 제외하고는 주지(周知)의 관행에 따라야 한다. ③ 위험에 대한 지식의 발전이 있는 경우에는 사업주는 이것을 받아들이고 적용하여야 한다. ④ 사업주가 위험에 대한 보통 이상의 지식을 가지고 있는 경우에는 그에 맞는 주의를 기울여야 한다. ⑤ 사업주는 위험과 대책의 비용·효율성을 비교형량하여야 한다.

이상과 같은 묵시적 주의의무를 구체적으로 살펴보면 다음과 같은 네 가지로 분류할 수 있다.[89)]

1. 안전한 작업장

사업주는 안전한 작업장(premises)을 유지하기 위한 조치를 취하여야 한다. 이에 대해서는 안전에 대한 근로자의 고충을 수용하는 제도가 있는지, 고충에 대해 사업주가 충분한 조사를 행하였는지, 그것에 근거하여 적절한 조치를 취하였는지 등이 중요한 판단요소가 된다. 사업주가 근로자를 사외의 작업장에서 일하게 하는 경우에는 그것에 따른 안전주의의무를 진다.

2. 안전한 설비와 도구

근로자가 사용하는 모든 기계, 용구, 공구는 안전한 것이어야 한다. 종래 사용사업주가 통상의 조사에서는 발견할 수 없는 제조상의 잘못이 있는 도구를 근로자에게 지급하고 그것에 의해 근로자가 부상한 경우 당해 근로자는 사용사업주의 주의의무 위반을 묻는 것은 불가능하다고 판단되었다. 이 경우 근로자는 결함에 대하여 책임이 있는 제조업자에 대하여 직접 제조상의 과실책임을 추급할 수 있었지만, 근로자가 이것을 하는 것은 시간과 자원이 없어 사실상 매우 어렵거나 불가능하였다. 이 때문에 1969년 「사업주책임(결함도구)법」은 근로자가 사업주가 제공한 도구의 결함에 의해 근로과정에서 부상하고 그 도구의 결함이 제3자의 과실에 기인하는 경우, 그 부상은 사업주의 과실에 의한 것으로 간주한다고 규정하였다. 또한 1969년 「사업주책임(강제보험)법」은 사업주에 대하여 근로자의 부상을 커버하는 보험에 가입하는 것을 의무 지우고 있다. 이 경우 사업주 또는는

---

89) 이하의 내용은 주로 Selwyn, 앞의 책, p. 433 이하에 의한다.

보험회사는 결함도구의 제조업자에 대하여 구상할 수 있는 것은 당연하다.

3. 안전한 작업시스템

사업주는 근로자에 대하여 안전하게 일할 수 있도록 하여야 한다. 작업장의 물리적인 배치뿐만 아니라 각 작업 부문에 대한 적절한 훈련, 지시·감독 등도 포함한다. 또한 주어진 지시 등이 준수될 수 있도록 합리적인 조치를 하는 것도 포함된다. 이 경우 근로자에게도 자기의 안전에 주의할 책임이 인정되기 때문에 어디까지 사업주가 지시 등을 하였는지가 문제로 되는 경우가 많다. 위험이 반드시 명확하지는 않지만 심각한 부상의 결과가 발생할 수 있는 경우에는 사업주의 강력한 경고가 요구된다. 법원은 Berry v. Stone Manganese Marine Ltd(1972) 1 Lloyd's Rep. 182(QB) 사건에서, 근로자가 귀마개를 착용하지 않으면 난청의 위험이 있는 것을 충분히 이해하려고 하지 않은 경우에는, 사업주는 그 착용의 필요성을 강하게 인식시키는 조치를 취하였어야 한다고 판시하였다.

4. 적격의 동료근로자 배치

사업주가 다른 근로자를 다치게 할 부적격의 근로자를 작업에 종사하게 하는 경우에는 합리적인 조치를 취하지 않는 것에 대한 책임을 지게 된다. 다시 말해서, 사업주가 근로자 중에 위험을 일으킬 것 같은 자가 있는 것을 알고 있는 경우, 사업주는 다른 근로자를 보호할 대책을 세워야 한다.

제6장 최근의 산업안전보건정책의 동향

1. 안전보건 재활성화 전략[90]

2000년 6월, 영국 정부와 HSC는 영국 안전보건의 대개혁을 목표로 하는 영국 안전보건 재활성화 전략(Revitalising Health and Safety Strategy Statement, 이하 '재활성화 전략'이라 한다)을 발표하였다. 이 재활성화 전략을 발표한 배경으로서는 「HSWAct」가 성립한 이래 25년간 영국의 사망재해는 1971년의 4분의 1로 감소하였지만 여전히 재해가 다발하고 있고 국가 전체적으로 180억 파운드의 경제적 손실이 발생하고 있다는 사실이 지적되고 있다.

재활성화 전략은 사망재해 및 재해의 감소에 대해서 4개의 구체적인 수치를 제시하고 있다. ① 2010년까지 산업재해 및 직업성 질병에 의한 근로손실일수의 30% 감소, ② 2010년까지 사망·중대재해의 10% 감소, ③ 2010년까지 직업성 질병 건수의 20% 삭감, ④ 2004년까지 ①~③목표의 50%의 달성. HSC는 이 목표를 달성하기 위하여 구체적인 10개의 전략과 44개의 이행계획을 제시하였다.

한편 재활성화 전략 중에서는 직업성 질병 대책이 여전히 최우선 과제로서 제시되어 있고 그다음으로 영세 사업장에 대한 지원을 두텁게 하는 것, 25인 미만 기업의 자율적 관리의 동기부여를 추진하

---

90) HSE, Revitalising Health and Safety Strategy Statement, 2000, p. 8 이하 참조.

는 것, 근로자의 자각과 참가를 촉진하는 것, 기계설비의 설계 단계 부터의 안전보건에의 배려 등이 중시되고 있다.

구체적인 이행계획으로서는 다음과 같은 점이 주목된다. ① 안전 보건 위반에 대한 형벌 강화의 촉진책으로서 형벌대상의 확대, 벌금 의 증액과 아울러 매출액에 따른 벌금 부과, 상여금의 금지, 관리자 의 업무수행정지 등의 새로운 제재수단을 검토한다. ② 관리자의 행 동규범을 작성하고 안전보건책임자의 임무를 강화한다. ③ 중소영 세기업에 대한 규제를 하향시키지 않으면서 간소화하고, 정부의 보 조금·지원서비스의 질을 개선한다. ④ 공공 부문에서의 안전보건 을 개선하기 위하여 정부면책(crown immunity) 조항을 폐지한다. ⑤ 안전보건의 성과가 우량한 기업에 대하여 그 성과가 불량한 기업의 비용으로 보상한다. ⑥ 기업이 안전보건을 개선하였을 때의 비용절 감효과의 조견표를 작성한다.

2. 산업보건 장기전략과 2001~2004년 행동계획

상기 재활성화 전략 중에서 산업보건에 대한 장기전략이 필요하 다고 언급되고 있는 것에 부응하여 2000년 7월 정부·HSC 및 이해 관계자는 산업보건 개선을 위한 장기전략을 발표하였다. 그리고 공 공 부문의 직업성 질병의 20% 감소, 재활의 완전한 실시, 질병에 의 한 실업자의 재취직 기회의 촉진이라는 3가지를 추가목표로서 제시 하였다.

그리고 HSC는 상기의 재활성화 전략을 이어받아 전반기에 해당 하는 2001~2004년의 이행계획을 발표하고 관련 단체 등의 의견청 취를 거쳐 이행계획을 확정하였다. 그 주요 내용으로서는 ① 계속적으로 산업재해·직업성 질병 발생건수의 감소 및 근로손실일수의 감소를 도모한다. ② 계속적으로 작업환경을 개선한다. ③ 중대재해가 발생하기 쉬운 산업에서의 산업재해 방지를 구체적인 목표로서 제시하고, 특히 직업성 질병에 대한 우선적 과제로서 근골격계질환과 스트레스라는 두 가지 과제를 제시하고 있다. 시책으로서는 캠페인 등에 의한 지식 제공, 동기부여의 촉진, 전문가에 의한 작업환경 개선의 구체적인 지원, 기술혁신의 촉진, 고용근로자에 대한 교육훈련의 촉진 등이 제시되어 있다.[91)

3. 사업장 안전보건관리시스템

최근 관심이 집중되고 있는 사업장 안전보건관리시스템(Occupational Health and Safety Management System, 이하 'OHSMS'라 한다)은 사업장 안전보건관리의 자율적 대응형의 전형적인 예로 이해되고 있다. 이 시스템의 발상과 발전은 영국에서 유래한다.

가. HSG 65

영국은 환경, 품질, 산업안전보건이라고 하는 관리시스템을 처음으로 만든 국가이다. 국제표준화기구(ISO)의 품질관리시스템 규격인 9001도 영국 규격협회(BSI)가 제정한 BS 5750을 모태로 하고 있다.
산업안전보건에 대한 관리시스템은 영국의 HSE가 안전보건관리 규칙을 제정하기 1년 전인 1991년에 작성한 지침인 '성공하는 안전보건 가이드'(Guide to Successful Health and Safety Management)에

---

91) 이상의 내용은, HSE, 앞의 논문. p. 20 이하 참조.

의하여 처음으로 구체적인 모습을 드러냈다(이하 이 지침을 'HSG 65'라 한다). HSG 65는 정책(policy), 구성(organizing), 계획(planning), 성과측정(measuring performance), 감사/성과평가(auditing and reviewing performance)를 축으로 하여 각각에 대한 구체적인 활동·추진방법을 상세하게 해설하고 있다. 이것은 HSE가 목표로 하는 행정판 OHSMS의 효시로서 OHSMS의 구축을 설명하는 내용으로 되어 있다. HSE는 이 HSG 65가 영국의 사업장에서 종래부터 실제로 추진하여 온 안전보건관리에 관한 좋은 사례를 집대성한 것이라고 설명하고 있다. HSG 65는 1997년에 개정판이 발행되어 보다 알기 쉽고 실태에 입각한 내용으로 개선되었다.[92]

나. BS 8800

BS 8800은 OHSMS 규격으로서 BSI가 HSG 등을 참고로 하면서 1996년 5월에 제정, 공표한 것이다.

각국의 OHSMS의 기초가 되고 ILO의 가이드라인에도 영향을 준 BS 8800은 당초 토의용 규격인 BS 8750[93]으로서 공표된 것으로부터 알 수 있듯이 ISO 국제규격이 되는 것을 강하게 의식하고 작성된 것인데, 이것을 작성하는 데 있어서는 산업계, 노동계, 학자뿐만 아니라 HSE도 참가하였다. 그런데 ISO에서의 OHSMS의 규격화는 BS 8800가 발행된 해인 1996년 9월 국제워크숍에서 부정적인 견해가 대세를 이루고, 다음 해인 1월의 ISO 회의에서 '당면 OHSMS의 규격화의 문제는 동결'이라는 결정이 이루어져 그 기세가 잠잠해졌다.

---

92) 이상의 내용은, HSE, Guide to Successful health and safety management, 1991, p. 1 이하 참조.
93) ISO 9000(품질)은 BSI 규격인 BS 5750이, 그리고 ISO 14000(환경)은 BSI 규격인 BS 7750이 각각 그 기초가 되었다.

그러나 그 후 일부 국가의 행정부, 규격협회, 국제적인 인증기관이 각각 독자적인 OHSMS를 구축하기 시작하였는바, 그 대부분이 BS 8800의 영향을 받았다는 사실은 BS 8800이 가져온 영향이 얼마나 컸는지를 말해주고 있다.

한편, BSI를 중심으로 1999년 4월에 공식적 국제규격은 아니지만 OHSAS 18001(Occu- pational Health and Safety Assessment Series 18001)이라고 하는 OHSMS의 인증용 규격을 작성하여 공표하였는데, 이와 같은 움직임은 ISO에서의 규격화를 재개하고 촉진하는 의도였다고 말해지고 있다.

1999년 11월 BSI는 ISO에 대하여 OHSMS 규격을 제정하기 위한 작업 개시를 제안하기에 이르렀다. 그러나 그 제안은 ISO의 규정에 따라 가맹회원단체 전체 투표에 부쳐졌으나 근소한 차로 부결되었다.[94]

다. 위험성평가(Risk Assessment)

상술한 바와 같이 영국은 「EU 산업안전보건 기본명령」을 국내법에 받아들이기 위하여 제정된 「1999년 직장의 안전보건관리 규칙」과 BS 8800(1996년), OHSAS 18001(1999년)의 사고방식을 기초로 위험성평가 제도를 본격적으로 도입하게 되었다. 많은 규칙이 사업주(때로는 자영업자 포함)에게 적절하고 충분한 위험성평가를 실시하도록 의무 지우고 있다. 사업주 등으로 하여금 위험성평가를 실시하도록 요구하는 규칙은 위험성평가에 대한 일반적 규칙에 해당하는 「직장의 안전보건관리 규칙」 외에도 12개의 규칙[95]이 추가적으로 존재한

---

94) 이상의 내용은, British Standards Institution, BS 8800, 1996-Guide to Occupational health and safety management systems, 1996, p. 37 이하 참조.

95) 「1992년 수작업 규칙」, 「2002년 작업장 개인보호구 규칙」, 「1992년 안전보건(단말기표시장치) 규칙」,

다. 다시 말해서, 위험성평가가 이 특별한 규칙에서 요구되지 않으면 위험성평가 실시는 일반적 규칙에 의해 실시되어야 한다. 그런데 사업주에 의하여 이행되어야 할 위험성평가의 의무와 채무의 성격은 개개의 사안에 따라 다르다고 이해되고 있다.[96]

위험성평가 제도의 도입에 의하여 사업주 등은 ⅰ) 근로자들이 일하는 동안 노출되는 안전보건상의 위험, ⅱ) 고용된 근로자는 아니지만 사업주 등의 사업과 관련된 사람(하청업체 근로자, 방문객 등)에 대한 안전보건상의 위험 각각에 대하여 적절하고 충분히 평가하여야 한다. 이 위험성평가는 관계법령에서 사업주에게 부과된 요구사항이나 금지사항을 준수하기 위하여 사업주가 취할 필요가 있는 조치를 확인하는 것을 주된 목적으로 한다.

이 위험성평가를 적절하게 실시하지 않는 사업주 등은 형사처벌의 대상이 될 수 있는데, 사법절차에서 검찰관이 위험성평가 실시와 관련하여 사업주 등의 법 위반을 주장하기 위해서는 위험성평가가 어떠한 점에서 부적절하다고 판단되는지, 그것만으로 충분하지 않은지를 상술하여야 한다. 위험성평가 미실시 또는 불충분한 실시에 대해서는 5,000파운드 이하의 벌금이 부과되고, 위험성평가의 부족이 사망재해를 초래한 경우에는 무제한의 벌금이 부과될 수도 있다.

한편 민사절차에서는 위험성평가에 따라 일정한 관리조치가 적절하게 이루어졌을 정도의 중요한 위험성을 위험성평가 결과가 제시하였을 것이라고 판단되는 경우에만 위험성평가 미실시와 손해배상 간에 관련성이 있다고 이해되고 있다. 그리고 위험성평가에 의해 유

「1999년 전리방사선 규칙」, 「2000년 유전자 변형유기체 규칙」, 「2002년 위험물질 및 압축공기 규칙」, 「2002년 건강유해물질 관리규칙」, 「2002년 작업장 납 관리규칙」, 「2002년 작업장 석면 관리규칙」, 「2005년 작업장 소음 관리규칙」, 「2005년 작업장 진동규칙」, 「2005년 규제개혁(화재안전) 규칙」.

96) Selwyn, 앞의 책, p. 403.

해위험요인이 확인되었더라도 중요한 재해 위험성이 아니어서 사업주의 작업관행에 어떤 변화를 가져오지 않았을 것이라고 판단되는 경우에는 위험성평가 미실시에 대한 손해배상이 부정된다.

그러나 위험성평가 실시의 중요성은 아무리 강조해도 지나치지 않는다. 유해위험요인과 위험성을 확인하는 것에는 확실한 편익이 있고, 그 결과 재해와 질병 발생을 감소시키는 데에도 도움이 된다. 사고가 발생한 사업주 등이 위험성평가를 실시하지 않은 경우에는 관련 규칙의 위반으로 기소가 될 가능성이 높다. 통상적으로는 사고 후 기소 전에 상세한 조사가 이루어지기 때문에 검찰관은 위험성평가의 부적절성을 증명할 충분한 정보를 가지고 있을 것이다. 또한 위험성평가의 미실시는 법원과 노동심판소(employment tribunal)에서 다른 항목의 법적 책임을 끌어내기 위해서도 사용되고 있다.[97]

4. 법인 과실치사법[98]

2007년에 제정된 영국의 「법인 과실치사법」(Corporate Manslaughter and Corporate Homicide Act 2007)은 기업 등 법인, 중앙정부, 경찰서, 노동조합·사용자단체 등의 조직체(organization)가 일으킨 사망재해에 대하여 형사책임을 강하게 묻는 법률이다.[99] 이 법률의 제정은 1997년에 노동당이 정권을 획득한 직후 공약으로 제시한 것으로서,

---

97) Selwyn, 앞의 책, pp. 404-405. 위험성평가가 실시되었더라면 재해를 예방할 수 있었을 것이라고 판단될 때, 위험성평가 미실시가 과실에 의한 불법행위(negligence)의 증거가 되어 민사상 손해배상(금전배상)이 이루어진다(Selwyn, 앞의 책, p. 141).

98) 이 부분은 『한국산업위생학회지』 제23권 제4호(2013)에 실린 논문(정진우, 「사망재해 발생기업에 대한 형사책임 강화: 영국의 '법인 과실치사법'을 중심으로」, 374-383쪽)을 일부 보완하여 책의 형식으로 편집한 것이다.

99) The Stationery Office Limited. Corporate Manslaughter and Corporate Homicide Act 2007, Available from:URL:http://www.legislation.gov.uk/ukpga/2007/19/pdfs/ukpga_20070019_en.pdf

오랫동안 정부 내에서 그 진척이 지지부진하다가 2006년 7월에 이르러 비로소 법안이 제출되었고, 2007년 7월 26일에 제정(2008년 4월 6일 시행)되었다.

영국에서 종래 사망재해에 대한 조직체(organization)의 형사처벌에 있어서는 해당 조직체의 특정 운영(관리)책임자의 책임이 증명될 필요가 있었지만, 본법은 조직체의 사망재해에 대한 형사책임 여부를 조직체의 관리(운영)체질로 귀속시키고 있다. 운영책임자(directing mind), 즉 경영진 개개인이 주의의무의 위반을 알고 있었는지, 알아야 할 입장에 있었는지가 아니라, 조직체의 관리(운영)체질이 주의의무 위반을 조장하였는지 여부를 형사입건의 요건으로 하고 있다. 그리고 주의의무 위반에 대하여 상한이 없는 벌금을 부과하는 것을 가능하게 하고 있다.

이 법률의 제정을 계기로 우리나라에서도 노동계를 중심으로 사망재해를 일으킨 기업에 대한 형사처벌의 강화를 목적으로 '기업살인법'을 제정하여야 한다는 주장이 지속적으로 제기되고 있다.

본법은 영국정부의 최초 제안서(2000년)에서 '법인 살인'(corporate killing)이라고 명명되었고, 우리나라의 많은 사람들은 본법이 기업(산업재해)에만 적용되는 것으로 생각하고 있다. 그 결과 우리나라에서는 본법을 지금까지 일반적으로 '기업 살인법'이라고 부르고 있다.

그러나 본법은 사망재해의 발생을 '의도하지 않은' 범죄를 그 대상으로 하기 때문에, 현재의 법률 제목상의 'manslaughter'는 우리나라의 형법 개념으로는 '살인'보다는 '과실치사'로 번역하는 것이 보다 정확하다고 생각된다. 그리고 본법은 적용에 있어 기업만이 아니라 기업이 아닌 법인, 법인격이 없는 단체 등도 그 대상으로 하고 있기 때문에 법의 적용대상을 '기업'이 아닌 '단체'로 명명하는 것이 가장 정확한 표현일 것이다. 그러나 본법의 제목에서 'corporate'의 표현을 사용하고 있는 점을 고려하여, 본서에서는 본법에 대한 정식 명칭을 「법인 과실치사법」으로 번역하기로 한다.

가. 제정 배경

(1) 제정 경위

영국의 법제도에서 위험운전치사 등 도로교통에 관한 사망재해의 범죄, 대량학살죄와 같이 특별히 규정된 범죄를 제외하고는 살인죄는 살의(malice aforethought)를 가지고 행해지는 모살(謀殺, murder)과 그것 이외의 비모살(非謀殺, manslaughter)로 대별된다.

비모살은 도발에 의한 격노상태, 특이한 정신상태 등에 의해 죄의 경감사정을 구성하는 정황하에서 행해진 고의살(故意殺, voluntary manslaughter)과 그렇지 않은 비고의살(非故意殺, involuntary manslaughter)로 구분된다. 후자는 다시 불법적 행위를 수행하는 과정에서 사람을 사망하게 하는 불법행위 비모살(manslaughter by an unlawful act)과 현저한 부주의에 의해 사람을 사망하게 하는 중과실 비모살(manslaughter by gross negligence)로 분류된다.

영국의 형법에서는 대륙법 국가와는 달리 법인은 자연인과 마찬가지로 모든 죄에서 기소하는 것이 가능하고, 법인의 작위 또는 부작위에 의해 사람이 사망하는 법인 비모살이 발생한 때는 주의의무의 해태에 의한 중과실 비모살이 적용되어 왔다. 또한 법인과 아울러, 해당 범죄에 책임이 있는 법인의 구성원도 기소하는 것이 가능하다.[100]

그러나 종래의 보통법(판례법) 제도에 의해 법인의 비모살 책임을

---

100) D. Feldman, English Public Law, 2004. pp. 1241-1252.

묻기에는 곤란한 점이 있었다. 먼저 법인을 기소하기 위해서 종종 원용되는 '사용자책임'(vicarious liability)의 원칙이 명예훼손, 미혹행위, 제정법(성문법)상의 범죄(statutory crime)를 제외하고는 형법상으로는 적용되지 않고 보통법 범죄인 비모살에도 적용되지 않기 때문이다.101)

그리고 사용자책임의 원칙이 적용되지 않는 기소절차에서 적용되는 것이 법인을 관리(운영)하는 자가 기업 등 법인 그 자체를 체현하고 있다고 간주하는 보통법상의 '동일시(identification) 원칙'이다. 이것에 근거하여 법인 비모살을 기소하는 경우, 운영책임자(directing mind)로 정의되면서 법인과 '동일시'될 수 있는 개인이 직접적으로 비모살에 대한 책임이 있다는 것을 증명하는 것이 필요하다. 즉, 동일시 원칙에 따르면, 법인을 과실치사로 처벌하기 위해서는 해당 법인의 경영진 중에서 특정 개인을 확인할 수 있어야 한다. 그러나 대규모이고 기능이 광범위하게 넓은 기업 등의 조직체에서 이것을 증명하는 것은 매우 어렵고, 나아가 업무의 안전관리를 분산하고 위탁하는 최근의 경향과 상호작용하여 대기업이 용이하게 책임을 회피하는 것을 가능하게 하고 있다. 기소의 성공례가 적고 유죄선고를 받는 것이 소규모 기업뿐인 것은 이 때문이다.102) 그리고 보통법은 중과실(gross negligence)에만 적용되고 국왕의 기관(Crown Body)은 면책특권에 따라 기소될 수 없다는 한계를 가지고 있었다.

한편, 법인 과실치사의 실태는 사업장에서의 사망재해와 일반시민이 관계된 사망재해로 대별된다.

사업장에서의 사망재해는 법안 제정 공약이 발표되던 2001년 시

---

101) The Law Commission, Legislating the Criminal Code: involuntary manslaughter, Law Com No. 237(HC 171), 1996. Available from:URL:http://www.lawcom.gov. uk/files/lc237.pdf
102) Ibid.

점에서 연간 평균 300명을 넘는 사망자가 보고되고 있었다.[103] HSE
의 추정에 의하면, 1997년부터 2001년까지 약 1,500명이 사업장에
서 재해로 사망하였는데, 그중 약 40%가 조직 운영에 있어서의 중
대한 결함에 기인한다고 분석되었다. 그러나 노동조합의 추계에 의
하면, 350개의 기업이 법률의 불비(不備)에 의해 기소가 면제된 것
으로 나타났다.[104] 1992년 이래 사업장에서의 비모살(非謀殺)로 34
건의 기소가 이루어졌지민, 그중 유죄선고를 받은 것은 2004년까지
6개의 소규모 기업뿐이었다.[105]

　이러한 현상에 대해, 영국의 대규모 노동조합의 하나인 운송일반
노동조합(TGWU)의 사무국장 Woodleym은 2006년 7월 24일자의
가디언지의 기고문에서 "과거 30년간 발생하였던 1만 명의 산업재
해에 의한 사망사건에서 약 70%가 관리의 결함에 기인한다고 안전
보건청에 의해 인정되고 있음에도 불구하고, 운영책임자가 유죄선고
를 받은 예는 11건이고, 게다가 실형을 선고받은 예는 그중 5건에
지나지 않는다"고 하면서 사망재해에 대한 당시 법적 책임의 미약함
을 지적한 바 있다.

　일반시민이 관계된 사망재해에 관한 유명한 예로서는, 1987년
188명(승객 150명, 선원 38명)의 사망자가 발생한 여객선 전복사고,
1997년에 사망 7명, 부상자 151명이 발생한 열차 충돌사고 등이 열
거된다. 여객선 전복사건으로부터 2002년 11월 사이에 철도, 선박
등의 대형사고가 8건 발생하고 451명이 사망하였다.[106] 이들 사고를

---

103) Centre for Corporate Accountability, Safety Statistics, 2003. Available from: URL:http://www.
　　corporateaccountability.org.uk/stats_deaths.html

104) M. Tran, "Corporate killing bill unveiled, The Guardian", 2004 Nov 23.

105) Home Office, Corporate Manslaughter: The Government's Draft Bill for Reform CM 6497, 2005.
　　Available from:URL:http://www.homeoffice.gov.uk/docs4/tsomanslaughter.pdf

106) "Labour shelves corporate killing bill", The Guardian 2002 Nov 8.

일으킨 기업은 기소되었지만, 큰 사고를 일으킬 수 있는 기업일수록 '동일시 원칙'의 운영자에 해당하는 개인을 특정하는 것이 곤란한 문제에 직면하여 누구도 비모살(非謀殺)의 형사책임이 물어지는 경우가 없었다. 이러한 대형사고 및 이것에 대한 사법(司法)의 대응에 대한 여론의 불만은 법 개정을 촉발하는 요인이 되었다.

(2) 「법인 과실치사법」 초안의 발표

이러한 경과를 거쳐 동일시 원칙이 검찰 측에 과도한 입증책임을 지우는 것이라는 비판이 강해짐에 따라, 정부의 요청을 받은 법률위원회(Law Commission)는 비모살 규정의 개혁의 일환으로서 법인에 의한 비모살에 대해서도 검토 대상으로 하게 되었다. 본 위원회는 1996년에 보고서 '형사법전의 제정: 비고의살'을 발표하고, ⅰ) 비고의살을 미필적 고의에 의한 살인(reckless killing)과 중과실에 의한 살인(killing by gross carelessness) 2종류로 구분할 것과 ⅱ) 법인에 대해 후자에 대응하는 법인 과실치사죄를 신설할 것을 권고하였다.[107]

1997년에 정권을 잡은 노동당은 같은 해 10월의 당 대회에서 관련 법제를 개혁할 것이라는 계획을 발표하였다. 그러나 그 후 계획이 좀처럼 진전되지 않다가 2000년 5월에서야 비로소 정부는 법안에 대한 제안서인 '비고의살에 관한 법률의 개혁'(Reforming the Law on Involuntary Manslaughter: the Government's Proposals)을 발표하였다.[108]

이 제안서는 법률위원회의 제안에 동의한다는 내용과 함께 규정을 기업뿐만 아니라 정부기관을 제외한 모든 고용기관(법인격이 없

---

107) The Law Commission, 앞의 논문.

108) Home Office, Reforming the Law on involuntary manslaughter: The Government's Proposals, 2000. Available from:URL:http://www.homeoffice.gov.uk/docs/invmans.html

는 것을 포함한다)까지 확대하는 내용, ii) 법인조직뿐만 아니라 운영책임자를 포함한 법인의 임원을 처벌대상으로 하는 내용 등도 제안하고 있었다. 그런데 제안서는 법인의 임원에 대한 처벌은 경영자격을 정지하는 제안에 머물러 있었다. 구금형 적용에 대한 신중한 자세는 과거 사건의 유족, 노동조합 등을 실망시켰다.

그 후 협의에 큰 진전이 없는 상태에서 2001년에 총선거가 실시되었다. 노동당은 공약에서 법인 과실치사의 법률 제정을 제안하고, 2003년 5월이 되어 같은 해 가을에 초안을 제출한다고 발표하였다. 그러나 제출기일이 2004년 봄으로, 그리고 2004년 겨울로 계속 연기되다가 2005년 3월 23일에 마침내 '법인 과실치사법 초안(Corporate Manslaughter: the Government's Draft Bill for Reform)을 포함한 공개협의서가 제출되기에 이르렀다.[109]

초안은 2000년 제안서의 제안과 달리 국왕의 기관을 포함한 모든 정부기관을 법인 과실치사의 기소대상으로 하였다. 한편, 역으로 비법인격의 조직은 기소대상에서 제외하였다. 경찰은 감사를 담당하는 경찰관리위원회(policy authority)는 법인격의 조직이지만 실무를 담당하는 경찰서는 비법인격의 조직구조를 가지고 있어 초안에서 경찰서는 기소대상으로 지정되지 않았다. 정부는 경찰서도 법인 과실치사의 기소대상으로 되어야 한다고 생각하였고, 과제는 공개협의 후로 넘겨지게 되었다.

초안이 규정하는 법인 과실치사의 정의는 법률위원회가 권고한 것과 비교하여 종래의 동일시 원칙에 보다 근접한 것으로 보인다. 법률위원회의 권고에서는 위험이 명백한 것과 피고가 그것을 예상하여 알 수 있었는지는 고려되지 않고, 근로자 또는 기타의 자의 안

───────────────

109) Home Office, 앞의 논문, 2005.

전에 관계되는 법인 활동의 운영에 사망재해를 일으킬 결함이 있었는지 여부가 고려된다. 한편, 초안에는 운영책임자가 건강 및 안전에 관한 법 위반이 사망재해로 연결될 가능성을 알고 있었는지 또는 알아야 하였는지, 그리고 그 위반에 의해 이윤을 추구하려고 하였는지를 고려할 필요가 규정되어 있었다. 그리고 최고경영자 등 운영책임자의 개인책임을 묻는 규정은 결국 채택되지 않았다. 이 점에 대해서 정부는 운영책임자의 직접책임이 현저할 때는 종래의 보통법상의 비모살에 관한 규정을 이용하면 족하다고 판단하였다.[110]

(3) 법인 과실치사법 초안에 대한 반향

종래 법인의 과실치사에 대해서는, 비교적 벌금이 약하였고, 일반적으로 범죄 취급되지 않는 안전보건법규 위반을 기소하는 방법이 기소의 성공률이 높았다. 정부는 초안의 규정이 상한이 없는 벌금을 부과하고 있고 유죄로 된 것을 공중에 알리는 것에 의해 신용도를 저하시킬 수 있는 면에서 억지효과를 발휘할 수 있다고 생각하였다.

한편, 본 초안의 문제점으로서 다음과 같은 점이 지적되었다.[111]

첫째, "운영책임자에 의한 업무의 운영 또는 조직이 사망재해의 원인이 된 것"이라고 규정되어 있어, 이것이 책임 회피를 위한 운영의 분권화를 유발하게 되고, 이 규정으로는 모회사와 자회사의 관계를 망라할 수 없는 점.

둘째, 주의의무의 중대한 위반을 판단하는 데 있어서, 위반에 의한 이윤추구의 목적을 고려하는 내용이 규정되어 있지만, 실제로 그

110) Ibid.

111) First Joint Report, House of Commons Home Affairs and Work and Pensions Committees, Draft Corporate Manslaughter Bill First Joint Report of Session 2005-2006, 2005, para 130-158.

증거를 입수하는 것이 곤란한 점.

셋째, 운영책임자 개인의 형사책임을 묻는 것이 아니라면, 자금력이 있는 대기업에 대해서 억지력이 충분하지 않을 가능성이 있는 점.

넷째, 독점적 공적 직무(exclusively public function)의 수행 및 공공정책에 관한 판단이 적용에서 제외되어 공공기관에 관해서 이윤추구의 목적을 증명하는 것이 대체로 곤란한 점. 즉 국왕의 기관에 대한 기소의 면책이 실질적으로 유지되고 있는 점.

영국노동조합총연맹(Trade Union Congress, TUC)은 초안의 제출을 대체로 환영하면서도 위의 세 번째 문제점에 대해서 이의를 제기하고 공개협의 과정에서 운영책임자 개인의 책임을 추급하는 규정의 도입을 적극 촉구해 나갈 의사를 분명히 밝혔다. 이에 대해 경영자단체인 CBI는 경영자 개인책임을 묻는 규정이 도입되지 않은 것을 환영하면서 위의 네 번째 문제점에 대해 이의를 제기하였다.

2000년의 제안서에 대하여, CBI는 새로운 법률이 경영자의 기소에 대한 위험회피적인(risk averse) 행동을 유발한다고 주장하면서 경영자 개인에 대한 책임 추급에 반대하였었다. 그리고 언론에서는 금번의 초안이 개인 소추의 규정을 포함하고 있지 않은 점 등을 들어 정부가 경영계의 압력에 굴복하였다는 비판도 나왔다.[112]

산업계로부터의 개인책임 추급에 대한 반대는 개인책임 추급이야말로 법인 과실치사에 의해 최고의 억지력이 발휘될 수 있다는 것을 반증하는 것이라는 지적도 있다. 시민단체인 Centre for Corporate Accountability는 영국의 기업 운영책임자의 표본으로 추출된 120명

---

112) G. Monbiot, "Far too soft on crime", The Guardian 2004 Oct 5.

중 3분의 2가 개인책임 추급이 사업주에게 직업에 수반된 위험을 경감시키려는 노력을 촉진한다고 회답하였다는 연구결과를 인용하면서 이 방법의 유효성을 호소하고 있다.113)

(4) 법인 과실치사법안 발표와 심의과정

초안에 대한 공개협의와 2005년 5월 5일의 총선거를 사이에 두고 2005-2006 회기 말인 2006년 7월 20일에 마침내 법인 과실치사법안(Corporate Manslaughter and Corporate Homicide Bill)이 하원에 제출되었다.

명칭이 변화된 것은, 잉글랜드 및 웨일즈에만 적용될 예정이었던 본 초안이 법안에서 북아일랜드 및 스코틀랜드로 확장되었기 때문이다.

법안에서는 위 다(법인 과실치사법 초안에 대한 반향)의 첫째~넷째에서 제시된 문제점에 대하여 얼마간의 개선이 이루어졌다. 먼저 첫째에 대하여, 운영책임자 개인이 주의의무의 위반을 알고 있었는지, 알아야 할 입장에 있었는지가 아니라, 조직체의 관리(운영)체질이 위반을 조장하였는지 여부가 형사입건의 요건이 되어 동일시 원칙이 후퇴하였다. 또한 위반 단체에 의한 이윤추구의 목적을 증명하는 요건이 삭제되고, 유죄 선고율의 제고와 공공기관 소추의 용이화가 도모되었다. 다만, 셋째의 운영책임자 개인의 형사책임을 묻지 않는 것 등은 법안에 그대로 남겨졌다.

법안의 제출은 노사 쌍방으로부터 지지되었지만, 그 뉘앙스는 다소 달랐다. 근로자단체는 위반한 법인의 소추수단 강화를 환영하였

---

113) C. Davis, Making companies safe: What works? London: Centre for Corporate Accountability, 2004, p. 51.

지만, 사용자단체인 CBI는 법인 과실치사의 연대책임성에 초점을 두고 개인책임을 추급하지 않는 점을 긍정적으로 평가하였기 때문이다.

2006년 10월 10일에 제2독회를 통과한 법안은 10월 19일부터 31일까지 상임위원회의 7회에 걸친 심의를 마치고 11월 8일의 회기종료를 맞이하였다.

법안은 계속심의의 대상으로 지정되어 차기회의가 소집된 11월 16일에 다시 제출되었고, 12월 4일에 하원의 심의를 통과한 후 익일에 상원의 제1독회에 제출되었다. 그리고 법안은 2006년 12월 19일에 상원의 제2독회를 마치고 2007년 1월 11일부터 18일까지 상원대위원회에서 4회에 걸쳐 심의되었다. 본 법안은 2월 5일의 상임위원회 보고를 거쳐 2007년 2월 28일에 제3독회를 마쳤다.

그러나 여기에서부터 상원과 하원의 비판이 약 5개월간 계속된다. 문제의 초점이 된 것은 신병구속이 된 자의 사망재해이다. 이들에 대한 사망 책임을 감시하는 시민단체(INQUEST)에 의해 제공된 통계에 의하면, 경찰에 의해 체포되어 구류 중의 용의자가 사망한 자와 교도소에서 자살·타살에 의해 사망한 자는 2006년 기준으로 각각 31명, 154명이었다.[114] 당시의 영국에서는 이런 종류의 사건이 문제로 되고 있었고, 상원에서는 이러한 사건을 기소대상으로 하여야 한다는 의견이 강하였다.

정부, 특히 법안 담당부처 책임자였던 당시 내무부(Home Office) 장관은 이와 같은 법 개정안이 상원에서 채택되면, 법안을 파기할 것이라는 강경한 발언을 하였다.[115] 이에 대한 의회의 반발은 컸는

---

114) INQUEST Charitable Trust. Statistics-Deaths in police custody. 2013. Available from:URL:http://inquest.gn.apc.org/data_deaths_in_policecustody.html; INQUEST Chritable Trust. Statistics-Deaths in Prison. 2013. Available from:URL:http://inquest.gn.apc.org/ data_deaths_ in_prison.html

데, 특히 보수당의 한 의원은 법률이 내무부의 관할에 적용되는 것을 회피하기 위한 것이라고 비난하는 등 국회에서 정부의 입장에 대한 비판이 강하였다. 결국 상원은 2월 5일의 위원회 보고에서 223대 127로 개정안을 채택하였다.116)

결국 정부는 동 법안을 폐기한다는 입장을 철회하였지만 상원 개정안을 수용하는 입장도 아니었다. 이러한 상태에서 법안은 7월까지 상원과 하원을 4번 왕복하게 되었다. 7월 19일 마침내 법무부장관이 상원안을 수용하는 의사를 밝히고, 7월 26일에 법률이 성립되기에 이르렀다.

나. 법률의 주요 내용

「법인 과실치사법」은 전체 29개조와 부칙 2개조로 구성되어 있다. 본 법안은 영국 전역에 적용된다. 각 조의 규정을 정리하면 다음과 같다.

(1) 위법행위

법인 과실치사죄는 법인, 중앙정부, 경찰서, 조합 및 사업주로서의 노동조합·사용자단체 등의 조직체가 자신의 활동의 관리(managing) 및 조직(organising) 방법이 관련 주의의무(relevant duty of care)의 중대한 위반에 해당하고 사람의 사망을 유발한 경우에 적용된다[제1조(1), (2)].

법인치사죄는 조직체의 상급관리직(senior management), 즉 경영

---

115) G. Hurst, "Lords set to scupper corporate killing bil"l, The Times 2007 Feb 5.

116) D. Hencke, "Peers widen scope of manslaughter bill in rebuff to Reid", The Guardian 2007 Feb 6.

진에 의한 관리(운영) 및 조직(편성) 방법이 관련 주의의무의 중대한 위반의 실질적 요인일 때에 성립한다[제1조(3)]. 조직체의 위반행위가 일정한 상황에서 당해 조직체에게 합리적으로 기대될 수 있는 수준에 훨씬 못 미치는 경우에 중대한 위반이 된다[제1조(4)(b)]. 조직체의 관리·조직이 부적절하였다면 사망의 결과가 어느 누구(특정 개인)의 부주의로 인한 것인지는 묻지 않는다. 경영진(상급관리직) 개개인의 주의의무 위반 여부가 아니라 조직체로서의 관리·조직방법에 초점을 맞춘다. 이 경우 경영진이란 조직체 활동의 전체 또는 상당 부분의 관리·조직에 대한 의사결정 또는 실제적인 관리·조직에 있어서 중요한 역할을 하는 자들을 말한다[제1조(4)(c)].

사망의 책임은 당해 조직체가 부담하고 조직체의 구성원 개인에 대해서는 본법이 적용되지 않는다. 그러나 조직체의 구성원 개인의 형사책임이 면제되는 것은 아니며, 본법이 개인에 대한 보통법상의 중과실치사죄, 안전보건법규 위반죄 등에 대한 직접적인 책임에 영향을 미치는 것은 아니다.

법인 등 조직체가 재판에 의해 유죄를 선고받으면 상한이 없는 벌금이 부과된다. 양형평의회(Sentencing Council)의 양형기준(sentencing guidelines)에 의하면, 벌금의 금액은 기업의 최근 3년간의 연간 평균 매출액의 5%에서 시작하되, 가중 또는 감경요인을 고려하여 평균적으로 2.5%에서 10% 사이에서 벌금을 부과하도록 되어 있다.117)

(2) 관련 주의의무
조직체의 관련 주의의무란, 조직체와 관련하여 ⅰ) 사업주로서 종

---

117) The Sentencing Council, Consultation Paper on Sentencing for Corporate Manlaughter 2007. Available from:URL:http://www.sentencing-guidelines.gov.uk/docs.pdf.

업원에 대하여 부담하는 의무, ii) 토지의 점유자로서 토지 이용에 의해 영향을 받는 자에 대하여 부담하는 의무, iii) 물품 및 서비스의 제공, 건축 및 유지, 기타의 상업적 활동 또는 시설이나 탈 것의 사용·유지와 관련하여 부담하는 의무, iv) 교도소, 경찰서, 법원, 이민관리당국, 병원 등이 신병을 억류(유치, 구류)한 자에 대하여 부담하는 의무를 말한다(제2조).

피해자가 위법행위에 종사하고 있는 경우 또는 피해자가 위험을 수용하고 있는 경우에 발생할 수 있는 관련 주의의무의 면제는 「법인 과실치사법」에서는 적용되지 않는다[제2조(6)].

공공정책에 관한 판단(특히 예산의 배분 또는 공익의 비교), 독점적 공적 직무의 수행 및 법률에 근거한 조사에 대해서는 공공기관은 관련 주의의무를 부담하지 않는다(제3조).

군대에 의한 작전행동(평화유지활동, 치안활동, 대테러활동 등을 포함한다) 및 그 준비 또는 지원에 관하여 국방부는 관련 주의의무를 지지 않는다(제4조). 그리고 테러, 치안불안 및 심각한 무질서에 대응하는 치안유지·법집행 활동 및 그 준비, 지원 또는 훈련에 관하여 공공기관은 관련 주의의무를 지지 않는다(제5조).

긴급사태에서 소방대구조, 국민보건서비스 및 군대 등이 행하는 활동(조직체의 피고용인 또는 조직체를 위해 일하거나 서비스를 수행하는 자에 대한 활동, 시설점유자로서 수행하는 활동은 제외한다)에 대해서는 관련 주의의무를 지지 않는다(제6조). 지방자치단체, 기타 공공기관은 법률에 근거하여 부여된 아동의 감독·보호 등에 관한 직무 행사에 대해서는 관련 주의의무를 지지 않는다(제7조).

「법인 과실치사법」상의 주의의무는 보통법상의 과실에 의한 불법행위법리에 의해 부과되는 주의의무를 의미하고, 「HSW Act」(Health and Safety at Work etc Act 1974)에 의해 사업주에게 부과된 의무를 의미하지 않는다. 물론 「HSW Act」는 주의의무 위반 여부를 판단할 때 주된 참고기준이 될 것이다.

(3) 중대한 위반에 대한 고려요인

배심원이 관련된 주의의무의 중대한 위반에 대하여 판단할 때는, 당해 조직체가 위반혐의와 관련된 안전보건법규에 위반하였다는 것이 입증되는지, 그리고 입증된다면 그 위반이 얼마나 심각한지와 얼마나 많은 사망위험에 노출시켰는지를 고려하여야 한다[제8조(2)].

또한 배심원은 당해 조직체 내부의 태도, 정책, 체제 또는 (일반적으로 인정된) 관행이 상기 위반을 조장하거나 용인한 정도와 위반혐의와 관련된 안전보건지침(안전보건법규 집행 당국에 의해 발행된 안전보건문제에 대한 코드, 지침서, 매뉴얼, 유사간행물)을 고려할 수 있다[제8조(3), (5)].

(4) 구제명령 및 공표명령

조직체의 과실치사에 대하여 유죄선고를 한 법원은 당해 단체에 대하여 i) 관련된 위반, ii) 위반결과 발생한 문제로서 사망의 원인인 문제, iii) 위반을 발생시킨 조직의 정책, 체제 또는 관행에서의 안전보건상의 결함을 제거하는 것을 목적으로 구제명령(remedial order)을 내릴 수 있다. 구제명령은 일정한 기간을 지정하여 구체적인 조치의 실행을 요구하는 것이고, 해당 단체에 대하여 그 조치를 실행한 증거를 관련 집행기관에 제출하도록 요구할 수 있다. 구제명령에 따르지 않으면 유죄선고를 받게 되고 정식기소에 의해 상한이 없는 벌금이 부과된다(제9조).

그리고 조직체의 과실치사에 대하여 유죄선고를 한 법원은 해당 단체에 대하여 유죄판결을 받았다는 사실, 위법의 구체적인 내용, 부과된 벌금액 및 구제명령의 내용을 상세하게 공표하는 것을 목적으로 한 공표명령(publicity order)을 내릴 수 있다(제10조).

(5) 특정 범주의 조직체에 대한 적용

정부기관, 군대, 경찰서 등의 경우, 특별히 법률에서 명기되어 있지 않는 한 적용되는 기소 면책은 법인 과실치사죄에는 적용되지 않는다(제11조~제14조).

(6) 적용범위 및 기존법과의 관계 등

「법인 과실치사법」은 근로자 여부에 관계없이 사업장 내부뿐만 아니라 사업장 밖에서 발생하는 모든 사망재해에 대해서 적용된다.

법인 과실치사죄는 경찰이 사건을 수사하고 검찰이 기소를 담당한다(제17조). 개인은 법인 과실치사 위법행위의 방조, 교사, 조언 또는 알선의 죄로 기소될 수 없다(제18조).

사망재해에 대해 「HSWAct」 등 건강 및 안전에 관한 법 위반행위와 「법인 과실치사법」 위반행위로 유죄 인정을 병행하여 할 수 있다(제19조). 그리고 「법인 과실치사법」의 제정으로 지금까지 법인 및 기타 조직체에 적용되던 보통법상의 중과실에 의한 과실치사죄는 폐지된다(제20조).

다. 「법인 과실치사법」에 대한 평가

정부는 2006년 7월에 발표한 법인 과실치사법안의 규제영향 평가

서에서, 사업장에서의 사고 및 종업원의 건강불량에 의한 지출은 사회 전체적으로 200~318억 파운드이고, 변호비용, 법률자문 또는 훈련 등의 법인에 의한 지출과 기소수수료 등의 정부지출의 합계는 1,920~2,120만 파운드라고 추계하면서, 법률 제정에 의하여 이러한 사고를 0.1% 삭감하는 것만으로도 채산성이 맞는다고 분석하였다. 그리고 법률 제정에 의하여 연간 법인 과실치사의 기소건수가 약 10~13건 증가할 것으로 전망히였다.[118)

그러나 「법인 과실치사법」 시행(2008년 4월 6일) 이후 2014년 10월 8일 현재까지 본법 위반으로 기소되어 실제로 유죄선고된 사례는 7건인 것으로 확인되고 있어[119) 전망치보다는 적게 기소(유죄선고)되고 있다. 예상보다 적게 기소(유죄선고)된 것에 대해서는, 전망을 잘못하였다는 분석도 가능하지만 기업 등이 본법 제정에 대해 적극적으로 대응하여 사망재해 예방을 위한 노력을 강화하였기 때문에, 본법의 적용을 받을 만한 사망재해 자체가 줄어들었기 때문일 것이라는 분석도 가능하다.

시민단체인 법인책임센터는 「법인 과실치사법」의 제정을 환영하면서도 본 법안이 여전히 동일시 원칙을 유지하고 있는 점, 운영책임자 개인의 형사책임을 묻고 있지 않은 점 등을 들어 「법인 과실치사법」에 대해 비판적으로 평가하고 있다. 다만, 상원의 위원회 심의 과정에서 추가된 공표명령에 대해서는, 이것이 법인의 주의의무 위반을 경계하는 강력한 무기가 될 수 있다고 긍정적으로 평가하고 있다.[120) 또한 법학자인 Gobert 교수는 본법이 적용범위가 제한되어

---

118) Home Office, Corporate Manslaughter and Corporate Homicide: A Regulatory Impact Assessment of the Government's Bill, 2006 Jul 20, p. 18.

119) G. McManus, Health and Safety North: Looking Back at some Landmark Judgments, 2014. Available from:URL:http://www.healthandsafetyevents.co.uk/ OpenFile.asp?pdf

있고 사업주의 근시안적인 위험관리 결정을 막는 데 한계가 있는 약점을 가지고 있지만, 궁극적으로는 본법의 상징적인 의미가 본법의 방법론적 결점을 능가한다고 평가하고 있다.[121]

공표명령뿐만 아니라 법인 과실치사죄의 수사대상이 된다는 것 자체에 수반하는 이미지 실추는 기업 등의 입장에서 벌금 이상의 손실이 될 것이라는 평가도 나오고 있다.[122] 인터넷 등의 발달로 정보 전달이 활발한 오늘날의 사회환경에서는 기업 등의 규모가 클수록 벌금보다는 사회적 이미지에 예민하게 반응할 것이라는 것은 쉽게 예상할 수 있다.

한편, 「법인 과실치사법」의 과실치사죄는 「HSW Act」 위반죄보다 벌금액이 전체적으로 높다고 할 수 있지만, 후자의 벌금액 수준이 낮아서 전자가 제정된 것은 아니다. 「HSW Act」 위반에 대해서도 상한이 없는 벌금이 부과될 수 있고, 실제로 동법 위반으로 수백만 파운드의 벌금액이 부과되기도 한 사실이 이를 간접적으로 증명한다.

오히려 「법인 과실치사법」은 산업재해에 대해 「HSW Act」로 책임을 묻는 것이 진정한 범죄로 인식되지 않는다는 '법문화'적 고려에서 탄생하였다고 볼 수 있다. 그리고 진정한 범죄로 인식될 수 있는 보통법상의 법인 과실치사죄는 그 요건이 엄격하여 사실상 이 죄로는 기업 등에 대한 처벌이 어려웠기 때문에, 영국은 보통법상의 법인 과실치사죄를 폐지하고 처벌요건을 완화하여 제정법상의 법인 과실치사죄를 신설한 것이다.[123] 이를 통해 사망재해를 발생시킨 기업

---

120) Centre for Corporate Accountability, Press Release, 23 July 2007. Available from:URL:http://www.corporateaccountability.org.uk/press_releases/2007/julylord agreement.htm

121) J. Gobert, The Corporate Manslaughter and Corporate Homicide Act 2007 - Thirteen years in the making but was it worth the wait?, The Modern Law Review, Vol. 71, 2008, pp. 413-433.

122) D. Leckie, "Bad press is biggest deterrent in 'kill' Bill", Personnel Today, 2007 Jun 5.

등이 형사처벌 대상에서 제외되는 것을 최소화하고 처벌의 효과를 높이고자 한 것이다.

그리고 「법인 과실치사법」은 경영진에 의해 조직체의 활동이 관리되거나 조직되는 방식이 주의의무 위반의 실질적 요인일 때에 이를 유죄로 인정된다고 규정하고 있지만, 다수의 학자들은 큰 회사의 경우 경영진 사이에 책임이 분산되어 동일시 원칙에서 나타난 문제와 유사한 문제가 발생할 가능성이 있다고 우려하고 있다. 이에 대해, 영국 법무부는 경영진이 안전보건에 대한 책임을 하향 위임함으로써 본법의 적용을 회피할 가능성에 대해 동의하지 않고 있다. 이런 경우, 안전보건문제를 부적절하게 위임하는 것도 경영진이 사업장의 안전보건을 적절하게 관리(운영)하지 못하는 것의 일부에 해당되어 본법에 위반될 수 있다고 판단하고 있는 것이다.[124]

「법인 과실치사법」에 의한 유죄 인정은 기업 등의 단체에 막대한 벌금 부과에 의한 경제적 부담뿐만 아니라 그 대외적 이미지(평판)에 막대한 악영향을 줄 수 있다. 「HSWAct」 위반이 단순히 '규제적 위반'(regulatory offence)으로 여겨지는 데 반해, 본법 위반은 '진정한 범죄'로 간주되어 「HSWAct」 위반보다 기업 등에 더 큰 낙인을 찍을 수 있는 효과를 거둘 수 있다고 평가되고 있다.[125] 그리고 사망재해의 희생자(유족)와 일반국민으로부터 정서적 공감을 얻을 수 있을 것으로 예상된다. 나아가 본법은 이미 제정 과정에서 사망재해의 심각성에 대해 언론과 공중의 많은 관심을 불러일으켜 그것만으로도 산업재해의 감소에 적지 않은 효과를 주었을 것으로 판단된다.

---

123) 심재진, 「영국의 2007년 기업과실치사법과 그 시사점」, 『산재사망 처벌 및 원청 책임강화법 개정방안 토론회 자료집』, 2013. p. 96.

124) Ministry of Justice, Understanding the Corporate Manslaughter and Corporate Homicide Act 2007, 2007, p. 3.

125) B. Barret, Liability for Safety Offences: Is the Law Still Fatally Flawed, Industrial Law Journal, Vol. 37, No. 1, 2007, p. 117.

제5편 일본

제1장 노동안전위생법 제정 경위

일본의 산업안전보건법의 연혁은 광업에 관한 법령으로부터 시작한다. 명치시대 초기의 원시축적단계에 있었던 일본 자본주의와 그것에 대항하는 노동운동의 미성숙이라고 하는 조건하에서 광부에 의한 폭동이 발생할 정도의 가혹한 근로조건이 커다란 배경이 되어 1890년에 「광업조례」가 제정되었다. 그리고 1892년에는 「광업경찰규칙」, 1905년에는 「광업조례」를 대체하는 것으로서 「광업법」이 각각 제정되었다. 그런데 이러한 법령하에서는 광부의 안전이 공공의 안녕 유지를 위해 광업을 보호하는 정책의 일부로 자리매김하여 있었고 반드시 노동보호의 일환으로 규정되어 있었다고는 말할 수 없었다. 그러나 이미 「광업조례」에는 산업안전보건에 관한 제 규정의 맹아가 존재하고 있었다. 즉, 광산감독서장에 의한 건설물 및 공작물의 보안감독, 농상무대신에 의한 보안확보를 위한 광업정지처분, 보안관리자의 선임과 위해예방시설의 설치라는 사용자의 의무, 그리고 광업의 생명 및 위생의 보호감독 등이 그것이다. 그리고 이러한 규정들은 그 후 제정된 1911년의 「공장법」(시행은 1916년), 1916년의 동법 시행령과 시행규칙에서도 계속적으로 보인다.

한편 「공장법」 제정 후에는 정령에 의한 산업안전보건규칙의 제정이 증가하였는바, 1927년 「공장 부속기숙사 규칙」, 1929년 「공장위해예방 및 위생규칙」, 1934년 「토사채취장 안전위생규칙」, 1937년 「토목건설공사 안전위생규칙」 등이 제정되었다. 이러한 규칙의 제정 이유는 그때그때의 사회경제적 배경에 근거하는 것이지만 그 공통점은 공장 생산의 증가와 토목건설의 보급에 동반하는 산업재해와 직업병의 증가에 있었다. 그리고 산업안전보건법규의 연혁 중 특수한 것으로서 선원에 관한 안전보건법규를 들 수 있는바, 이미 1899년의「상법」의 해상편에 해원(海員)에 관한 보호규정이 두어져 있었고, 그리고 같은 해에「선원법」이 최초로 제정되었으며 그 후 1933년에는「선박안전법」이 제정되었다.[1]

그런데 이러한 제2차 세계대전의 일련의 법령은 그 기준이 낮고 실시에 있어서도 충분하지 않았으며 적용범위도 한정되어 있었다. 예를 들면,「공장법」은 여성이나 연소자에 대하여 유해위험업무를 금지하는 데 그치고 있었고 기계설비 등에 관한 안전보건조치에 대해서는 전혀 규정을 두고 있지 않았다. 그리고 당시의 법령은 단결 활동의 금압법제하에서 제정된 것이어서 전후의「노동기준법」(이하「노기법」이라 한다),「노동안전위생법」(이하「안위법」이라 한다)과 같이 단결권을 법적으로 인정하고 산업안전보건의 권리성을 보장하는 법과는 기본적으로 다른 성격이었다고 이해되고 있다.[2]

제2차 세계대전 후의 산업안전보건법제는 1947년에 제정된「노기법」제5장 '안전 및 위생'에 14개의 조항이 규정되는 것에 의해「노기법」에 기초 지워진 제도로서 새롭게 출발하였다. 이러한 법제도의 구조는 그 후「안위법」이 제정되기까지 그대로 유지되지만 그사이에 산업재해의 심각화와 노동조합의 운동을 배경으로 법규제의 강화가 도모되었다. 즉,「노기법」규정의 실시세칙을 상세하게 정하는「노동안전위생규칙」(이하「안위칙」이라 한다)은 수회에 걸쳐서 정

---

1) 井上浩,『最新労働安全衛生法[第6版]』, 中央経済社, 2004, 1쪽 이하 참조.
2) 西谷敏・萬井隆令編,『労働法 2 [第5版]』, 法律文化社, 2005, 296쪽.

비·확충되고 산업안전보건에 관련한 새로운 여러 법령이 잇달아 제정되게 되었다.

그러나 법규제의 강화에도 불구하고 고도경제성장의 과정을 통하여 산업재해의 다발, 중대재해의 증가, 신기술 등에 의한 새로운 재해요인의 증가, 직업병의 증대 등 심각하고 새로운 사태가 전개되었다. 이에 정부는 이러한 산업재해의 전개상황에 착목하면서 「노기법」을 중심으로 하는 종전의 법규제로는 유효한 산업재해 방지대책을 강구하는 것이 불가능하다는 인식하에 마침내 1972년에 산업안전보건에 관한 독립법인 「안위법」을 제정하기에 이르렀다. 동법은 산업사회의 급격한 발전에 부응한 종합적인 예방정책을 실시하는 것으로서 「노기법」 제5장의 '안전 및 위생'과 「노동재해방지단체법」 제2장의 '노동재해방지계획' 및 제4장 '노동재해의 방지에 관한 특별규제'를 통합하고 이것에 새로운 규제조치를 추가한 것이다. 「안위법」의 제정에 의하여 근로자의 안전 및 보건에 관해서는 「노기법」의 규정은 삭제되고 모두 「안위법」의 규정에 맡겨지는 것이 되었다(「노기법」 제42조).[3]

---

3) 厚生労働省 労働基準局 安全衛生部編, 『わかりやすい労働安全衛生法』, 労働行政, 2002, 33쪽 이하 참조.

제2장 노동안전위생법의 목적 및 특징

1. 노동안전위생법의 목적

「안위법」 제1조는 동법의 목적이 ① 산업재해를 방지하기 위한 재해방지기준의 확립, ② 사업주의 산업재해 방지를 위한 책임체제의 명확화, ③ 산업재해 방지를 위한 자율적 활동의 촉진 조치 등을 중심적인 내용으로 하는 '산업재해 예방에 관한 종합적이고 계획적인 대책'을 수단으로 하여 궁극적으로는 ① '직장에서의 근로자의 안전과 건강을 확보'함과 아울러, ② '쾌적한 직장환경의 형성을 촉진하는 것'에 있다는 것을 명확히 하고 있다. 이때 동조가 「노기법」과 '더불어'라고 규정하고 「노기법」과 「안위법」이 일체적 관계에 있는 것을 명시한 것은 「안위법」의 법적 성격을 고찰하는 데 있어서 중요한 것으로 여겨지고 있다.

또한 「안위법」이 궁극의 목적으로서 '근로자의 안전과 건강의 확보'에 그치지 않고 '쾌적한 직장환경의 형성'을 내세운 것은 단순한 산업안전보건대책 입법의 영역을 넘어 쾌적한 직장환경의 형성과 향수를 추진하는 직장환경 입법으로서의 성격을 가지는 것이라고 말할 수 있다.[4]

---

4) 沼田稻次郎編, 『労働法事典』, 労働旬報社, 1979, 525쪽 이하 참조.

2. 노동안전위생법의 특징

「안위법」은 이상과 같은 목적을 구현하는 조치의 구체화를 중심으로 구성되어 있는바, 다음과 같은 특징을 가지고 있다고 말할 수 있다.[5]

첫째, 유해위험방지기준은 「노기법」과 달리 사용종속관계에 있는 사업장의 최저기준의 설정에 그치지 않고 그 전 단계인 제조계획, 양도 등의 노동과정 이전 단계의 위험방지기준, 그리고 건설업, 제조업 등의 중층적 도급관계에 있는 사업주가 강구하지 않으면 안 되는 유해위험방지를 포함하고 있다.

둘째, 최저기준에 추가하여 쾌적한 직장환경을 형성, 촉진하는 것이 사업주의 노력의무로서 제시되어 있는 것이다(동법 제1조, 제3조, 제71조의2 및 제71조의3). 단 동 의무에 대해서는 벌칙은 수반되어 있지 않다.

셋째, 사업주의 재해방지책임에 근거하는 안전보건관리체제의 조직화가 의무 지워져 있다(동법 제10조 내지 제19조의2). 산업재해의 방지는 사업운영에 대해서 책임을 지는 경영수뇌부의 자각적인 재해방지대책이 없으면 실효를 기대하기 어렵다. 따라서 「안위법」은 사업주의 재해방지 책임을 사업경영의 책임자를 정점으로 하는 관리책임체제로서 정비하고 종합적 산업재해방지대책의 일환으로서 이를 명확히 한 것이다.

넷째, 재해방지에 관한 자율적 활동의 추진에 관련되는, 정부기관에 의한 재해방지대책의 조성조치가 정비되어 있다. 후생노동대신은 산업재해의 주요대책사항과 중요사항을 책정·공표하여 사업주에게

---

5) 沼田稲次郎編, 앞의 책, 527쪽.

재해방지대책의 지침을 제시하는 한편 화학물질의 유해성조사에 관한 원조를 실시하고(동법 제57조의5), 사업주의 안전보건교육의 효과적 실시를 조성하는 등 사업주의 자율적 활동을 촉진·조성하기 위한 각종 조치를 실시하고 있다.

제3장 노동안전위생법의 구조

제1절 서설

「안위법」은 총 12장 122조로 되어 있다. 본법은 관계자의 일반적 책무의 선언(제1장)과 안전보건관리체제를 갖출 의무(제3장), 근로자의 위험 또는 건강장해방지를 위하여 필요한 조치를 강구할 의무(제4장), 기계 등 및 유해물에 관한 규제에 따를 의무(제5장), 근로자의 취업 시 안전보건교육 등 필요한 조치를 강구할 의무(제6장), 작업환경측정 및 건강진단 등 건강관리에 관한 의무(제7장), 법령의 주지 등의 의무(제11장) 등의 구체적 의무를 설정하고 그 이행확보의 방법으로서 벌칙(제12장)과 명령 등(제10장)을 규정하고 있다. 또한 본법은 제2장의 산업재해방지계획 책정 등, 제5장의 제조금지 · 허가, 검사 · 검정 등, 제8장의 면허, 제9장의 안전보건계획의 작성지시 등, 제10장의 사전에 제출된 계획의 심사 등의 행정시책을 규정함으로써 다양한 각도에서 산업안전보건의 촉진을 도모하고 있다.

그리고 「안위법」의 밑에 동법을 시행하기 위한 시행령(1972년 정령 제318호, 이하 「안위령」이라 한다)이 있고 또 후생노동성령으로서 「안위칙」을 비롯한 17개의 규칙과 후생노동대신 고시가 약 160개 제정되어 있다. 이것들의 조문 수를 모두 합하면 수천 개 조항에 이르는 방대한 것이 된다. 그 외에 약 50개의 지침이 제정되어 있고 나아가 수많은 통달(해석예규, 지도통달)이 제정되어 있다. 이러한 것들은 각각 유기적인 관계를 가지고 있으면서 전체적으로 하나의 거대한 법체계를 형성하고 있다고 말할 수 있다.

한편「안위법」의 부속법으로서 다음과 같은 법이 갖추어져 있다. 진폐의 예방과 건강관리를 규정하고 있는「진폐법」, 산업재해의 방지를 목적으로 하는 사업주단체에 의한 자율적 활동의 촉진을 정하고 있는「노동재해방지단체법」, 탄광재해에 의한 일산화탄소 중독증에 걸린 근로자에 대한 특별조치 등을 규정하고 있는「탄광재해에 의한 일산화탄소 중독증에 관한 특별조치법」, 작업환경측정사, 작업환경측정기관제도에 의한 적절한 작업환경의 확보를 정하고 있는「작업환경측정법」이 그것이다.

제2절 적용범위6)

1. 사업주

「안위법」은「노기법」과 일체로서 운용되는 법이므로 원칙적으로「노기법」이 적용되는 사업에만 적용된다. 그 주된 적용대상은 사업경영의 책임자인 사업주이지만 양도·제공 등의 유통단계의 유해위험방지기준에 대해서는 규제의 대상이 되는 행위주체일 경우 사업주 이외의 자에게도 미치는 것이 원칙이다.

여기에서 사업주란 "사업을 하는 자로서 근로자를 사용하는 자를 말한다"(제2조의3). '사업을 하는 자'란 사업의 실시주체를 의미하는데 그것이 회사, 기타 법인이면 법인 자체이고 개인기업이면 사업주

---

6) 厚生労働省 労働基準局 安全衛生部編, 앞의 책, 79쪽 이하 참조.

개인을 가리킨다. 단 '근로자를 사용하는 자'에 한정된다.

가. 사업주와 노기법의 사용자

「노기법」은 최저기준의 대상을 '사용자'로 하고 있지만 「안위법」은 이것을 '사업주'로 하고 있다. 「노기법」상의 사용자개념은 '사업주' 외에 '경영담당자', '노동에 관한 사항에 관하여 사업주를 위하여 행위하는 자', 즉 인사·급여·복리후생, 기타 넓은 의미에서 근로조건의 결정, 노무관리의 실시에 대하여 지휘명령하거나 감독하는 자로 이해되고 있다. 따라서 사업주의 개념은 사용자보다 좁다고 말할 수 있다.

그러나 양벌규정이 존재하고 '법인의 대표자 또는 법인이나 개인의 대리인, 사용인, 기타의 종업원'도 사업주의 업무에 관하여 동법 위반행위를 하면 행위자로서 처벌되는 것이 되기 때문에 실제상 큰 차이는 생기지 않는다.

나. 공동기업체

「안위법」에는 사업주의 특례로서 공동기업체에서의 대표자의 선임·지명제도가 있다(동법 제5조). 일본에서는 건설공사의 대형화에 동반하여 기술적·자금적 능력 또는 위험부담의 관점에서 하나의 공사를 2 이상의 건설업자가 협동·연대하여 도급을 시행하는 형태(공동기업체)가 넓게 행해지고 있다.

이것에는 공동시행방식과 분담시행방식이 있다. 구성기업이 인원·기계 등을 갹출하고 일체가 되어 손익을 공동계산으로 시행하는 전자의 경우는 구성기업의 공사를 장소적·시간적으로 분할하고 각각 분담부분을 책임 시행하는 후자의 경우와 달리 지휘명령계통이 복잡하고 재해방지대책의 책임소재가 불명확하게 될 우려가 높다. 따라서 「안위법」은 이러한 폐해를 제거하기 위하여 복수의 건설업자가 '하나의 장소에서 행해지는 당해 사업의 일을 협동 연대하여 도급한 경우', 즉 공동시행방식의 경우에 한하여,[7] 구성 사업주는 출비의 비율, 기타 공사시행상의 책임의 정도를 고려하여 호선에 의하여 그중의 한 곳의 건설업자를 대표자로 정하여 도도부현 노동국장에 신고하지 않으면 안 된다고 규정하고 있다(제5조 제1항, 「안위칙」 제1조).

대표자가 선임되면 그 대표자가 공동기업체의 사업주로 간주되기 때문에(제5조 제4항) 그 대표자는 「안위법」상 사업주로서의 각종 의무를 지게 된다.

2. 국가공무원

가. 비현업 일반직원

비현업의 일반직에 속하는 국가공무원은 「안위법」이 배제된다(「국가공무원법」 부칙 제16조). 그 이유는 「국가공무원법」에 근거한 「인사원규칙」 제10조～제14조의 '직원의 보건 및 안전유지' 등에 의하여 「안위법」 및 그 부속규정과 동일한 내용의 유해위험방지조치가 규정되어 있기 때문이다.

---

7) 1972.9.18, 基發 제602호.

나. 특정독립행정법인 직원

국유임야, 인쇄, 조폐의 현업에 대해서는 종래에도 국가공무원법 제16조의 적용이 배제되고 있었지만 국가의 행정조직 등의 감량과 효율화를 촉진하기 위하여 법제도가 개정되어 법의 명칭도 「공공기업체 등의 노동관계법」, 「국영기업 노동관계법」, 「국영기업 및 특정독립행정법인의 노동관계에 관한 법률」의 개칭을 거쳐 2003년 5월에 「특정독립행정법인 등의 노동관계에 관한 법률」로 개칭되었다. 동법은 특정독립행정법인 등의 직원의 노동관계를 규제의 대상으로 하고 있는데 여기에서 '특정독립행정법인 등'이란 특정독립행정법인과 국유임야사업을 가리킨다(동법 제1조, 제2조의3). 구 인쇄, 조폐의 사업은 독립행정법인의 조폐국, 국립인쇄국으로서 특정독립행정법인으로 되어 있다. 국유임야, 인쇄, 조폐의 현업은 동법에 있어서도 「국가공무원법」 부칙 제16조의 적용이 제외되어 있기 때문에(동법 제37조 제1항) 「안위법」이 전면적으로 적용된다고 해석되고 있다.

3. 지방공무원

지방공무원 중 일정한 현업적 사업에 종사하는 직원에 대해서는 안위법이 전면적으로 적용된다(「지방공무원법」 제58조 제2항 및 제3항). 이것 이외의 비현업의 직원에 대해서도 일부의 규정이 적용되지만 이러한 비현업 직원의 근무조건에 관한 노동기준감독기관의 권한은 인사위원회 또는 그 위임을 받은 인사위원회의 위원(인사위원회를 설치하지 않은 지방공공단체에서는 지방공공단체의 장)이 행하는 것으로 되어 있다(동법 제58조 제5항).

4. 선원 및 광산보안

선원법의 적용을 받는 선원에 대해서는 「안위법」은 적용되지 않는다(「안위법」 제115조 제2항).

그리고 광산근로의 안전보건대책은 광물자원의 보호도 포함하는 '광산의 보안'의 문제로서 「광산보안법」에서 규정되어 경제산업대신의 관장으로 되어 있다. 「안위법」 세115조 제1항에서는 "이 법률(제2장의 규정을 제외한다)은 「광산보안법」 제2조 제2항 및 제4항의 규정에 의한 광산 보안에 대해서는 적용되지 않는다"고 규정하고 있다. 여기에서 말하는 보안이란 개념에 대해서는 「안위법」 제114조 제1항에서 "보안[위생에 관한 통기(通氣) 및 재해 시의 구호를 포함한다]"이라고 정의되어 있다. 따라서 광산이라고 하는 장소에 대해서는 「안위법」의 규정 중 안전관계의 규정은 적용되지 않고 (보안의 정의에 들어가지 않는) 위생관계의 규정과 제2장 '산업재해방지계획'만이 적용되고 있다(「안위법」 제115조 제1항 참조).

제3절 산업안전보건규칙

일본의 산업안전보건규제는 기술의 진보, 재해·질병의 발생상황, 기타 산업현장에서의 제반 사정의 변화를 배경으로 하여 부단히 진화를 해 나가고 있다. 「노기법」에 의한 안위법제의 확립 후의 노동안전위생 관련 규칙의 역사는 이것을 잘 증명해 주고 있는데, 「안위칙」은 빈발하는 재해에 대응하기 위하여 그 제정 직후부터 개정이 시작되었고, 특히 일본사회의 고도경제성장이 시작된 이후에는 빈번

한 「안위칙」의 개정, 「안위칙」으로부터의 많은 새로운 규칙의 분리·독립, 그리고 신규의 규제를 위한 새로운 규칙의 제정 등이 이루어져 왔다.

「안위칙」과는 별도로 새롭게 제정된 신 규칙을 열거하면 다음과 같다. 1959년에 제정된 「보일러 및 압력용기 안전규칙」, 1959년에 제정된 「전리방사선 장해방지규칙」, 1960년에 제정된 「4알킬연 중독 예방규칙」(제정 당시에는 「4에틸연 등 위해방지규칙」), 1960년에 제정된 「유기용제중독 예방규칙」, 1961년에 제정된 「고기압작업 안전위생규칙」(제정 당시에는 「고기압 장해방지규칙」), 1962년에 제정된 「크레인 등 안전규칙」, 1967년에 제정된 「연 중독 예방규칙」, 1969년에 제정된 「곤도라 안전규칙」, 1971년에 제정된 「특정화학물질 장해예방규칙」(제정 당시에는 「특정화학물질 등 장해예방규칙」), 1971년에 제정된 「사무소 위생기준규칙」, 1971년에 제정된 「산소결핍증 등 방지규칙」(제정 당시에는 「산소결핍증 방지규칙」)이 그것이다.

이상은 「노기법」 시행 후 「안위법」 제정 때까지 그 밑에서 제정된 산업안전보건규칙이다. 이것들은 그 후 「안위법」 체계하에서도 계승되고 있다.[8] 그리고 1972년에 「안위법」 체계로 전환된 후 새롭게 제정된 산업안전보건규칙으로서는 다음과 같은 2개의 규칙이 있다. 1979년에 제정된 「분진 장해방지규칙」과 2005년에 제정된 「석면 장해예방규칙」이 그것이다.

한편 「안위칙」 이외의 제 규칙은 '보일러·압력용기, 크레인 등 및 곤도라'라고 하는 「안위법」 제37조에서 말하는 특정기계 등에 관련한 3개의 안전 관련 규칙을 제외할 경우, 나머지 10개 모두가 보건 관련 규칙으로 되어 있다. 이것은 「노기법」 또는 「안위법」하에서 산업안전보건규칙의 발전이 안전관계(특정기계 등에 관련한 것을

---

8) 물론, 근거법이 변경되었기 때문에 제정 연월일 및 성령 번호에는 변화가 있다.

제외)는 「안위칙」의 개정에 의해, 보건관계는 「안위칙」 이외의 특별
보건규칙의 제정에 의해 각각 전개되어 왔다는 것을 보여주고 있다.

이 3개의 특정기계 등과 관련된 특별 안전규칙, 10개의 특별 보건
규칙에 대해서는 규칙 명칭을 보면 무엇에 대한 기준인가를 구체적
으로 명확히 알 수 있지만(예를 들면, 「납중독 예방규칙」의 경우 납
에 대한 규제라는 것이 분명하다), 이것 이외의 모든 사항을 대상으
로 하는 「안위칙」은 어떤 사항이 규세의 대상으로 되어 있는지를
동 규칙의 명칭만으로는 판단하는 것이 불가능하다.

「안위칙」 중에는 안전관계의 기준 외에도 「안위법」의 시행규칙적
인 부분(「안위법」에는 다른 법에서 통상 볼 수 있는 성격의 시행규
칙이 존재하지 않는다), 보건기준, 나아가 도급관계 등에 관한 특별
규제 등도 규정되어 있다. 그리고 동 규칙의 내용을 제2편(안전기준)
과 제3편(위생기준)의 목차로 확인해 보면, 매우 광범위한 사항이 규
제의 대상으로 되어 있는 것을 쉽게 알 수 있다.

그리고 산업안전보건규칙 중에는 안전보건에 관한 기준을 규정하
고 있는 규칙 외에 절차적인 것을 규정하고 있는 규칙으로서 「기계
등 검정규칙」, 「등록 제조 시 등 검사기관 등에 관한 규칙」이 제정
되어 있다.

제4장 안전보건관리체제[9]

제1절 일반사업의 안전보건관리체제

1. 총괄안전위생관리자

가. 지위 및 선임

사업의 재해예방책임의 명확화를 위하여 「안위법」은 일정 규모 이상의 사업주에 대하여 사업장마다 안전보건관리체제의 총괄책임자로서 총괄안전위생관리자의 선임을 의무 지우고 있다.

이 선임에 대해서는 사업장의 종류・규모 외에 업태를 고려하여 다음과 같이 정해져 있다(「안위령」 제2조). ① 옥외산업적 업종(임업・광업・건설업・운송업・청소업)은 상시 100명 이상의 근로자를 사용하는 사업, ② 공업적 업종(제조・가공업, 전기업, 가스업, 열공급업, 수도업, 통신업 등)은 상시 300명 이상의 근로자를 사용하는 사업, ③ 기타의 업종은 상시 1,000명 이상의 근로자를 각각 사용하는 사업이다.

또한 총괄안전위생관리자 제도는 안전보건관리가 사업의 생산관리와 일체로서 운영되는 것을 기대하는 제도이기 때문에 그 선임에

---

[9] 厚生労働省 労働基準局 安全衛生部編, 『実務に役に立つ労働安全衛生法』, 中央労働災害防止協会, 2000, 94쪽 이하 참조.

있어서는 그 사업장의 '사업의 실시를 총괄관리하는 자', 즉 지점장·점장 등의 사업 실시에 대하여 실질적으로 총괄관리하는 권한과 책임을 가지는 자를 임명하지 않으면 안 된다.10)

나. 직무

총괄안전위생관리자의 주요한 임무는 ① 위험 또는 건강장해의 방지조치, ② 안전보건교육의 실시, ③ 건강진단의 실시, 기타 건강의 유지증진조치, ④ 산업재해의 원인조사 및 재발방지대책, ⑤ 기타 산업재해의 방지에 필요한 업무로서 성령에서 정하는 업무를 총괄 관리하는 것이다(「안위법」 제10조 제1항).

총괄안전위생관리자의 임무에는 이외에 안전관리자, 위생관리자 및 건설업에서의 재해 시의 구호조치에 관한 기술적 사항을 관리하는 자에 대한 지휘가 포함되어 있다(동법 제10조 제1항, 제11조, 제12조, 제25조의2 참조).

2. 보좌기관

총괄안전위생관리자의 보좌기관으로서 안전관리자와 위생관리자가 있다. 이 제도는 공장법 시대의 안전관리자 또는 안전위생관리인에서 그 선구적 형태가 보이는바, 이것이 제2차 세계대전 후 「노기법」에 계승되어 그때 안전관리자와 위생관리자로 분화된 것이다.11)

---

10) 1972.9.18, 基発 제602호.

11) 労働省 労働基準局 安全衛生部編, 『労働安全衛生法の詳解』, 労働法令協会, 1973, 180쪽. 189-190쪽 참조.

가. 안전관리자

안전관리자는 총괄안전위생관리자를 보좌하고 그 지휘하에 총괄관리업무 중 '안전에 관한 기술적 사항'을 관리한다(「안위법」 제11조 제1항). 여기에서 '기술적 사항'이란 총괄안전위생관리자가 '총괄관리업무'를 하는 데 대하여 안전관리자가 보좌기관으로서 구체적인 수준의 사항을 관리하는 것[12]을 의미하는 표현이고 전문기술사항에 한정되지 않는다.

안전관리자의 업무는 사무업무에 한정되지 않고 작업장을 순시하는 것, 그리고 설비·작업방법 등에 위험의 우려가 있을 때에는 위험방지상 필요한 조치를 취하는 것도 포함된다(「안위법」 제11조 제1항, 「안위칙」 제6조 제1항). 나아가 후술하는 '작업주임자'에 대한 감독도 포함되어 있다.[13]

한편 사업주는 성령에서 정하는 일정의 자격을 가지고 있는 자 중에서 안전관리자를 선임하지 않으면 안 된다. 선임하여야 할 사업장은 전술한 총괄안전위생관리자의 선임을 필요로 하는 업종 중 옥외산업적 업종과 공업적 업종이고 상시 50명 이상의 근로자를 사용하는 곳이다(「안위법」 제11조 제1항, 「안위령」 제3조). 안전관리자는 그 사업장에 전속하는 자, 즉 그 사업장만의 업무에 종사하는 자를 선임하지 않으면 안 되지만(「안위칙」 제4조 제1항 제2호), 반드시 전임일 필요는 없다. 단 업종·규모에 따라 일정한 사업장에 대해서는 최소한 1명은 전임의 안전관리자로서 선임할 의무가 부과되어 있다(「안위칙」 제4조 제1항 제4호).

---

12) 1972.9.18, 基発 602호.
13) 1972.9.18, 基発 601호의1.

나. 위생관리자

위생관리자는 총괄안전위생관리자를 보좌하고 그 지휘하에 총괄관리업무 중 '보건에 관한 기술적 사항'을 관리한다(「안위법」 제12조 제1항). 그 직무에는 사무업무 외에 최저 매주 1회 작업장 등을 순시·점검하고 설비·작업방법 등에 보건상 유해의 우려가 있을 때에는 즉시 필요한 조치를 취하는 것이 포함된다(「안위칙」 제11조 제1항).

한편 사업주는 의사, 치과의사, 노동위생컨설턴트 등 성령에서 정하는 일정한 자격을 가지고 있는 자 중에서 위생관리자를 선임하지 않으면 안 된다(「안위법」 제11조 제1항, 「안위칙」 제10조). 선임하여야 할 사업장은 업종을 불문하고 상시 50명 이상의 근로자를 사용하는 모든 사업장이다(「안위령」 제4조).

위생관리자의 선임자 수는 안전관리자와는 달리 사업의 규모에 따라 1~6명이고 원칙적으로 피선임자는 사업장에 전속되어 있는 자이지 않으면 안 된다(「안위법」 제12조 제1항, 「안위칙」 제7조 제1항 제2호·제4호). 그리고 ⅰ) 상시 1,000인 초과하는 근로자를 사용하는 사업장과 ⅱ) 상시 500명을 초과하는 근로자를 사용하는 사업장 중 갱내노동, 기타 일정한 유해업무(「노기법 시행규칙」 제18조 각호의 업무)에 상시 30명 이상의 근로자를 종사시키는 사업장의 경우에는 최저 1명의 전임의 위생관리자를 선임하지 않으면 안 된다(「안위칙」 제7조 제1항 제5호).

또한 상시 500인 초과하는 근로자를 사용하는 사업장이고 갱내노동, 기타 국소배기장치의 설치 등 위생공학적 조치를 필요로 하는 유해업무(「노기법 시행규칙」 제18조 제1호, 제3호 내지 제5호, 제9호의 업무)에 상시 30명 이상의 근로자를 종사시키는 사업장에 대해서는 위생관리자 중 1명을 '위생공학위생관리자'의 면허를 받은 자 중에서 선임하고(「안위칙」 제7조 제1항 제6호) 그로 하여금 총괄안전위생관리자의 위생에 관한 총괄관리업무 중 작업환경측정, 노동위생관계시설의 설계·시공·점검·개선 등 위생공학에 관한 기술적 사항의 관리[14]를 하도록 하여야 한다.

3. 안전위생추진자

산업재해는 기업규모가 작을수록 많이 발생하는 경향이 있다. 그래서 이에 대처하기 위하여 안전관리자와 위생관리자의 선임이 의무 지워져 있지 않은 소규모 사업장에 대하여 1988년 5월 「안위법」을 개정하여 안전위생추진자의 선임을 의무 지우고 이들로 하여금 산재예방 업무를 담당하도록 하였다.

안전관리자의 선임을 필요로 하는 업종으로서 상시 10명 이상 50명 미만의 근로자를 사용하는 사업은 안전위생추진자를 안전관리자의 선임을 필요로 하지 않는 업종으로서 상시 10명 이상 50명 미만의 근로자를 사용하는 사업은 위생추진자를 원칙적으로 전속의 형태로 선임하고 안전보건에 관한 업무(위생추진자의 경우에는 위생에 관한 업무)를 담당하게 하여야 한다(「안위법」 제12조의2, 「안위칙」 제12조의2).

안전위생추진자는 안전관리자나 위생관리자와 달리 안전위생에 관한 업무의 관리가 아니라 당해 업무를 담당하는 자이고 그 업무관리의 권한과 책임이 있는 자의 지휘를 받는 입장에 있다.[15]

---

14) 앞의 통달, 基発 601호의1.
15) 労働省 労働基準局 安全衛生部編, 앞의 책, 199쪽.

4. 산업의

건강진단의 실시 등 근로자의 건강관리에는 의사의 의학적 전문지식이 불가결하다. 이 때문에 「노기법」에도 「공장법」 시대의 공장의제도를 이어받아 '의사인 위생관리자' 제도가 존재하고 있었다. 「안위법」은 이것을 전문의학적 입장에서 근로자의 건강관리를 담당하는 자인 것을 명확히 하기 위하여 그 명칭을 '산업의'라고 변경하였다.

가. 지위 및 직무

산업의는 전문의학적 견지에서 건강관리를 담당하는 자로서 총괄안전위생관리자의 지휘하에 있지 않고 직접 사업주의 지휘하에서그 업무를 행하고(「안위법」 제13조, 제10조 참조) 그 직무사항에 관하여 총괄안전위생관리자에 권고하고 위생관리자에 대하여 지도·조언하는 것이 가능하다(「안위칙」 제14조 제3항). 나아가 1996년의 「안위법」 개정에 의하여 직접 사업주에 대하여 권고하는 것도 가능하게 되었다(「안위법」 제13조 제3항). 사업주는 산업의의 권고, 지도, 조언을 이유로 그에 대하여 해고 등의 불이익취급을 해서는 안 된다(「안위칙」 제14조 제4항).

산업의의 직무내용은 ① 근로자의 건강진단의 실시 및 그 결과에근거한 근로자의 건강유지를 위한 조치, ② 작업환경의 유지관리, ③ 작업관리, ④ 위생교육, 기타 근로자의 건강의 유지·증진조치, ⑤ 근로자의 건강장해의 원인조사와 재발방지 등에 관한 것(「안위칙」 제14조 제1항), ⑥ 직무의 수행을 위하여 적어도 매월 1회 작업장과식당, 휴게소, 취사장, 화장실 등의 보건시설을 순시하고 작업방법,

위생상태 등에 유해의 가능성이 있을 때에는 즉시 필요한 조치를 취하는 것이다(「안위법」 제13조 제1항, 「안위칙」 제15조).

나. 선임

사업주는 건강관리에 필요한 의학지식에 관하여 연수, 기타 성령에서 정하는 일정한 자격요건을 충족하는 의사 중에서 산업의를 선임하여야 한다(「안위법」 제13조 제2항, 「안위칙」 제14조 제2항).

선임하여야 할 사업장은 상시 50명 이상의 근로자를 사용하는 모든 사업장이다(「안위법」 제13조, 「안위령」 제5조). 선임자 수는 원칙적으로 1명으로 족하고 촉탁의 형태도 무방하다. 단 상시 사용하는 근로자 수가 3,000명을 초과하는 사업장에 대해서는 2명 이상의 선임이 필요하다(「안위칙」 제13조 제1항 제3호).

또한 상시 1,000명 이상의 근로자를 사용하는 사업장과 일정한 유해업무에 상시 500명 이상 사용하는 사업장에 대해서는 그 사업장에 '전속인 산업의'를 선임하여야 한다(「안위칙」 제13조 제1항 제2호).

5. 작업주임자

유해위험업무에서의 재해방지를 위해서는 동 업무가 작업 또는 설비의 유해위험성에 정통한 일정한 유자격자의 지휘와 관리에 맡겨지는 것이 효과적이다. 이를 위하여 「안위법」은 「노기법」하의 구(舊)「보일러규칙」 등에서 규정되어 있던 작업주임자의 선임 제도를 이어받아 동 제도를 안전보건관리체제 속에 도입하였다.

작업주임자는 안전보건관리체제의 일익을 담당하는 자로서 그 업무에 관하여 안전관리자의 안전조치권에 근거한 지휘감독에 따른다. 작업주임자의 업무는「안위법」에 근거하여「안위칙」과 기타 규칙에서 각각의 작업주임자에 대해 규정되어 있다(「안위법」제14조). 그 주된 내용은 근로자의 작업지휘와 설비의 점검관리이다. 예를 들면 프레스기계 작업주임자의 업무는 ① 프레스기계와 그 안전장치의 점검, ② 그것에 이상을 인정한 때에는 즉시 필요한 조치를 취하는 것, ③ 상기 기계와 장치에 전환키 스위치를 설치한 때, 키의 보관, ④ 금형의 설치·해체 및 조정 작업의 직접적인 지휘이다(「안위칙」제134조).

작업주임자를 선임하여야 할 작업은 고압실내작업, 아세틸렌 용접장치 등을 사용하는 금속의 용접, 용해 또는 가열의 작업 등 유해방지작업의 관리를 필요로 하는 정령에서 정하는 유해위험작업이다(「안위법」14조, 「안위령」제6조).

6. 작업지휘자

작업지휘자는 작업주임자와 같이「안위법」에는 규정되어 있지 않지만「안위칙」과「크레인 등 안전규칙」등의 규칙 중에 안전작업을 지휘하는 작업지휘자에 대한 규정이 약간 두어져 있다. 예를 들면, 「안위칙」제151조의4에는 "사업주는 차량계 하역운반기계 등을 이용하여 작업을 행하는 때에는 당해 작업의 지휘자를 정하여 그 자에게 전조 제1항의 작업계획에 근거하여 작업의 지휘를 행하게 하지 않으면 안 된다"고 규정되어 있다. 이 작업지휘자에 대해서는 전술한 작업주임자와 같이 일정한 공적 자격은 요구되어 있지 않지만 작업지휘자로서의 능력이 필요한 것은 당연한 것일 것이다. 현재 작업

지휘자를 정하는 것이 의무 지워져 있는 것은 18개의 유해위험작업이다.

7. 안전위원회 및 위생위원회

가. 의의 및 성격

사업장의 안전보건대책을 적절하게 추진하는 데 있어서 직장에서 일하는 근로자의 의견의 반영은 불가결하다. 그 때문에 구(舊)「노기법」하에서도「안위칙」에 근거하여 근로자가 참가하는 안전위원회와 위생위원회가 존재하고 근로자의 의견의 반영이 배려되어 있었지만「노기법」상에 명문의 근거를 결하고 있었고 그 성격이 애매한 상태로 있었다.

「안위법」에서는 안전위원회와 위생위원회(이하 양자를 구분하는 경우를 제외하고는 '안전위생위원회'로 생략하여 기술한다)의 성격은 단순한 자문기관은 아니라 스스로의 의견에 근거하여 안전보건대책을 조사·심의하고 사업주에 의견을 말하는 조사심의기관이다. 그러나 의결기관은 아니다. 다만 의견 무시의 양태에 따라서는 법위반의 책임이 발생하고 산재가 발생한 경우에는 민사책임 판단의 자료로도 될 수 있다.

나. 설치

사업주는 정령의 규정에 근거하여 사업의 종류와 규모에 따라 사업장마다 안전위원회를 설치하고 또 일정 규모 이상의 모든 업종에

서 사업장마다 위생위원회를 설치하여야 한다(「안위법」 제17조 제1
항, 제18조 제1항, 「안위령」 제8조, 제9조). 후술하듯이 안전위원회
가 설치되는 사업장에는 반드시 위생위원회도 설치되어야 하지만,
그 경우 각각의 설치에 대신하여 안전위생위원회를 설치하는 것도
가능하다(「안위법」 제19조).

안전위원회의 설치 의무를 부담하는 사업은 전술한 옥외산업적
업종과 공업적 업종(＝안전관리자를 선임하어야 하는 업종)에 한정
되고 이 중 임업, 광업, 건설업, 제조업 중 일부 업종, 운송업 중 도
로화물운송・항만운송업, 자동차정비업, 기계수리업, 청소업의 13업
종에 대해서는 상시 50명 이상의 근로자를 사용하는 규모의 사업장
이고(「안위령」 제8조 제1항), 이것 이외의 옥외산업적 업종과 공업
적 업종에 속하는 14업종의 경우에는 상시 100인 이상의 근로자를
사용하는 사업장이다(「안위령」 제8조 제2항).

위생위원회의 설치는 업종을 불문한다. 상시 50명 이상의 근로자
를 사용하는 모든 사업장이다(「안위령」 제9조).

다. 조사・심의사항

안전위생위위원회에 공통적인 조사・심의사항으로서는 ① 근로
자의 위험방지・건강장해방지의 기본대책, ② 산업재해의 원인・재
발방지대책으로서 안전 또는 위생 관련사항, ③ 기타 근로자의 위험
방지 또는 건강장해방지 및 건강유지증진에 관한 중요사항이 규정
되어 있다(「안위법」 제17조 제1항, 제18조 제1항). 이 중 안전에 관
한 사항은 안전위원회가 분담하고, 건강장해방지 등 위생에 관한 사
항은 위생위원회가 분담한다.

조사·심의사항 중 양 위원회에 공통하는 사항으로서는 ① 안전규정 또는 위생규정의 작성, ② 안전교육 또는 위생교육의 실시계획의 작성, ③ 신규채용의 기계, 기구 기타 설비 또는 원자재에 관계되는 위험·건강장해의 방지, ④ 후생노동대신, 도도부현 노동국장, 노동기준감독서장·감독관, 산업안전전문관 또는 산업위생전문관으로부터 문서에 의해 명령, 지시, 권고 또는 지도를 받은 사항 중, 위험방지 또는 건강장해방지에 관한 것이 규정되어 있다(「안위칙」 제21조 제1호 내지 4호, 제22조 제1호, 제2호, 제7호, 제8호).

그리고 위생위원회의 조사·심의사항은 이상에 추가하여 ① 근로자의 건강유지증진을 도모하기 위한 기본적인 대책(「안위법」 제18조 제1항 제2호), ② 화학물질의 유해성 조사와 그 결과에 대한 대책의 수립, ③ 작업환경의 측정 결과와 그 대책, ④ 정기건강진단, 임시건강진단 및 사고 등의 때의 의사의 진단 등의 결과와 그 결과에 대한 대책 수립, ⑤ 근로자의 건강유지증진을 위한 필요한 조치의 실시계획의 작성(「안위칙」 제22조제3호 내지 제6호)에 관한 것이 있다.

라. 위원회의 구성과 운영

(1) 구성

안전위생위원회는 최소한 다음의 위원을 그 구성원으로 하지 않으면 안 된다. ① 총괄안전위생관리자 또는 그 이외의 자로서 그 사업의 실시를 총괄관리하는 자(공장장, 소장 등) 또는 이것에 준하는 자(부공장장, 부소장 등) 중 사업주가 지명한 자(「안위법」 제17조 제2항 제1호, 제18조 제2항 제1호), ② 안전위원회에 대해서는 안전관리자 중에서 위생위원회에 대해서는 위생관리자 중에서 사업주가

지명한 자(「안위법」 제17조 제2항 제2호, 제18조 제2항 제2호), ③ 당
해 사업장의 근로자로서 안전위원회에 대해서는 안전에 관하여 위
생위원회에 대해서는 위생에 관하여 경험을 가진 자 중에서 사업주
가 지명한 자(「안위법」 제17조 제2항 제3호, 제18조 제2항 제4호).
여기에서 안전 또는 위생에 관하여 '경험을 가진 자'란 협의의 안전
위생에 관한 실무경험자뿐만 아니라 그 사업장에서의 작업의 실시
또는 그것에 관한 관리의 측면에서 안전 또는 위생의 확보에 관한
경험을 가진 자를 폭넓게 포함한다(「안위법」 제18조 제3항).

위생위원회에 대해서는 상기의 위원 외에 산업의 중에서 사업주
가 지명한 자를 반드시 구성원으로 하는 것이 요구된다(「안위법」 제
18조 제2항 제3호). 또한 작업환경측정사(당해 사업장의 근로자로서
작업환경측정을 실시하고 있는 자에 한한다)를 위원으로서 지명하는
것도 가능하다(「안위법」 제18조 제3항).

사업주는 위원을 지명할 때, ①의 위원을 제외한 각 위원의 반수
에 대해서는 그 사업장에 근로자의 과반수를 조직하는 노동조합이
있으면 그 조합, 그와 같은 조합이 없으면 그 사업장의 근로자의 과
반수를 대표하는 자(이하 이를 '과반수대표'라 한다)의 추천에 의거
하여 지명하지 않으면 안 된다(「안위법」 제17조 제4항, 제18조 제4
항). '추천에 근거한다'란 과반수대표의 추천이 있으면 그 자를 위원
으로서 지명하여야 한다는 취지이다.[16]

(2) 운영

안전위생위원회의 의장은 원칙적으로 전술한 ①의 위원이 맡게
된다(「안위법」 제17조 제3항, 제18조 제4항). 단 사업장의 과반수

---

16) 1972.9.18, 基発 602호.

근로자를 조직하는 노동조합과의 단체협약으로 별단의 규정을 하면 상기 이외의 자를 의장으로 하는 것도 가능하다(「안위법」제17조 제5항, 제18조 제4항). 위원회는 최소한 매월 1회 개최하도록 하고(「안위칙」제23조 제1항), 중요한 사항에 대해서는 기록을 작성하여 3년간 보존하는 것이 사업주의 의무이다(「안위법」제103조 제1항, 「안위칙」제23조 제3항). 한편 위원회의 활동이 노동시간 외에 이루어지면 시간 외 노동으로서 할증임금이 지불되지 않으면 안 된다.[17]

제2절 특정사업의 안전보건관리체제

건설업, 제조업 등의 중층적 도급관계하에서는 가혹한 도급조건이 산업재해의 요인이 되는 한편 또 동일한 장소에 복수의 사업의 근로자가 취업하는 도급혼재관계하에서는 통일적인 관리권이 부재하고 안전보건관리의 방법이 통일되어 있지 않아 산업재해가 발생하는 경우가 적지 않다.

「안위법」은 이 점을 감안하여 건설공사의 주문자 등 일을 "타인에게 도급을 주는 자는 시행방법, 공기(工期) 등에 대하여 안전하고 위생적인 작업의 수행을 해칠 우려가 있는 조건을 달지 않도록 배려하여야 한다"(「안위법」제3조 제3항)고 규정하는 한편, 주문자가 수급인에 대하여 그 업무에 관하여 법령위반을 초래하는 지시를 해서는 안 된다고 정하고 있다(「안위법」제31조의3).

또한 원청사업주[하나의 장소에서 행하는 일의 일부를 수급인에 대하여 도급 주고 다른 부분을 스스로 행하는 주문자를 가리키며 수

---

17) 앞의 통달, 基発 602호.

차의 도급관계의 경우에는 최초의 도급계약의 주문자를 말한다(「안위법」제15조 제1항)]는 관계수급인, 즉 원청사업주를 제외한 수차의 도급관계의 당사자인 모든 수급인 및 그 근로자가 당해 도급업무에 관하여 법령에 위반하지 않도록 지도하고 위반이 있으면 시정에 필요한 조치를 취하는 것을 의무 지우고 있다(「안위법」제29조). 특히 특정사업(건설업, 조선업)의 원청사업주에 대해서는 사업주로서 강구하지 않으면 안 되는 산업재해방지조치를 규정하는 동시에 그 조치를 총괄관리하게 하기 위하여 총괄안전위생책임자의 선임을 의무 지우는 등 독자적인 안전보건관리체제를 규정하고 있다(「안위법」제15조, 제16조, 제30조). 나아가 건설업에서는 당해 업종의 유해위험성이 특히 높은 점 등을 감안하여 안전위생관리조직의 강화가 도모되어 있다(「안위법」제15조의2, 제15조의3).

1. 총괄안전위생책임자

총괄안전위생책임자는 일반사업의 총괄 안전위생관리자에 대응하는 지위, 즉 특정사업이 하나의 장소=건설 등의 현장에서 도급혼재관계하에서 행해지는 경우 그 작업에 동반하는 산업재해의 방지업무를 총괄 관리하는 책임자의 지위에 있다(「안위법」제15조 제1항).

총괄업무에는 관계도급인의 근로자를 포함하여 근로자의 산업재해방지를 위한, ⅰ) 협의조직의 설치·운영, ⅱ) 작업 간의 연락·조정, ⅲ) 작업일마다 최소 1회의 작업 장소 순시(「안위칙」제637조), ⅳ) 관계수급인이 행하는 안전보건교육의 지도·원조, ⅴ) 일을 행하는 장소가 일에 따라 달라지는 것을 상태로 하는 업종 중 후생노동성령에서 정하는 업종(건설업)에 대해서는 일의 공정, 작업 장소의 기계·

설비 등을 사용하는 작업에 관하여 관계수급인이 안위법령에 근거하여 강구하여야 할 조치의 지도, vi) 기타 당해 산업재해 방지에 필요한 사항(「안위법」 제15조 제1항, 제30조 제1항)이 포함되어 있다. 총괄 안전위생책임자의 직무에는 이외에 후술하는 원청 안전위생관리자에 대한 지휘와 건설업의 일 중 정령에서 정하는 것을 행하는 사업주가 강구하여야 하는 구호조치의 총괄관리가 포함되어 있다(「안위법」 제15조 제1항·제4항).

총괄안전위생책임자를 선임하여야 하는 사업주는 특정원청사업주이고 하나의 장소에서 상시 취로하고 있는 근로자 수가 관계수급기업의 근로자를 포함하여 50명 이상이 되는 자이다(「안위법」 제15조 제1항, 「안위령」 제7조 제2항). 주문자의 분할발주의 경우에는 분할수주자 중에서 특정원청사업주로서의 조치의무자를 1명 지명하는 것으로 하고(「안위법」 제30조 제2항), 지명이 없을 때에는 노동기준감독서장이 지명하고(「안위법」 제30조 제2항), 그 피지명자가 총괄안전위생책임자를 선임하는 의무를 진다(「안위법」 제15조 제4항). 지명되지 않은 사업주는 설령 특정원청사업주에 해당하는 경우라도 총괄 안전위생책임자를 선임할 의무를 면제받는다.

2. 원청 안전위생관리자

원청 안전위생관리자는 총괄안전위생책임자의 지휘를 받아 그 총괄 관리하여야 할 직무사항 중 기술적 사항을 관리하는 자이고 이른바 그 보좌기관인 지위에 있다.

총괄안전위생책임자를 선임한 사업주이고 건설업 기타 정령에서 정하는 업종의 사업주는 일정한 자격을 갖는 자 중에서 당해 사업장에 전속하는 자를 원청 안전위생관리자로 선임하여야 한다(「안위법」 제15조의2, 「안위칙」 제18조의3・제18조의4).

3. 점사(店社) 안전위생관리자

건설업의 원청사업주이고 건설공사가 소규모이기 때문에 총괄 안전위생책임자의 선임을 면제받고 있는 사업주는 당해 공사현장을 관리하고 있는 점사(본점, 지점, 영업소 등)마다 성령에서 정하는 일정한 자격을 가지는 자 중에서 점사 안전위생관리자를 선임하지 않으면 안 된다(「안위법」 제15조의3, 「안위칙」 제18조의7).

점사 안전위생관리자 선임의무를 지는 공사현장의 규모는 ① 수도공사, 교량건설 작업의 일부 및 압기공법에 의한 작업은 취로근로자 수가 20명 이상 30명 미만인 곳, ② 주요 구조부가 철골조 또는 철골철근 콘크리트조인 건설물 작업은 20명 이상 50명 미만인 곳이다 (「안위법」 제15조의3 제1항, 「안위령」 제7조 제2항, 「안위칙」 제18조의6). 또한 이 선임의무는 건설업의 분할발주의 경우의 피지명자에도 미친다(「안위법」 제15조의3 제2항).

점사 안전위생관리자의 직무는, ① 건설현장에서 총괄안전위생관리를 담당하는 자에 대한 지도, ② 매월 최소 1회 건설현장의 순시, ③ 근로자의 작업의 종류, 기타 작업의 실시상황의 파악, ④ 협의조직 회의에의 수시 참가, ⑤ 안위법 제30조 제1항 제5호의 작업공정에 관한 계획 및 작업 장소의 기계, 설비 등의 배치에 관한 계획에 관하여 동호의 조치가 강구되어 있는지에 대한 확인 등이다(「안위법」 제15조의3, 「안위칙」 제18조의8).

4. 안전위생책임자

총괄안전위생책임자 선임의무가 없는 사업주(원청사업주 외의 사업주)는 관계수급인으로서 안전위생책임자를 선임하고 그로 하여금 ① 총괄안전위생책임자와의 연락, ② 총괄안전위생책임자로부터 연락을 받은 사항의 관계자에의 연락, ③ 총괄안전위생책임자로부터의 연락에 관련된 사항 중 당해 수급인에 관련된 것의 실시에 대한 관리, ④ 당해 수급인이 그 근로자의 작업의 실시에 관하여 작성하는 계획과 특정원청사업주가 작성하는 계획 간의 정합성 확보를 도모하기 위한 총괄안전위생책임자와의 조정, ⑤ 혼재작업에 의해 생기는 산업재해에 관련된 위험의 유무 확인, ⑥ 후차(後次) 수급인의 안전위생책임자와의 작업 간의 연락 및 조정 등의 업무를 이행하도록 하여야 한다(「안위법」 제16조, 「안위칙」 제19조).

제5장 안전보건기준

안전보건기준의 확립은 종합적·계획적인 안전보건대책의 추진이라고 하는 안위법의 수단적 목적 중에서도 가장 중요하고 기본적인 대책이다. 따라서 안위법의 주요 부분을 이루고 있고 구체적인 조치기준은 「안위칙」과 기타 규칙에 상세하게 규정되어 있다.[18]

제1절 사업장 내 조치기준

1. 시설 등 대상 기준

가. 작업수단 등의 기준

이 기준은 기계·기구, 원자재 등 작업수단에 기인하는 재해를 방지하기 위한 조치유형으로서 세 가지의 유형으로 구분될 수 있다. 첫 번째는 기계·기구, 기타 설비에 의한 기계적·물리적 위험방지의 조치유형(「안위법」 제20조 제1호)이다. 예를 들면 기계의 동력 부분에의 접촉방지, 작업기계의 도괴방지 외에 보일러의 파열 등의 구조적 위험방지도 포함된다. 그 기준의 상세는 「안위칙」 제2편 안

---

18) 이하의 내용은, 金子征史·西谷敏, 『労働基準法[第5版]』, 日本評論社, 2003, 245쪽 이하 참조

전기준 제1~3장 등에 구체화되어 있다.

두 번째는 사업장에서 제조·취급하는 물질 등의 가열, 접촉, 마찰 등에 의한 폭발, 화재 등의 화학적 위험의 방지를 위한 조치유형이다(「안위법」 제20조 제2호). 본 조항에서 말하는 폭발·발화·인화성 '물질 등'이란 예시인바, 화학성 성질에 기인하여 폭발, 화재 등의 위험을 초래한다고 인정되는 물질을 모두 포함한다. 세 번째는 전기·열 등의 에너지에 의한 감전·가열·누전의 화재·화상 등의 위험을 방지하기 위한 조치유형이다(「안위법」 제20조 제3호, 「안위칙」 제2편 제5장).

나. 작업방법의 기준

굴삭·채석·하역·벌목 등의 업무에서는 작업의 절차·방법 등의 과오로 인하여 토석이나 쌓아 놓은 짐의 붕괴, 매설가스도관의 절단, 벌목 시의 피난 지연에 의한 재해가 적지 않다. 이러한 작업방법으로부터 발생하는 재해의 예방기준의 유형은 주로 옥외노동작업에서 많이 발견되는 위험유형이다(「안위법」 제21조 제1항, 「안위칙」 제2편 제6장 내지 제8장의6). 예를 들면 일정한 굴삭작업에서는 붕괴의 위험방지를 위하여 작업개소 등의 지질, 형상의 조사·점검(「안위칙」 제355조, 제358조 등)이 필요하다고 규정되어 있다.

다. 작업 장소의 기준

본 기준은 작업장 자체가 내포하는 '근로자의 추락'이나 '토사 등의 붕괴'의 위험을 방지하기 위한 기준이다(「안위법」 제21조 제2항,

「안위칙」 제2편 제9장). 여기에서의 토사 등의 붕괴의 위험에는 물체의 낙하의 우려도 포함된다.[19] 이 기준의 구체적인 예로서는 물의 낙하, 비래방지를 위하여 안전망 등의 설비를 설치하고 근로자에게 안전모를 착용하게 하는 것(「안위칙」 제534조 내지 제539조), 높이 2미터 이상의 장소에서의 작업에 대해서는 발판 등의 작업대를 설치하는 것(「안위칙」 제518조) 등이 있다.

라. 작업내용의 기준

본 기준은 원재료, 기계, 기구 등의 작업수단, 작업대상, 나아가 작업의 성질 등이 내포하고 있는 유해요인에 의한 재해를 예방하기 위한 기준이다(「안위법」 제22조).

그것에는 다음과 같은 유형의 재해방지조치가 포함된다(「안위법」 제22조 제1호 내지 제4호). 즉, ① 원자재, 유해가스, 증기, 분진에 의한 중독, 피부장해 등 화학적 유해의 방지를 위한 조치유형, ② 방사선, 초음파, 소음 등 물리적 유해요인에 의한 건강장해의 예방을 위한 조치유형, ③ 계기 감시작업 등 고도의 정신, 신경의 긴장을 요하는 작업에 의한 스트레스 등의 건강장해의 예방을 위한 조치유형, ④ 유해물을 함유하는 배기, 폐액 등으로부터 발생하는 건강장해의 예방을 위한 조치유형이다. 이 조치기준의 구체적 내용은 「안위칙」 외에 「유기용제중독 예방규칙」, 「납중독 예방규칙」, 기타의 규칙에 정해져 있다.

---

19) 앞의 통달, 基發 602호.

마. 작업장의 구조기준

근로자가 취로하는 '건설물 기타 작업장의 구조' 등의 결함으로부터 발생하는 위생·풍기 및 생명의 유지를 위하여 필요한 재해예방기준이다(「안위법」 제23조). 구체적 기준으로서는 안위칙상 통로·바닥면의 보전(제2편 제10장 제1절), 기적·환기, 채광·조명, 온도·습도, 휴양 등의 규정(제3편 제1장 내지 제9장)이 있는 외에, 「사무실 위생기준 규칙」 제1∼5장에도 규정되어 있다.

2. 근로자 대상 기준

가. 작업행동 등의 기준

산업재해에 따라서는 시설 등의 위해방지조치를 강구하는 것만으로는 불충분한 경우가 있다. 재해발생의 원인에 따라 작업의 행동양식을 설정하고 이에 따라 근로자가 정확하게 행동하지 않으면 재해를 방지할 수 없는 경우가 많다. 예를 들면, 중량물 운반에 의한 요통 등의 방지는 근로자가 행동양식을 적절하게 준수하는 것에 의하여 확보하는 것이 가능한 경우가 적지 않다. 이 기준은 사업주에게 이러한 종류의 산업재해를 방지하기 위하여 적절한 조치를 취하여야 한다는 것을 의무 지운 것이다(「안위법」 제24조).

나. 안전보건교육의 기준

구(舊) 「노기법」에서도 채용 시의 안전위생교육에 대한 규정이 마

련되어 있었지만 「안위법」에서는 이 안전위생교육에 관한 규정이
현격히 강화되어 있다.

(1) 채용 시 교육(안위법 제59조 제1항)

사업주가 근로자를 채용한 때에는 사업주는 그의 근로자에 대하
여 지체 없이 ① 기계, 원재료 등의 위험성·유해성 및 이것의 취급
방법, ② 안전장치, 유해물 억제장치, 보호구의 성능 및 이것의 취급
방법, ③ 작업수순, ④ 작업 개시 시의 점검, ⑤ 당해 업무에 관하여
발생할 우려가 있는 질병의 원인 및 예방, ⑥ 정리정돈 및 청결의
유지, ⑦ 사고 시 등에 있어서의 응급조치 및 퇴거 등, ⑧ 기타 당해
업무에 관하여 안전보건에 필요한 사항에 대하여 안전보건교육을
실시하여야 한다(「안위칙」 제35조 제1항). 이 경우 일정한 사업장의
근로자에 대해서는, ①부터 ④까지의 사항에 대한 교육을 생략할 수
있다(「안위칙」 제35조 단서).

(2) 작업내용 변경 시의 교육(안위법 제59조 제2항)

근로자가 다른 작업으로 전환하였을 때나 작업설비, 작업방법 등
에 대폭적인 변경이 있을 때 등은 근로자의 안전보건을 확보한다고
하는 점에서는 근로자의 채용 시와 같은 조건이 되는 점에서 이와
같은 경우에 사업주는 근로자를 대상으로 채용 시 교육 항목에 대한
안전보건교육을 실시하지 않으면 안 되는 것으로 규정되어 있다.

(3) 특별안전위생교육(안위법 제59조 제3항)

사업주는 유해위험업무로서 후생노동성령에서 정하는 업무에 근
로자를 종사하게 할 경우에는 특별한 안전보건교육을 실시하여야
한다. 특별교육의 대상으로 되어 있는 유해위험업무는 소형보일러

취급업무 등 41개의 업무이다(「안위칙」제36조). 특별교육에서의 교육사항 및 교육시간은 업무의 종류에 따라 각각 후생노동 대신 고시에 정해져 있다. 특별교육을 실시한 사업주는 당해 특별교육의 수강자, 과목 등의 기록을 작성하여 3년간 보존하지 않으면 안 된다(「안위칙」제38조).

(4) 직장교육(안위법 제60조)

건설업 등 일정한 업종에 속하는 사업장(「안위령」제19조)에서는 사업주는 새로운 직무를 맡게 된 직장(職長), 기타 작업 중의 근로자를 직접 지도 또는 감독하는 자(작업주임자를 제외)를 대상으로, ① 작업방법의 결정 및 근로자의 배치, ② 근로자에 대한 지도 또는 감독의 방법 등 일정한 사항에 대한 안전보건교육을 일정 시간 이상 실시하여야 한다(「안위칙」제40조). 이 규정은 생산공정에 있어서의 직장의 입장이 근로자의 안전보건을 확보하는 데 있어서 매우 중요한 위치를 점하고 있다는 점을 감안하여 규정된 것이다.

다. 취업제한의 기준

「안위법」제61조에서는 크레인 운전 등 일정한 유해위험업무에 대해서는 도도부현 노동기준국장의 면허를 받은 자, 기능강습을 수료한 자 등 일정한 자격을 가지는 자가 아니면 취업하게 하여서는 안 된다고 규정되어 있다. 이 취업제한의 대상업무는 정령에 규정되어 있는바, 면허를 필요로 하는 업무는 발파, 크레인 운전 등 9가지 업무이고 기능강습 수료를 필요로 하는 업무는 가스용접업무 등 7가지 업무이다(「안위칙」제41조).

또한 이러한 업무는 자격을 가지는 자 이외의 자는 수행하여서는 안 되고(「안위법」 제61조 제2항), 그 위반에는 벌칙도 규정되어 있다.

라. 건강진단

건강진단은 근로자의 건강관리의 기초자료로서 보건대책상 필수불가결한 것이라고 말할 수 있는바, 사업주는 그 결과에 근거하여 적절한 조치를 강구하여야 한다(「안위법」 제66조의5). 사후조치위반에는 벌칙이 수반되어 있지 않지만 다른 조항, 예를 들면 취업금지(「안위법」 제68조) 등에 의하여 위반 책임이 물어지는 경우가 있을 수 있다. 그렇지 않은 경우라도 위반 때문에 질병 악화 등의 결과가 발생하면 민사책임이 문제가 될 수 있다.

또한 직업병의 예방, 기타 이환 근로자의 건강의 조기회복을 위하여 취업규칙 등에서 정밀진단의 수진이 제도화되어 있는 경우, 근로자에게 기본적으로 수진·의사선택의 자유가 있는 것은 당연하지만 그 내용이 합리적 또는 상당한 한 수진의 의무를 진다고 볼 수 있는 경우도 있다. 이러한 경우 근로자가 동 의무에 위반하면 징계처분의 대상이 된다는 판례[20]가 있다.

건강진단은 일반건강진단(「안위법」 제66조 제1항)과 특수건강진단(「안위법」 제66조 제2항 내지 제4항)으로 대별된다. 전자는 업종·규모에 관계없이 상시 근로자를 사용하는 모든 사업에서 성령이 정하는 바에 따라 실시되는 검진이다. 파트타임 근로자도 주당 근로시간이 동종의 업무에 종사하는 통상 근로자의 근로시간의 4분의 3 이상이면 일반건강진단의 대상에 해당된다.[21] 후자는 일정한 유해위험업무

---

20) 電気公社帯広局事件·最高裁 1986.3.13, 労働判例 470호, 6쪽.

에 종사하는 근로자의 직업성 질병을 상정한 특별항목에 대한 건강
진단이다.

마. 병자의 취업금지

사업주는 병독 전파의 우려가 있는 전염병에 이환하고 있는 자,
정신장해 때문에 자신에게 상처를 입히고 타인을 해할 우려가 있는
자, 심장, 위장, 폐 등의 질병으로 노동에 의하여 질병이 현저히 악
화될 우려가 있는 자, 기타 후생노동대신이 정하는 질병에 이환되고
있는 자에 대해서는 취업금지의 조치의무를 부담한다(「안위법」 제68
조, 「안위칙」 제61조 제1항). 단, 취업금지에 관해서는 미리 산업의
등의 의견에 근거하는 것이 필요하다. 취업금지는 임금의 감소·상
실로 연결되기 때문에 이것을 운용할 때는 근로자의 질병의 종류·정
도, 산업의 등의 의견을 감안하여 가급적 배치전환, 작업시간 단축
등에 의하여 취업의 기회를 잃지 않도록 하고 불가피한 경우에 한하
여 금지하는 것이 요청되기 때문이다.[22] 이 점과 관련하여, 같은 취
지의 구(舊)「노기법」 제51조에 의한 '질병의 취업금지'에 대해서,
'단지 근로자가 폐결핵에 이환되어 있다고 하는 것만으로는 이것을
원인으로 하여 당해 근로자의 의사에 반하여 취업의 금지를 하는 것
은 불가하다'고 한 판례[23]가 나와 있다.

---

21) 1993.12.1, 基発 663호.

22) 1972.9.18, 基発 601호의1.

23) 田中鉄工休職事件·神戸池判 1958.8.13, 労働関係民事判例集 9권 5호, 791쪽.

바. 작업시간의 제한

건강상 유해한 업무에 대해서는 유해인자 자체에 노출되는 시간의 규제가 필요하다. 그 때문에 잠수업무와 기타 유해업무에 대해서는 작업종사시간 그 자체를 제한하는 것에 의하여 근로자의 건강장해를 방지하도록 하는 조치가 강구되어 있다(「안위법」 제65조의4, 「고기압 장해방지규칙」 제15조, 제27조).

제2절 도급혼재작업의 조치기준

도급혼재관계에서는 당해 관계에서의 사업주의 입장에 따라 다음과 같은 여러 가지 조치유형이 규정되어 있다.

먼저 원청사업주는 사업주로서 자사의 근로자에 대해 유해방지의무를 지는 것과는 별도로 관계수급인과 그 근로자가 법률 및 부속규정에 위반하지 않도록 지도하고 이들에게 위반이 인정되는 때에는 시정조치를 취하는 것이 의무 지워져 있다.

두 번째, 특정원청사업주는 특별한 안전보건관리체제의 설치·운영이 의무 지워져 있는 동시에 도급혼재관계에 동반하는 위해방지를 위하여 총괄 안전위생책임자의 항에서 서술한 일정한 조치의무를 진다(「안위법」 제30조 제1항). 그리고 분할발주의 경우에는 이미 서술한 바와 같이 발주자 등이 이 조치의무자를 지명하는 것으로 되어 있다(「안위법」 제30조 제2항·제3항, 「안위칙」 제643조, 643의2조).

셋째, 특정사업에서는 그 일의 일부를 도급하는 경우, 건설물·설비·원재료를 수급사업주에게 사용하게 하는 경우가 많다. 그런데 수급사업주에게 건설물 등의 관리권이 없기 때문에 충분한 위해방지조치를 강구하기 어려운 면이 있다. 따라서 건설물 등의 종류에 따라서는 주문자 자신이 필요한 위해방지조치를 취하는 것이 의무 지워져 있다(「안위법」 제31조, 「안위칙」 644조 내지 662조).

넷째, 도급혼재관계에서는, 특정원청사업주나 주문자의 조치에 대응하여 이들 이외의 관계수급인도 그 조치의 실시·준수에 필요한 조치를 강구하여야 한다(「안위법」 제32조).

제3절 유통관계의 조치기준

유통관계의 조치기준은 유통관계를 규제의 대상으로 하기 때문에 법령 자체에 한정이 있는 경우를 별도로 하면 반드시 사업주에 한정되는 것은 아니다. 각 법조항에서 규제되는 유통행위 등을 행하는 자는 모두 대상이 된다.

1. 대상물의 유해성에 입각한 기준

가. 기계 등의 규제조치

기계 등의 폭발·도괴·접촉 등에 의한 재해의 위험을 직장의 이전 단계에서 예방하기 위하여 「안위법」은 기계 등을 다음의 3가지 종류, 즉 ① 보일러, 기타 특히 위험한 작업을 동반하는 기계 등으로서 안위법 별표1의 기계 등 중 정령에서 정하는 것(특정기계 등), ② 특정기계 등 이외의 기계 등으로서 별표2의 것, 기타 유해·위험한 작업을 필요로 하는 것, 위험한 장소에서 사용하는 것 및 그것에 관련되는 방호조치 등 중 정령에서 정하는 것, ③ 기타 동력에 의해 구동되는 기계 등으로 구분하고 위해의 정도에 대응한 규제를 강구하고 있다. 지금까지 규제의 구체화에 관련되는 제조 시 등 검사, 성능검사 등에 대해서는 실시기관을 지정하는 방식이 채택되어 있었지만 2003년에 등록방식으로 바뀌었다.

상기의 기계 등 중, 특정기계 등(「안위령」 제12조)에 대해서는 제조 자체가 도도부 현 노동국장의 허가가 필요하다(「안위법」 제37조). 또 제조 후의 단계에 대해서도 제조자 또는 수입자, 성령에서 정하는 기간에 설치되지 않았던 것을 설치하려고 하는 자 또는 일단 사용을 폐지한 것을 다시 설치 또는 사용하려고 하는 자는 당해 특정기계 및 그것에 관련한 성령 소정사항에 대하여 특정기계 등 중 성령에서 정하는 것은 후생노동대신의 등록을 받은 자의 검사를 그 이외의 특정기계에 있어서는 도도부 현 노동국장의 검사를 각각 받아야 한다(「안위법」 제38조 제1항). 또 특정기계 등을 설치하거나 변경한 자 또는 재사용하려고 하는 자는 노동기준감독서장의 검사를 받지 않으면 안 된다(「안위법」 제38조 제3항).

특정기계에 준하는 위험성을 가지는 ②의 기계 등에 대해서도 소정의 규격 등을 구비하지 않으면, 양도·대여·설치가 금지된다(「안위법」 제42조, 「안위령」 제13조). 이 중 일정범위의 기계에 대해서는 제조·수입 등의 경우 후생노동대신의 등록을 받은 특정기관의 검정을 받을 필요가 있다.

상기 기계 이외의 동력에 의하여 구동되는 ③의 기계는, 소정의 방호조치를 하는 것이 필요하고 그것을 결하는 경우 양도, 대여 외에 이것을 목적으로 하는 전시도 금지된다(「안위법」 제43조).

나. 유해물의 조치기준

(1) 제조 등의 금지

황린성냥, 벤지딘 등 제조·취급의 과정에서 근로자에게 중증의 건강장해를 발생시키고 현재의 기술로는 유효한 방지조치가 없는 일정한 물질(「안위령」 제16조)에 대해서는 시험연구 등의 경우를 제외하고는 제조·수입·양도·제공·사용이 금지되어 있다.

(2) 제조 허가

디클로로벤지딘 등 미량의 노출로도 암, 기타 중증의 건강장해가 발생할 우려가 있는 일정한 물질(「안위령」 제17조)에 대해서는 후생노동대신에 의한 제조허가제로 되어 있는바, 제조설비의 밀폐화 등 소정의 방지조치가 허가의 조건으로 되어 있다(「안위법」 제56조 제2항).

(3) 표시 등

벤젠 등 근로자에게 건강장해를 초래할 우려가 있는 일정한 물질(「안위령」 제18조)을 양도 또는 제공하려고 하는 자는 그 명칭, 성분, 함유량 등 소정의 사항을 표시하지 않으면 안 된다(「안위법」 제57조).

(4) 유해성 조사

유해성 조사에는 다음과 같은 두 가지 종류가 있다.

첫째, 신규화학물질, 즉 기존의 화학물질로서 정령에서 정하고 있는 것 이외의 화학물질을 제조하거나 수입하려고 하는 사업주는 노출의 우려가 없는 경우나 시험연구 목적의 경우를 제외하고는 미리 일정한 유해성 조사를 실시하고 그 명칭, 조사결과를 후생노동대신에게 신고하여야 한다. 그리고 조사결과의 제출을 받은 후생노동대신은 그 화학물질명을 공표함과 동시에 그 유해성의 조사결과에 대하여 학식과 경험을 갖춘 자의 의견을 청취하고 필요한 예방조치를 신고한 사업주에게 권고할 수 있다(「안위법」 제57조의3 제3항·제4항). 이 조사는 상기 화학물질이 암원성(癌原性)의 의심이 있는 물질인지의 여부에 대하여 예비적으로 선별하기 위하여 실시되는 것이다.

둘째는 기존의 화학물질 중 암, 기타 중증의 건강장해의 우려가 있는 물질에 대하여 후생노동대신이 직업병 예방을 위하여 필요하다고 인정하는 경우 제조·수입·사용하고 있거나 제조·수입·사용한 적이 있는 사업주에 대하여 지시하여 실시하는 유해성 조사이다(「안위법」 제57조의4, 「안위칙」 34조의 19). 이 유해성 조사는 신규화학물질의 경우와는 달리 암원성 그 자체에 대한 조사이다.

다. 발송자의 중량표시조치

1톤 이상의 화물을 '발송'하려고 하는 자는 누구든지 보기 쉽고 쉽게 소멸되지 않는 방법으로 중량을 표시할 의무를 진다(「안위법」 제35조). 이 기준은 화물을 취급하는 자가 그 중량에 대하여 잘못된 인식을 가지고 당해 화물을 취급하는 것에 의하여 발생하는 산업재해를 방지하는 것을 목적으로 하여 정한 것이다. '발송'에는 사업장 구내에서의 중량물 1톤 이상의 화물 이동은 포함되지 않는다. 그리고 포장되어 있지 않은 화물로서 그 중량을 한눈에 명백히 알 수 있는 것을 발송하려고 할 때는 중량을 표시할 의무가 없다.

2. 관리권한에 입각한 기준

기계 리스업의 증대에 동반하여 대여를 받는 측의 관리권한이 충분하지 않기 때문에 산업재해가 발생하는 경우가 적지 않다. 이를 위하여 「안위법」은 두 가지의 규제를 정하고 있다.

가. 기계 대여자의 조치기준

정령에서 정하는 기계 등을 대여하는 자로서 정령에서 정하는 자는 대여를 받은 사업주가 사용하는 근로자의 산업재해 예방을 위하여 미리 기계 등을 점검하고 필요한 정비를 행하는 한편 대여할 때에 기계의 능력, 특성, 기타 사용상의 주의사항을 기재한 서면을 교부하지 않으면 안 된다(「안위법」 제33조, 제36조, 「안위칙」 제665조, 제666조).

나. 건설물 대여자의 조치기준

건설물을 공장, 사무소로 하여 복수의 사업자에게 대여하는 자는 누구든지 그 설비 및 관리에 있어서 소정의 안전보건 확보조치를 강구할 의무가 있다(「안위법」 제34조, 「안위령」 제11조, 「안위칙」 제670조 이하). 위반이 있으면 도도부 현 노동국장 또는 노동기준감독서장은 당해 건설물의 사용정지를 명하는 것이 가능하다(「안위법」 제98조).

제6장 노동안전위생법의 의무이행 확보

　안위법의 시행업무는 노동기준감독서장 및 노동기준감독관이 담당한다(「안위법」 제90조). 노동기준감독관은 사업장에 출입하여 관계자에게 질문하고 장부, 서류를 검사하고 작업환경을 측정하며 검사를 위하여 원자재 등을 수거하는 권한을 가진다(「안위법」 제91조).

　현재 후생노동성 노동기준국 소속으로 전국에 47개의 도도부 현 노동국이 설치되어 있고 노동국 밑에 2012년 6월 30일 현재 총 326개의 노동기준감독서가 설치되어 있다.

　또한 후생노동성 본성, 도도부 현 노동국, 노동기준감독서에는 산업안전전문관 및 산업위생전문관이 두어져 있는데 전자는 특정기계 등의 제조의 허가, 검사·검정, 안전보건개선계획 중 산업안전에 관한 사항, 공사 등의 계획의 제출내용의 심사 등의 업무 및 산업안전컨설턴트 등에 관한 것, 안전과 관련한 기술기준에 관한 것, 산업안전교육의 실시 및 원조, 기술지침 등의 보급 등의 업무를 담당하고(「안위법」 제93조 제2항 참조), 후자는 유해물의 제조허가, 화학물질의 유해성 조사에 관한 권고 또는 지시, 작업환경측정에 대한 전문기술적 사항, 안전보건개선계획 중 산업보건에 관한 사항, 공사 등의 계획의 제출내용의 심사 등의 업무 및 산업보건컨설턴트 등에 관한 것, 작업환경기준의 보급에 관한 것, 건강관리수첩제도의 운용 및 건강진단의 실시 촉진에 관한 것, 산업보건교육의 실시 및 원조 등의 업무를 담당한다(「안위법」 제93조 제3항 참조).

나아가 도도부 현 노동국에는 산업보건 지도의(指導醫)가 두어져 있는바(「안위법」 제95조), 도도부 현 노동국장이 지시하는 작업환경 측정 및 임시건강진단을 실시할 때 필요한 의견을 말하는 외에 작업 환경의 개선, 건강관리의 추진 등 근로자의 건강확보를 위하여 필요 한 사항에 관하여 산업보건 분야의 전문의학적인 입장에서 산업보 건행정에 참여한다.

그리고 후생노동성대신은 감독관, 전문관, 지도의가 그들의 업무 를 적절하게 수행하는 데 필요하다고 인정될 때에는 그들로 하여금 형식검정을 하는 자의 사업장 또는 형식검정에 관계하는 기계 또는 설비 등이 있다고 인정하는 장소, 컨설턴트의 사무소, 제조 시 등 검 사대행기관, 성능검사대행기관, 개별검정대행기관, 형식검정대행기 관, 검사업자, 지정시험기관, 지정교습기관에 출입하여 관계자에게 질문하게 하고 장부, 서류, 기타의 물건을 검사하게 하는 것이 가능 하다(「안위법」 제96조).

본법의 실효성 확보조치는 사업장에 출입 검사하여 법령 위반을 발견하고 그것에 대하여 행정벌을 부과하는 것에 그치지 않는다. 산 업재해 발생을 미연에 방지하기 위하여 위험하다고 보이는 상황을 가능한 한 조기에 개선하고 또한 항상 보다 안전하고 위생적인 작업 환경을 유지하는 것이 가능하도록 행정벌에 추가하여 각종 명령에 대해서도 규정하고 있고 나아가 권고, 요청, 장려, 지시, 지도 등의 방법을 정하고 있다. 또한 행정시책이 실효를 거두기 위하여 국가 (후생노동대신)에 의한 원조의 규정도 두어져 있다.

명령에는 근로자의 위험 또는 건강장해를 방지하기 위한 조치가 갖추어져 있지 않은 사실이 있는 경우에 도도부 현 노동국장 또는 노동기준감독서장이 사업자, 주문자, 기계 등 대여자, 건축물 대여자에 대하여 작업의 전부 또는 일부의 정지, 건축물 등의 전부 또는 일부의 사용의 정지 또는 변경, 기타 산업재해방지를 위하여 필요한 조치를 명하는 것(「안위법」 제98조), 산업재해 발생의 급박한 위험이 있고 긴급의 필요가 있는 경우에 도도부 현 노동국장 또는 노동기준감독서장이 사업자에 대하여 작업의 전부 또는 일부의 정지, 건축물 등의 전부 또는 일부의 사용의 정지 또는 변경, 기타 산업재해방지를 위하여 필요한 조치를 명하는 것(「안위법」 제99조) 외에, 노동기준감독서장의 안전관리자의 증원 또는 해임 명령권(「안위법」 제11조 제2항), 후생노동성대신 또는 도도부 현 노동국장이 양도 등이 제한되어 있는 기계 등의 사용에 의한 산업재해를 방지하기 위하여 필요한 조치를 강구할 것을 명하는 것(「안위법」 제43조의2), 후생노동성대신의 유해물의 제조 등에 관한 설비수리·개조·이전·작업방법준수 명령권(「안위법」 제56조), 노동기준감독서장이 계획의 제출을 심사하고 법령 위반이 있다고 인정한 때에 작업·공사의 중지, 계획의 변경을 명하는 것(「안위법」 제88조) 등이 정해져 있다.

또한 벌칙이 수반되는 지시의 예로서는, 후생노동대신에 의한 화학물질 제조자 등에의 유해성 조사결과 보고의 지시(「안위법」 제57조의3), 도도부현 노동국장에 의한 사업주에 대한 작업환경개선사항의 지시(「안위법」 제65조), 도도부현 노동국장에 의한 임시건강진단 등의 지시(「안위법」 제66조 제4항) 등을 그 예로서 열거할 수 있다.

제7장 근로계약상의 안전배려의무

제1절 의의 및 성격

현재의 계약법의 일반이론에서는 계약당사자는 상대방의 안전에 대한 배려를 부수의무로서 진다고 해석되고 있다.[24] 또 고용계약에 관해서는 사용자는 기업시설에 대해 근로자의 생명·건강의 위험으로부터 근로자를 보호할 의무를 진다고 비교적 일찍부터 학설에 의하여 주장되어 왔다.

판례에 있어서는 1960년대 후반에 의료과오, 학교사고에 의한 생명·신체의 침해를 채무불이행이라고 구성하는 하급심 판례 후, 산업재해에 의한 손해의 배상청구권은 근로계약상의 '안전보호의무' 내지 '안전보증의무'의 불이행으로부터 발생한다고 해석하는 주장이 나타났다.[25] 그리고 대법원에 의하여 국가는 공무원에 대하여 안전배려의무를 진다고 하여 배상책임을 인정한 판례가 나오게 되었는바, 동 판결에서 '안전배려의무'란 '일정한 법률관계 근거하여 특별한 사회적 접촉의 관계에 있었던 당사자 간에 있어서 당해 법률관계의 부수의무로서 당사자의 일방 또는 쌍방이 상대방에 대하여 신의칙상 지는 의무로서 일반적으로 인정되어야 하는 것'이라고 판시되

---

24) 内田貴, 『民法 III 債権総論·担保物権(第3版)』, 東京大学出版会, 2005, 131쪽 이하.

25) 門司港運事件·福岡地小倉支判 1972.11.24, 判例時報 696호, 235쪽; 伴鋳造事件·東京地判 1972.11.30, 判例時報 701호, 109쪽.

었다. 이 판결로부터 시작하여 현재에 이르기까지 산업재해에 대한 손해배상청구사건에 관하여 사용자의 안전배려의무를 인정하면서 그 의무의 내용, 의무내용과 위반사실의 입증책임, 귀책사유, 업무와 상병 등의 인과관계, 근로자 측의 사유에 의한 과실상계, 유족의 위자료청구권의 존부 등의 문제에 대해 판시한 판례가 다수 출현하여 왔다. 이러한 경과를 거쳐 계약관계 등의 당사자 간에는 상대방의 생명·건강 등을 위험으로부터 보호하는 안전배려의무가 존재하고 사업주도 근로자에 대하여 동 의무를 지는 관계로 산업재해에 대해 채무불이행 책임이 물어질 수 있다고 하는 법리가 판례에 의하여 확립되게 되었다.

판례는 안전배려의무를 대체로 다음과 같이 정의하고 있다. 사용자는 '근로자가 노무제공을 의하여 설치하는 장소, 설비 또는 기구 등을 사용하거나 사용자의 지시하에 노무를 제공하는 과정에서, 근로자의 생명 및 신체 등을 위험으로부터 보호하도록 배려해야 할 의무'를 진다.[26] 이 정의와 상기 1975년 대법원의 판결의 설시로부터 안전배려의무를 구체화하면 '물적 환경을 정비할 의무', '인적 배치를 적절하게 행할 의무', '안전교육 및 적절한 지시를 행할 의무', '안전위생법령을 실행할 의무'라는 4가지 의무로 유형화될 수 있다.[27]

2007년 11월에 제정된 「노동계약법」 제5조는 그동안 학설과 판례법에 의해 정착되어 온 안전배려의무를 명문화하여 입법화한 것이다.

---

26) 川義事件·最三小判 1984.4.10, 最高裁判所民事判例集 39권 6호, 557쪽.
27) 保原喜志夫·山口浩一郎·西村健一郎編, 『労災保険·安全衛生のすべて』, 有斐閣, 1998, 298쪽.

제2절 적용범위 및 의무내용 등

1. 적용범위

안전배려의무는 일정한 법률관계에 근거하여 특별한 사회적 접촉의 관계에 있었던 당사자 간의 의무이기 때문에 피재근로자와의 사이에 근로계약이 존재하지 않아도 사용자가 의무위반의 책임을 부담하여야 할 경우가 있을 수 있다. 예를 들면, 수급기업의 종업원에 대해 도급회사가 안전배려의무를 진다고 판시한 예,[28] 실질적으로 사용종속관계가 있는 도급계약의 당사자의 재해에 대해 안전배려의무 위반을 인정한 예[29]가 보인다.

안전배려의무는 특별한 사회적 접촉관계에 있는 당사자 간에 있어서 신의칙상 생기는 것이기 때문에 근로계약의 존재는 반드시 필요한 것은 아니지만 「노동계약법」 제5조를 유추적용하는 관점에서는 노무를 제공하는 자의 안전을 지키기 위하여 인적·물적 제 조건을 정비하는 것이 신의칙상 요청되는 관계가 존재하는 것은 필요하다고 이해된다. 그 구체적 내용은 사안에 따라 달라질 수 있지만 시설·기구의 이용, 지휘명령, 작업상의 관리감독 등 근로계약에 준하는 지배·관리관계가 필요하다고 해석되고 있다.[30]

---

28) 大石塗装・鹿島建設事件・最一小判 1980.12.18, 最高裁判所民事判例集 34권 7호, 888쪽.

29) 藤島建設事件・浦和池畔 1996.3.22, 労働判例 696호, 56쪽.

30) 三菱重工業神戸造船所事件・最一小判 1991.4.11, 労働判例 590호, 14쪽.

2. 의무내용과 입증책임

사용자의 안전배려의무는 근로자의 "생명 및 건강 등을 위험으로 부터 보호하도록 배려하여야 하는 것"[31]을 가리키고, 그 구체적 내용은 "근로자의 직종, 노무내용, 노무제공장소 등 안전배려의무가 문제로 되는 당해 구체적 상황에 따라 달라진다."[32] 즉, 안전배려의무의 구체적 내용은 그것이 문제로 되는 구체적 상황에 의해 결정된다. 따라서 동 의무의 위반을 이유로 하는 민사소송에서는 당해 의무의 내용을 특정하고 의무위반에 해당하는 사실을 주장·입증하는 책임은 원고 측에 있다고 해석되고 있다.[33]

사용자 측이 의무위반에 해당하는 사실은 확실히 있었지만, 그것은 자기의 고의·과실에 기인한 것은 아니다, 즉 귀책사유는 없다고 하는 입증에 성공하면 사용자는 면책되게 된다.

한편 안전배려의무의 경우, 의무위반의 사실의 입증과 귀책사유의 입증은 밀접하게 관련되어 있는 경우가 많고, 그 때문에 결국은 원고 측에서 "사용자에게는 이러한 의무위반의 사실이 인정되므로 그 결과 귀책사유도 사용자 측에 있다"고 하는 이중의 입증에 성공하지 않으면 승소할 수 없다는 의견이 유력하게 제기되고 있다. 그러나 사안에 따라서는 사실관계가 고도로 전문기술적인 영역에 미친다든가, 증거자료가 피고 측에 독점되어 있어 원고 측이 입수곤란하다든가 하는 경우에는 구체적인 사정에 따라서 피고 측의 안전배려의무 위반을 '추정'하고 입증책임을 전환(원고 측으로부터 피고

---

31) 林野庁高知営林局事件·最二小判 1990.4.20, 労働判例 561호, 6쪽.
32) 앞의 川義事件.
33) 航空自衛隊芦屋分遣大隊·最三小判 1981.2.16, 最高裁判所民事判例集 35권 1호, 56쪽.

측으로)하는 것에 의하여 입증활동의 공평화를 도모하는 수법이 취해지는 경우가 많다.

3. 인과관계

안전배려의무의 책임이 사용자에게 발생하기 위해서는 의무와 상병 등(부상·질병·장해·사망) 사이에 인과관계가 존재하지 않으면 안 된다. 이 인과관계는 '상당인과관계', 즉 행위와 결과 간의 사실적 인과관계 중의 통상 발생하는(발생의 개연성이 높은) 인과관계이다. 그 유무의 판단은「노동자재해보상보험법」에 근거한 보상급부가 이루어지기 위한 '업무기인성'의 인정과 유사한 것이고 특히 질병에 의한 상병 등의 사례에서 판단이 곤란한 점도 동일하다.

판례로서는 보육원의 보모의 업무와 경견완증후군의 발증 내지 악화 사이에 인과관계를 시인할 수 있는 고도의 개연성이 인정된다고 한 것[34] 등이 있다. 최근에는 '과로자살', '과로사'에 대하여 업무상의 과중부담과의 상당인과관계를 인정한 것이 눈에 띈다.

4. 귀책사유

안전배려의무 위반에 의한 민사상의 책임은 산재보상 책임과 달리 업무와 상병 등 사이에 상당인과관계가 있다고 인정되는 것만으로는 그 책임이 발생하지 않는다. 상당인과관계에 추가하여 사용자의 고의·과실을 비롯한 귀책사유(사용자 자신의 그것뿐만 아니라 사용자의 이행보조자＝피재근로자의 직장동료, 상사 등의 귀책사유

---

34) 横浜市立保育園事件・最三小判 1987.11.28, 労働判例 727호, 14쪽.

에 의한 것도 포함된다)가 존재하는 것을 필요로 한다. 특히 과실에 대해서는 상병 등의 예견 가능성과 결과회피 가능성이 문제로 된다.

판례는 사용자가 상병 등의 결과를 예견할 수 있었음에도 불구하고 예견하지 않은 경우,[35] 결과를 예견하였음에도 불구하고 필요한 결과회피조치를 강구하지 않은 경우[36]에 과실을 긍정하고 있다. 이에 반해 축적성의 질병에 대해 예견이 불가능하였고 예견이 가능하게 된 이후에는 사회통념상 상당한 조치를 강구한 경우[37]나 철도회사의 운전수가 3일간의 교육 직후에 자살한 경우에 교육의 수강에 의해 정신상태가 악화되어 자살하였다고 하는 결과에 대하여 예견이 불가능하였던 경우[38]는 귀책사유가 부정되고 있다.

제3절 노동안전위생법과 안전배려의무

1. 안위법과 안전배려의무의 내용

일본에서 안전배려의무는 당초에는 산업재해에 대한 손해배상이라고 하는 사후구제의 이론으로서 발전해 왔다. 이에 대하여 산업재해의 사전예방조치는 상세하고 방대한 안위법령이 행정적 감독 및 위반에 대한 형사제재라고 하는 공법상의 제재를 하는 것에 의하여 운용되어 왔다. 그러나 최근에는 안위법령의 존재가 사법상의 의무인 안전배려의무에 어떻게 작용하는지가 활발하게 논의되고 있다.

---

35) 三洋電気サービス事件・東京高判 2002.7.23, 労働判例 852호, 73쪽 등.

36) おタフクソース事件・広島池判 2000.5.18, 労働判例 783호, 15쪽 등.

37) 앞의 林野庁高知営林局事件.

38) JR西日本事件・大阪高判 2006.11.24, 労働判例 931호, 51쪽.

일본의 학설과 판례는 안위법이 안전배려의무의 내용을 구체적으로 규율하는 기능을 하는 점에 대해서는 이론 없이 이를 일반적으로 인정하고 있다. 이러한 의미에서 안위법령은 사법상의 의의를 가지고 있다고 말할 수 있지만 이론적으로는 그 사법적 의의를 어떤 식으로 구성하여야 할 것인지가 문제로 된다. 판례는 안위법이 그 내용, 목적으로부터 안전배려의무의 내용이 된다고 주장하는 것39)과 「안위법」은 그 성격상 바로 근로계약의 내용으로 되는 것은 아니지만 안전배려의무의 내용을 검토할 때에 그 기준으로서 충분히 참작하여야 한다고 판시하는 것40)으로 구분된다. 학설상으로는 안위법의 규정이 「노기법」 제13조의 강행적·직률적 효력을 통하여 당연히 근로계약의 내용이 된다고 해석하고 따라서 전자의 입장을 지지하는 견해가 많다.41)

2. 안전배려의무 위반의 법적 효과

사용자가 안전배려의무를 위반한 경우, 근로자가 손해배상청구 이외에 동 의무의 이행청구를 할 수 있는지 또 동 의무 위반에 대하여 노무제공의 거절권을 행사할 수 있는지가 문제될 수 있다.

먼저 이행청구권은 안전배려의무 위반에 대한 사전의 법규제가 될 수 있는 수단으로서 이를 승인하게 되면 근로자는 사후에 손해배

---

39) 内外ゴム事件・神戸地判 1990.12.27, 労働判例 596호, 69쪽; 三菱重工業神戸造船所事件・大阪高判 1999.3.30, 労働判例 771호, 62쪽; 関西保温工業事件・東京地判 2004.9.16, 労働判例 882호, 29쪽 등.

40) 三菱重工業[難聴1次・2次訴訟]事件・神戸地判 1984.7.20 労働判例 440호, 75쪽 등.

41) 青木宗也・片岡昇編, 『労働基準法Ⅱ』, 青木書林, 1995, 7-8쪽; 松岡三郎, 『安全衛生・労災補償』, ダイヤモンド社, 1980, 89쪽; 下森定, 「国の安全配慮義務」, 下森定編, 『安全配慮義務の形成と展開』, 日本評論社, 1988, 241쪽; 片岡昇, 『労働法(2)[第4版]』, 有斐閣, 1999, 7쪽 등.

상을 청구할 수 있을 뿐만 아니라 사전에 안전배려의무의 이행을 청구할 수 있다. 판례는 「진폐법」의 구체적 규제에 대응하는 진폐이환 방지조치 이행의무에 대한 이행청구권을 인정한 예[42)와 구(舊) 「안위법」 제66조 제7항의 소정의 작업전환의무 등에 대하여 의무내용의 특정이 없다고 하여 이행청구권을 부정한 예[43)로 나뉘어 있다. 그리고 학설 또한 이행청구권을 긍정하는 견해[44)와 부정하는 견해[45)가 대립하고 있는데 현재에 있어서는 전자가 다수설의 입장이라고 말할 수 있다.

또 안전배려의무의 위반이 있는 경우에 근로자에게 노무급부거절권의 행사가 허용되어야 하는지와 관련해서는 이를 인정하는 근거를 둘러싸고 여러 가지 견해로 나뉘어 있지만 노무급부거절권 그 자체는 학설·판례에 의하여 일반적으로 인정되고 있다.

---

42) 日本鉱業松尾採石塵肺事件·東京地判 1990.3.27, 労働判例 563호, 90쪽.

43) 高島屋工作所事件·大阪地判 1990.11.28, 労働経済速報 1413호, 3쪽.

44) 奥田昌道, 『債権総論(上)』, 筑摩書房, 1982, 20쪽; 高橋真, 『安全配慮義務の研究』, 成文堂, 1992, 154쪽; 宮本健蔵, 「雇用·労働契約における安全配慮義務」, 下森定編, 『安全配慮義務法理の形成と展望』, 日本評論社, 1988, 193-194쪽; 下森定, 「国の安全配慮義務」, 下森定編, 앞의 책, 239쪽 등.

45) 北川善太郎, 「債務不履行の構造とシステム」, 下森定編, 『安全配慮義務法理の形成と展望』, 日本評論社, 1988, 276쪽; 前田達明, 「債務不履行責任の構造」, 判例タイム 607호, 1986, 2-3쪽.

제8장 최근의 산업안전보건정책의 동향

1. 위험성평가

가. 개설

2006년 「안위법」의 개정·시행에 의하여 제28조의2가 신설되어 사업주에게 위험·위해성 등의 조사(위험성평가)를 실시하고 그 결과에 근거하여 상응하는 조치를 강구해야 하는 (노력)의무규정이 신설되었다.[46] 위험성평가 규정에 대한 위반 시 직접적으로는 벌칙이 부과되지 않지만, 총괄안전위생관리자의 직무에 위험성평가가 포함되어 있어 이를 실시하지 않을 경우 사업주의 총괄안전위생관리자에 대한 직무관리책임 위반으로 형사처벌 대상이 될 수 있다.

최근 생산공정의 다양화·복잡화가 진전되는 가운데 새로운 기계설비·화학물질이 도입되는 등 사업장 내에 존재하는 유해위험요인이 다양화하고 그 파악이 곤란해지고 있는 상황에서 사업장의 안전위생수준의 향상을 도모하기 위해서는 노동안전위생관계법령에 규정되어 있는 최저기준으로서의 위해(위험 또는 건강장해)방지기준을 준수하는 것뿐만 아니라 기업이 자주적으로 개개의 사업장의 유해위험요인을 조사하고 그 결과에 따라 노동재해 방지를 위해 적절한

---

46) 종래의 「안위법」에서도 화학물질에 관해서는 사업주에게 미리 유해성의 조사를 의무 지우는 규정(개정 전의 「안위법」 제58조)이 있기는 하였다.

조치를 강구하는 수법을 도입하는 것이 요구되고 있다.47)

금회의 법 개정에 의한 위험성평가를 실시하고 그 결과에 근거한 조치를 강구해야 한다고 하는 내용의 옥외산업적 업종 및 공업적 업종에의 일반적 의무 부과는 결과로서의 산업재해·직업성질병의 발생이 발견되기 전의 단계에서 그 발생을 방지하기 위한 조치를 강구하는 것을 사업주에게 의무 지우는 내용이라고 하는 점에서 「안위법」의 이념을 보다 '사전적 성격'을 갖는 것으로 방향 전환하는 것이라 평가할 수 있다.48)

나. 위험성평가 실시 및 조치 강구 의무

2006년 「안위법」 개정에 의하여 신설된 제28조의2(사업주가 실시해야 할 조사 등)의 규정에 의하면 "사업주는 후생노동성령에서 정하는 바에 따라 <u>건축물, 설비, 원재료, 가스, 증기, 분진 등에 의한 또는 작업행동, 기타 업무에 기인</u>하는 위험성 또는 유해성 등을 조사하고 그 결과에 근거하여 이 법률 및 이것에 근거한 명령의 규정에 의한 조치를 강구해야 하는 외에 근로자의 위험 또는 건강장해를 방지하기 위하여 필요한 조치를 강구하도록 노력하지 않으면 안 된다"(동조 제1항 본문)(주: 밑줄은 필자).

본조에 근거한 위험성평가는 제조업 등 안전관리자를 선임해야 하는 업종(즉, 옥외산업적 업종 및 공업적 업종)에 속하는 사업장에서 ① 건축물을 설치·이전·변경 또는 해체할 때, ② 설비, 원자재

---

47) 労働安全衛生分野のリスクアセスメントに関する専門家検討会, 「労働安全衛生分野のリスクアセスメントに関する専門家検討会報告書」, 2005, 1쪽.

48) 畠中信夫, 「改正労働安全衛生法と今後の労働安全衛生法上の課題」, 季刊労働法 215호, 2006, 76쪽 참조.

등을 신규로 채용 또는 변경할 때, ③ 작업방법 또는 작업절차를 신규로 채용 또는 변경할 때, ④ 상기사항 외에 건축물, 설비, 원자재, 가스, 증기, 분진 등에 의한 또는 작업행동, 기타 업무에 기인하는 위험성 또는 유해성 등에 변화가 생기거나 생길 가능성이 있을 때에 실시해야 한다(「안위법」 제28조의2 제1항 단서, 「안위칙」 제24조의11).

다. 위험성평가 결과에 근거한 조치의 범위

「안위법」 제1조에 규정되어 있는 법의 목적은 '산업재해의 방지'와 그 결과로서의 '직장에 있어서의 근로자의 안전과 건강의 확보'인바, 「안위법」 제28조의2에 규정되어 있는 밑줄 친 부분의 문언은 동법 제2조제1호에 규정되어 있는 '산업재해'의 정의(동호에서는 「안위법」에서 방지하려고 하고 있는 '노동재해'를 "근로자의 취업에 관계하는 건설물, 설비, 원자료, 가스, 증기, 분진 등에 의하거나 작업행동, 기타 업무에 기인하여 근로자가 부상을 입고 질병에 걸리거나 사망하는 것을 말한다"고 정의하고 있다)에서 사용되고 있는 문언과 완전히 동일하다(주: 밑줄은 필자).

이와 같이 '유해위험요인의 특정 → 각각의 위험의 측정·평가 → 그 결과에 근거한 위험성 저감조치의 강구'라고 하는 법 제28조의2의 규정에서 요구되고 있는 조치를 취하는 데 있어서 시야에 넣어야 할 범위는 「안위법」 제1조에서 말하는 동법의 목적의 범위와 동일하다는 것이 법문의 문언상에서 명백하게 나타나 있다.

결국 위험성평가의 결과에 의하여 실제로 강구되어야 할 조치로서는 「안위법」 제28조의2에 규정되어 있는 바에 따라 '이 법률(「안위법」) 및 이것에 근거한 명령(「안위칙」 등)의 규정에 의한 조치를

강구해야 하는 것'은 물론 그 외에 「안위법」 및 이것에 근거한 명령
에 규정되어 있지 않은 분야에 대해서도 '근로자의 위험 또는 건강
장해를 방지하기 위하여 필요한 조치'가 강구되어야 한다.

라. 노동안전위생관리시스템

'위험성평가의 실시와 그 결과에 근거한 조치'는 「안위칙」 제24
조의2의 규정에 근거한 '노동안전위생관리시스템에 관한 지침'(1999
년 노동성 고시 제53호)에서 정하는 노동안전위생관리시스템 속에
포함하여 실시되는 것이 바람직한 것으로 상정되어 있다. 그리고 위
험성평가 및 그 조치는 이 노동안전위생관리시스템에 의하여 보다
큰 효과를 발휘할 수 있을 것으로 이해되고 있다.

한편 2006년 안위법 개정·시행으로 노동안전위생관리시스템 촉
진방안으로서 위험성평가 및 그 결과에 따른 조치를 노동기준감독
서장으로부터 인정을 받은 사업주에 대하여 「안위법」 제88조의 공
사계획의 제출의무의 면제 등의 조치가 시행되고 있다(「안위법」 제
88조 제1항·제2항, 「안위칙」 제87조 내지 제87조의10).

2. 발주자 등에 의한 유해위험정보의 제공

최근 사업운영에 대하여 아웃소싱이 진행되는 가운데 화학물질을
제조하거나 취급하는 설비의 개조·수리·청소 등의 작업의 외주도
많이 이루어지고 있지만, 발주자 등이 스스로 파악하고 있는 설비상
황 등의 정보를 충분히 알리지 않은 채 발주한 것에 의한 일산화탄소
중독, 폭발, 화재 등의 산업재해가 발생하고 있다. 이 때문에 일정한

유해위험한 화학물질을 제조하거나 취급하는 설비의 개조·수리·청소 등의 작업의 발주자 등이 그 작업에 의한 산업재해를 방지하기 위하여 필요한 안전보건에 관한 정보를 수급인에게 제공하는 구조가 필요해지고 있다.

2005년 후생노동성은 이러한 점을 감안하여, 대량누출에 의한 급성장해 유발물질, 인화성 화학물질 등을 제조·취급하는 설비의 개조·수리·청소 등의 작업 중 설비 분해 등의 작업을 동반하는 일의 발주자 등은 산재예방을 위하여 그 화학물질의 유해성·위험성, 작업상 주의사항, 발주자 등이 강구한 조치 등의 정보를 문서에 의해 수급인에게 제공하고(「안위법」 제31조의2), 수급인은 발주자 등으로부터 입수한 정보에 따라 필요한 조치를 강구(「안위법」 제32조 제5항)하도록 하는 내용으로 「안위법」을 개정(2006년 4월 시행)하였다.

제6편 유럽연합(EU)

제1장 EU의 제도적 구조

EU 각국의 산업안전보건에 관한 법령 및 제도는 EU명령(directive) 등 EU의 법규범으로부터 지대한 영향을 받고 있다. 왜냐하면 EU에 가맹된 각국은 명령 등을 자국의 법령에 받아들일 의무가 있기 때문이다. 특히 산업안전보건에 관한 명령은 그 수가 많고 광범위하며 기본적으로 필요한 사항은 거의 제정되어 있다. 기술적인 진보나 지식의 진전에 대응하여 필요한 수정과 새로운 명령의 제정 등도 이루어지고 있다.

EU의 안전보건정책은 종래에는 명령을 중심으로 한 법제 정비를 중점으로 하고 있었지만 최근에는 법제에 의하지 않는 활동도 아울러 필요하다는 인식하에 유럽 산업안전보건기구(European Agency for Safety and Health at Work)를 통한 다종다양한 정보 제공에도 힘을 쏟고 있다.

1. EU의 목적과 역사

현재의 EU는 1997년에 조인되어 1999년에 발효된 유럽통합에 관한 암스테르담 조약을 근거로 하고 있다. 경제·외교·안전보장·사법·내무에 대해서, 나아가 소비자보호·남녀 기회균등·공중위생 등 폭넓은 분야에서 EU지역 내에서의 시책의 입안 및 실시를 행하고 있고 각국에 대하여 강한 영향력을 가지고 있다.

EU가 현재의 형태에 이르게 되기까지에는 그때그때의 국제사회 정세와 각국 간의 세력 다툼 속에서 여러 가지 변천이 있었다. EU의 역사를 되돌아보면 1952년에 설립된 ECSC(유럽석탄철광공동체)에서 시작되어 1958년의 로마조약에 의하여 1967년에 EC(유럽공동체)라고 하는 EU의 전신이 설립되었다. EC의 발전은 당시 영국과 북유럽 제국이 별도로 결성하고 있었던 EFTA(유럽자유무역연합)의 중심에 있던 영국이 1973년에 EC에 가맹한 것으로부터 시작된다. 영국의 가맹에 의하여 유럽 통합의 길이 급속하게 진전되게 되었다.

1985년에 유럽 노동시장 백서와 단일유럽 의정서에서 명확히 내세운 "1992년 말까지 재화·인력·서비스·자본의 자유시장을 방해하는 장벽 중 300개의 항목을 폐지·개선하여 단일시장을 완성한다"고 하는 목표를 향하여 노력을 거듭한 끝에 마침내 1993년의 마스트리히트 조약의 발효로 EU로 명칭을 개명하여 새롭게 발족하고 외교, 경제·통화, 사회의 3분야에서의 통합을 진전시키게 되었다. 그 후 암스테르담 조약에 의하여 한층 진전된 유럽통합과 기능강화를 목표로 삼아 현재에 이르고 있다.[1]

2. EU의 기구

EU는 그 역할에 있어서 입법·행정·사법기관을 갖추고 있는 하나의 커다란 조직이다.

먼저 입법기관으로서는 이사회(Council of the European Union, 정확하게는 Council)가 있다. 이사회는 가맹국의 대표로 파견된 가맹국의 각료 1명씩으로 구성되어 있고 종종 각료이사회(Council of

---

1) 이상의 내용은, http://europa.eu.int 참조.

Ministers)라고 불린다. 이사회는 단일기관이지만, 실제로는 분야별 각료이사회로 구성되어 있다. 각 분야의 각료이사회는 서로 다른 기능영역을 다루는데, 노동문제를 담당하는 것은 노동·사회정책·보건·소비문제 담당 각료이사회이다.

그리고 각 가맹국의 수뇌가 회합하여 고도의 정치적 수준의 의사결정을 하는 기관으로서 유럽이사회(European Council)가 있다. 또한 유럽의회(European Parliament)는 마스트리히트 조약과 암스테르담 조약에 의하여 특정의 사항에 대한 입법권을 가지고 있고 유럽연합위원회의 활동에 관한 감독권을 가지며 예산안을 승인한다.

나아가 집행기관(행정)으로서는 유럽위원회(European Commission)가 있다. 유럽연합위원회는 가맹국의 합의로 선출된 20명의 위원(Commissioner)으로 구성되어 있다[이전 명칭(1993년까지): Commis-sion of the European Communities]. 유럽위원회의 중요한 권한은 EU법령의 제안권이다. 대부분의 경우, 조약은 이사회가 유럽위원회의 제안에 대해 의결을 할 뿐이라고 정하고 있다(EC조약 제211조 제3항). 환언하면 유럽연합위원회는 EU의 입법에 관한 주도권을 향유하고 있고 그 제안 없이는 무엇도 시작되지 않는다고 말할 수 있다.

사무조직으로서는 유럽연합위원회 밑에 정책을 담당하는 23개의 총국(Directorate-General)과 법무국, 통계국, 출판국, 심사 등의 서비스 부문 등이 있다. 일반적으로는 이것들을 포함하여 유럽연합위원회라고 부르는 경우가 많다.

사법기관으로서는 유럽연합사법법원(The Court of Justice of the European Communities)이 있다. EU법에 대한 해석 및 적용에 관한 소송사건에 대한 일반적인 관할권을 가지고 있다(EC조약 제220조). 동 법원의 판결은 최종적 조치로서 행해지는 것이므로 상소는 할 수 없다. 그리고 동 판결은 EU 가맹국 어디에서도 집행될 수 있다.

　그 외에 경제사회평의회(Economic and Social Committee)가 있는데 사용자, 근로자, 기타 이익을 대표하는 자의 3자로 구성된 자문기관이다. 본 평의회는 이사회, 유럽연합위원회에 의견을 제시하는 것으로 되어 있다. 근로환경, 특히 안전보건에 관해서는 이사회가 명령을 채택할 때 경제사회평의회와 협의하는 것으로 되어 있다.[2]

3. 안전보건 관련조직

가. 고용・사회문제 총국

　유럽연합위원회 사무국 중에서 산업안전보건문제를 담당하고 있는 것은 고용・사회문제 총국이다. 이 총국에는 A부터 G까지의 국이 있고 D국의 제5과(D/5)가 '건강・안전・위생'을 직접 담당하는 부문으로 되어 있다. 이 외에도 관련하는 중요한 문제를 담당하는 총국이 있다. 예를 들면 산업현장에서 사용하는 기계의 안전기준에 대해서는 가맹국 간의 제품안전에 관한 규제의 차이를 없애고 제품의 자유로운 유통을 확보한다고 하는 관점하에서 산업을 담당하는 기업 총국의 소관으로 되어 있다. 그리고 폭발을 포함하는 대형사고의 방지에 대해서는 환경총국이 화학물질관계의 일부에 대해서는 건강・소비자보호 총국이 각각 소관하고 있다.[3]

---

2) 이상의 내용은, Selwyn, 앞의 책, pp. 17-19 참조.

3) http://europa.eu.int 참조.

나. 유럽 산업안전보건기구

유럽 산업안전보건기구(European Agency for Safety and Health at Work)는 1994년 7월 EU규칙(regulation)에 의하여 설립된 독립의 공적인 기관이다. 본 규칙의 제정은 1994년에 제정되었지만 실질적인 활동 개시는 1997년에 스페인의 비루바오에 본부를 두고 이루어졌다.

본 기관의 목적은 직장에서의 안전보건에 관한 EC조약 및 그 이행계획에 규정되어 있는 근로자의 안전보건 보호에 관하여 특히 작업환경의 개선을 촉진하기 위하여 산업안전보건 분야에서 사용되는 기술적·과학적 및 경제적 정보를 EU의 제 기관, 가맹국 및 관련 영역의 사람들에게 제공하는 것이다(제2조).

기관의 명칭으로 받는 인상은 유럽의 안전보건에 관한 것을 모두 취급하는 기관인 것처럼 생각되지만 실제는 유럽에서의 안전보건정보망의 구축에 의하여 연구성과 교육훈련을 포함하는 안전보건에 관한 여러 가지 정보제공을 중심으로 활동하는 정보센터이다. 기업을 대상으로 개별적인 상담이나 원조는 실시하지 않는다.

동 기관의 역할은 다음과 같다. ① 기술적, 과학적 및 경제적 정보의 수집과 보급, ② 직장에서의 안전보건에 관한 연구 및 기타의 연구활동에 관한 기술적, 과학적 및 경제적 정보의 수집, ③ 교육훈련계획에 관한 정보를 포함한 가맹국 간의 협력, 정보교류 및 경험의 촉진과 지원, ④ 가맹국 간의 전문가 회의, 세미나 및 교류의 조직화, ⑤ 효과적인 정책을 형성하고 실시하기 위하여 필요로 하는 객관적으로 유용한 기술적, 과학적 및 경제적 정보의 EU의 제 기관 및 가맹국에의 제공, ⑥ 가맹과의 협력에 의한 네트워크의 구축과 조정, ⑦ 제3국 및 국제기관으로부터의 안전보건문제에 관한 정보의

수집과 이곳으로의 안전보건문제에 관한 정보의 제공, ⑧ 예방활동
을 실시하기 위한 방법 및 수단에 관한 기술적, 과학적 및 경제적 정
보의 제공, ⑨ 장래의 EU 이행계획의 발전에의 공헌.[4]

　본 기구에는 EU의 모든 가맹국으로부터 파견된 노사정 각 1명씩
과 유럽 위원회의 대표로 구성된 운영위원회가 있고 그 산하에 사무
국을 두고 있다. 기구의 본부는 스페인에 있지만 EU에 가맹된 각국
에 Focal Point라고 하는 지국을 두고 있다.

---

4) R. Blanpain, European Labour Law, 8th ed., 2002, p. 39 이하 및 Selwyn, 앞의 책, pp. 19-20 참조.

제2장 EU의 법령 체계

제1절 EU법[5]

EU법은 제1차 법원(primary law)과 제2차 법원(secondary law)으로 구분된다. 제1차 법원은 3개의 조약 및 그 부속서(accessory document)인 의정서(protocols)나 가맹조약(accession treaties)에 포함되는 규범으로 되어 있다. 제2차 법원은 상기 법률문서에서 파생하는 규범 및 유럽의 제 기관이 조약에 의해 부여된 권한의 행사로서 행한 결정에 포함되는 규범에 관계하는 것이다.

EU법의 일부를 이루고 있는 것으로서는 그 외에도 EC조약에 따라 EU의 법적 주체(legal subjects)가 스스로 제정한 규범이 있다. 노동협약은 EC조약 제139조에 따라 체결될 수 있는 규범의 일례이다.

가맹국의 법에 공통하는 일반적 원칙도 EU법의 일부이다. 균등대우, 기득권의 존중 등에 관한 제 원칙이 그것이다. 기본적인 인권이 EU법에 지배적인 것은 그 때문이다. 이 점과 관련하여 EU조약 제6조는 매우 중요한바, 동조는 다음과 같이 규정하고 있다. "EU는 1950년 11월 4일에 로마에서 조인된 인권 및 기본적 자유의 보호를 위한 유럽 조약에 의하여 보장되고 각 가맹국에 공통적인 헌법상의 전통으로부터 발생하는 기본적 권리를 EU법의 일반원칙으로서 존중한다."

---

5) Blanpain, 앞의 책, p. 44 이하 참조.

제2절 제2차 법원

이사회와 유럽연합위원회는 그 임무를 수행하기 위하여 조약의 제 규정에 따라 규칙(regulation), 명령(directive), 결정(decision), 권고(recommendation), 의견(opinion)이라고 하는 5개의 조치를 채택하는 것이 가능하다.[6]

1. 규칙

"규칙은 일반적 적용성을 갖는다. 규칙은 그 전체에 대하여 구속력을 가지고 모든 가맹국에 직접 적용된다(EC조약 제249조 제2항)." 먼저 규칙은 국회 제정법과 같이 수규자가 특정되어 있지 않고 불특정 다수에 대하여 구속력을 가지는 '일반적 구속력'을 가지는 규범이다. 그리고 그것은 국가기관의 특별한 개입 없이 즉각적이고 직접적으로 법적 구속력을 가진다. 즉, 특별한 국내적 편입절차가 요구되지 않는다. 또한 규칙은 가맹국의 국민에 대해서도 직접적으로 적용되는 법적 효력을 미치기 때문에 가맹국의 국민은 국내 법원에서 규칙에 호소하는 것도 가능하다. 그 결과 규칙은 국내법을 대신한다. 즉, 규칙에 반하는 국내법은 무효가 되고 적용될 수 없게 된다. 한편 규칙은 그것에 결과 달성의 방법이 명시되어 있는 경우에는 명령 등과는 달리 '달성될 결과'에 대해서만 구속력을 갖는 것이 아니라 '방법' 또한 구속력을 갖는다.

---

6) Blanpain, 앞의 책, p. 45 이하; Selwyn, 앞의 책, pp. 20-21 참조.

2. 명령

명령은 달성되어야 할 결과에 대해서는 가맹국을 구속하지만, 형식과 방법에 관한 권한은 가맹국의 국가기관에 맡겨진다(EC조약 제249조 제3항). 명령은 이 때문에 규칙과 비교하면 매우 유연한 수단이다. 즉, 명령은 가장 적절한 방법으로 국내법화하는 것을 국가기관에 맡기고 있다. 중요한 것은 결과만이다. 그리고 명령은 '최저기준'이므로 각국의 실정에 따라 보다 강화된 내용으로 하는 것이 가능하다. 단, 「기계류 명령」(89/392/EEC) 등 제품에 관계하는 명령은 기준의 상향이 불가능하다.

명령은 각 가맹국이 그 규정을 실시하기 위하여 필요한 조치를 취하여야 할 기한을 명기한다. 각 가맹국은 조치를 취한 것을 유럽연합위원회에 통지하여야 한다. 가맹국이 기한 내에 실시하지 않은 경우, 유럽연합위원회는 유럽사법법원에 제소하는 것이 가능하다. 유럽사법법원은 명령 실시에 필요한 조치를 기한 내에 조치하지 않은 것에 의해 당해 가맹국이 조약상의 의무를 이행하지 않은 뜻을 판결에 의해 선언하는 것이 가능하다.

그리고 유럽사법법원이 어떤 가맹국이 EC조약상의 의무이행에 위반하였다고 판시한 경우에는 당해 가맹국은 유럽사법법원의 판결을 이행하기 위하여 필요한 조치를 강구하여야 한다. 유럽연합위원회는 관계가맹국이 그러한 조치를 취하고 있지 않다고 판단하는 경우, 당해 가맹국에 이행의 기회를 부여한 후, 당해 가맹국의 유럽사법법원 판결의 불이행 부분을 특정하여 의견을 제시한다. 가맹국이 유럽연합위원회가 정한 기한 내에 유럽사법법원 판결을 이행하기 위한 조치를 취하지 않는 경우는 유럽연합위원회는 유럽사법법원에 제소한다. 유럽사법법원은 당해 가맹국이 그 판결을 이행하고 있지 않다고 판단하는 경우, 당해 가맹국에 대하여 과징금 또는 제재금을 부과하는 것이 가능하다(EC조약 제228조).

명령은 가맹국을 대상으로 공포되는 것으로서 원칙적으로 그 수규자가 가맹국이지만 명백한 의무를 수반하는 명령은 가맹국의 국민에게도 직접적인 구속력을 가진다. 따라서 가맹국이 필요한 조치를 강구하는 것에 의한 일정한 의무의 완전한 이행을 태만히 한 경우, 가맹국의 국민은 국내 법원에서 당해 명령을 원용하는 것이 가능하다.

한편 현재까지 산업안전보건에 관한 입법을 포함한 EU의 노동관계 입법은 대부분 명령에 의하여 공포되고 있다.

3. 결정

결정은 규칙과 마찬가지로 그것이 부과되는 수규자를 모든 점에서 구속한다(EC조약 제249조). 따라서 달성될 결과에 대해서만 구속력이 있는 것이 아니라 명령에 포함되어 있는 모든 규정에 구속력이 있다.

또한 결정은 일반적인 규범이 아니고 '개별적 적용성'을 갖는바, 수규자는 특정의 가맹국일 수도 있고 가맹국 내의 특정의 개인이나 기업일 수도 있다. 특정 기업에 대한 결정은 어떠한 기업이 EC조약의 특정 조항을 위반하였다는 결의를 하는 것을 그 예로 들 수 있고, 그리고 가맹국에 대한 결정의 예로는 특정 가맹국에 대하여 국내 기업에 대한 보조조치를 폐지하거나 수정할 것을 요구하는 것을 들 수 있다. 이러한 결정에는 금전적 의무의 부과가 포함될 수 있다. 결정은 수규자에게 통지되고 그 통지에 근거하여 발효한다.

한편 가맹국에 부과된 결정은 개인에게도 구속력이 미치기 때문에 당해 개인은 소송에서 당해 결정을 원용하는 것이 가능하다.

4. 권고 및 의견

권고 및 의견은 유럽연합위원회가 발하는 것으로서 구속력을 갖지 않는다(EC조약 제249조). 권고와 의견은 그 차이를 분명하게 구분하기는 어렵지만 의견이 특정의 문제에 대한 의견의 표명에 불과한 데 반하여 권고는 법적 효과를 전혀 갖지 않는다고는 볼 수 없는 점에서 미묘한 차이가 있다고 생각할 수 있다. 권고에 대해서는 국내 법원은 제기되는 분쟁의 해결을 위하여 이것을 고려해야 한다. 법원이 권고를 실시하기 위하여 도입한 국내법에 대하여 해석을 할 때 또는 권고가 구속력 있는 EU의 결정을 보충하려고 할 때는 특히 그러하다고 말할 수 있다.

제3장 EU의 산업안전보건법제

EU는 안전보건에 관한 권한을 매우 적극적인 방법으로 행사하고 있는 것으로 보인다. EU는 EC조약 제137조에 따라 직장의 안전보건에 관한 모든 위험을 망라하기 위하여 1989년 6월 12일 EU의 안전보건에 관한 기본법이라고 할 만한 「EU 산업안전보건 기본명령」을 채택하고 그 후 이 기본명령에 근거하여 많은 부속명령을 채택하고 있다.

제1절 기본명령

「EU 산업안전보건 기본명령」은 직장의 위험방지, 안전보건의 보호, 사고 및 위험요소의 배제, 정보, 협의, 근로자 및 근로자대표의 조화적인 참가·훈련과 더불어 이러한 원칙의 실시를 위한 총괄적 지침을 포함하고 있다(제1조 제2항).

「EU 산업안전보건 기본명령」 제18조의 규정에 의하면 EU에 가맹된 각국은 본 명령이 발효된 후 약 3년이 경과된 1992년 12월 31일까지 그 내용을 자국의 법령에 도입하지 않으면 안 된다.[7]

---

7) 이하의 내용은, 주로 O. J., 29 June 1989, No. L183 참조.

1. 적용범위 및 정의

본 명령은 군대, 경찰 등 시민의 방위를 위한 일정한 특수활동을 제외하고 민간 부문·공공 부문을 불문하고 모든 업종(공업·상업·행정·서비스·교육·문화·오락 등)의 활동에 대하여 적용된다.

한편 본 명령에서는 이하의 용어를 다음과 같이 정의하고 있다.

(1) 근로자: 사용자에게 고용되는 모든 자. 단 훈련생, 도제는 포함되지만 가사사용인은 제외.

(2) 사용자: 근로자와 고용관계에 있고 기업 또는 사업장에 대해 책임을 지는 자연인 또는 법인.

(3) 근로자의 안전보건에 관하여 특별히 책임을 가지는 근로자대표: 직장에서의 안전보건의 보호에 관하여 문제가 발생한 경우, 근로자를 대표하기 위하여 국내법 또는 관행에 따라 선출되거나 지명된 자.

(4) 예방: 직업상의 위험을 감소시키기 위하여 기업 내의 모든 작업단계에서 취해지거나 계획되는 모든 수단 또는 조치(제3조).

2. 사업주의 의무

사업주는 노동에 관련한 모든 측면에서의 근로자의 안전보건을 보장할 의무를 진다. 가맹국은 불가항력에 대하여 사용자 책임을 면제하거나 한정하는 것이 가능하다(제5조 제1항·제4항).

사업주는 직업상의 위험의 예방이나 정보·교육훈련의 제공을 포함하여 필요한 조치를 강구하지 않으면 안 된다. 사업주는 모든 재정부담을 지는 것은 말할 필요가 없고 직장에서의 안전보건에 관한 조치는 어떤 경우에도 근로자에게 경비를 부담하게 하여서는 안 된다(제6조 제5항).

그리고 사업주는 이하와 같은 예방원칙에 근거하여 조치를 실행하여야 한다(제6조 제2항).

(1) 위험을 회피할 것.

(2) 제거될 수 없는 위험에 대하여는 이를 평가할 것.

(3) 위험에 대하여 근원적으로 대처할 것.

(4) 작업장의 설계, 작업용 기계·기구 및 노동·생산방식의 선택과 관련하여 특히 단순노동 및 결정된 노동률에 의한 노동을 경감하고 이것이 건강에 미치는 영향(부작용)을 감소시키기 위하여 일을 근로자 개인에게 조화시킬 것.

(5) 기술변화에 적응할 것.

(6) 위험요인을 보다 위험성이 없거나 적은 것으로 대체할 것.

(7) 기술, 노동조직, 근로조건, 사회관계 및 직장환경에 관계하는 요인의 영향을 망라한 종합적인 예방대책의 책정.

(8) 개개의 예방책보다 집단적인 예방책을 우선시할 것.

(9) 근로자에의 적절한 지도를 할 것.

나아가 사업주는 기업 또는 사업장의 업무의 성격을 고려하여 이하와 같은 의무를 진다(제6조 제3항).

(1) 특히 작업용 기계·기구, 사용되는 화학물질 또는 그 제제 및 직장의 비품 등의 선택에 관하여 근로자의 안전보건에 대한 위험성을 평가할 것.

(2) 근로자에게 일을 부여할 경우, 그 근로자의 안전보건에 관한 능력을 고려할 것.

(3) 신기술을 계획하거나 도입할 때에는 근로자의 안전보건을 위한 기계·기구의 선정, 근로조건 및 작업환경에 미치는 결과에 대하

여 근로자 또는 그 대표와 협의할 것.

(4) 충분한 연수를 받은 근로자만이 중대하고 특별한 위험이 있는 장소에 출입할 수 있도록 상응하는 조치를 취할 것.

사업주가 복수로 존재하는 직장에서는 각 사업주는 안전·건강 및 위생에 관한 규정을 이행하는 데 있어 서로 협력하여야 한다(제6조 제5항).

사업주는 직업상의 위험의 방지와 예방에 관한 활동을 수행하기 위하여 자격 있는 근로자를 1명 이상 지명하여야 한다(제7조 제1항). 기업이나 사업장에 적격자가 없는 경우에는 자격을 갖춘 외부의 서비스기관이나 전문가로부터 협력을 받을 수 있다(동조 제3항). 그리고 사용자는 응급처치, 소방 및 근로자 피난, 중대하고 급박한 위험에 대한 조치 등을 강구하지 않으면 안 된다(제8조).

사업주는 기업 또는 사업장 규모에 따라 근로자 또는 그 대표가 사업장 전반과 개개의 작업장·직무 양면에 걸쳐 안전보건상의 위험성과 보호·예방조치에 관하여 필요한 모든 정보를 제공받을 수 있도록 적절한 조치를 취하여야 한다(제10조 제1항). 그리고 사업주는 근로자의 안전보건을 보호하는 역할을 수행하는 근로자 또는 근로자대표가 그들의 역할을 적절하게 수행하기 위하여 ⅰ) 위험성평가와 그에 따른 안전보건조치에의 관여, ⅱ) 업무상 사고에 관한 리스트·보고서에의 접근, ⅲ) 보호·예방대책, 감독기관 및 안전보건 관련기관 등에 의해 생산되는 정보에의 접근이 가능하도록 적절한 조치를 취하여야 한다(제10조 제3항).

또한 제11조는 근로자와의 협의와 근로자 참여에 관하여 다음과 같이 규정하고 있다. ① 안전보건에 대한 책임을 맡는 근로자 또는 그 대표는 국내법 및 그 관행에 따라 균형 잡힌 방법으로 참가하여야 한다. ② 사업주는 안전보건에 관한 제반 사항에 대하여 이들과 협의하여야 한다. ③ 근로자의 안전보건에 대해 특별한 책임을 맡고 있는 근로자대표는 사업주에게 사업장의 안전보건의 향상을 위한 조치를 요청할 권한을 가진다. ④ 근로자 또는 그 대표는 그 활동을 이유로 불이익을 받지 않는 것으로 한다. ⑤ 사업주는 근로자의 안전보건에 대해 특별한 책임을 맡고 있는 근로자대표에게 임금삭감 없이 충분한 근로시간 면제를 허용하여야 하고, 그들의 권리와 역할을 수행하는 데 필요한 수단을 제공하여야 한다. ⑥ 근로자 또는 그 대표는 사업주가 취한 조치가 안전보건을 확보하는 데 부적절하다고 판단되는 경우, 국내법 또는 관행에 따라 안전보건 관할 당국에 이의를 제기할 수 있다. ⑦ 근로자대표는 관할 당국에서 사업장을 방문감독할 때에 소견을 제출할 기회를 부여받아야 한다.

마지막으로, 사업주는 ⅰ) 근로자가 채용될 때, ⅱ) 근로자가 배치전환되거나 직무가 변경될 때, ⅲ) 기계·기구가 도입·변경될 때, ⅳ) 새로운 기술이 도입될 때에는, 근로자에게 적절한 안전보건교육을 제공하여야 한다(제12조).

3. 근로자의 의무

근로자는 자신의 안전보건뿐만 아니라 자신의 행위에 의해 영향을 받는 다른 근로자의 안전보건을 위하여 가능한 모든 주의를 기울여야 한다(제13조 제1항).

이를 위해 근로자는 특히 사업주에 의해 제공되는 훈련과 지침에 따라 다음과 같은 의무를 준수하여야 한다(제13조 제2항).

(1) 기계, 장비, 기구, 위험물질, 운반장구 및 다른 생산수단을 정

확하게 사용할 것.

(2) 근로자에게 제공되는 개인보호구를 착용 또는 사용하여야 하며 사용 후 적절한 장소에 보관할 것.

(3) 기계, 장비, 기구, 공장이나 시설물에 부착된 안전장치를 임의로 분리·변형 또는 제거하여서는 안 되며 그와 같은 장치를 정확하게 사용할 것.

(4) 중대하고 급박한 위험이 발생하였다고 믿을 만한 작업상황과 안전보건상 보호조치에 있어서의 불충분한 점에 대하여, 사업주와 근로자대표에게 즉시 알릴 것.

(5) 안전보건에 대해 관할 당국으로부터 부과된 과제 또는 요구사항에 부응하기 위하여 필요한 경우, 국가 관행에 따라 사업주와 근로자대표와 협력할 것.

(6) 사업주가 작업환경과 작업조건을 안전하고 위험이 없도록 하기 위하여 필요한 경우 국가 관행에 따라 사용자 및/또는 안전보건에 대한 근로자대표와 협력할 것.

제2절 부속명령과 개별명령[8]

1. 기본적 구조

부속명령은 「EU 산업안전보건 기본명령」 제16조 제1항에서 개별 분야별로 부속명령을 제정하는 것이 가능하다고 하는 규정에 근거하여 이사회가 제정하는 것이다. 작업장, 작업용 기계·기구의 사용,

---

8) http://osha.europa.eu/en/legislation/directives 참조.

개인보호구의 사용, 단말기 표시장치에 의한 작업, 중량물 취급작업, 임시·이동 건설작업, 농어업 등의 기본적인 분야에서의 최저기준을 규정하고 있다. 2009년 12월 기준으로 17개의 부속명령이 나와 있다.

개별명령은 「EU 산업안전보건 기본명령」에 근거하지 않고 유럽연합위원회 등이 단독으로 제정한 명령을 가리킨다. 안전보건의 관점에서 보면 부속명령과 내용적으로 실질적인 차이는 없다.

부속명령과 개별명령을 분야별로 보면 대별하여 다음과 같이 4개 분야로 분류될 수 있다. ① 특정 근로자의 보호에 관한 것, ② 안전보건 일반에 관한 것, ③ 작업 장소에 관한 것, ④ 물리적·화학적·생물학적 인자, 특히 화학물질에 관한 것. 특정 근로자의 보호에 대해서는 유기근로계약 및 임시고용계약 근로자, 임산부 근로자, 청소년 근로자 등에 대해 각각의 명령이 있다. 그리고 안전보건 일반에 관한 것으로서는, 근로자가 작업 중 사용하는 작업장비에 관한 명령, 요통의 위험을 동반하는 하물(荷物)의 수작업에 관한 명령, 보호구 사용에 관한 명령, 단말기 표시장치에 의한 작업에 관한 명령, 안전보건표식의 설치에 관한 명령 등이 있는바, 각각 안전보건상의 최저기준을 규정하고 있다.

2. 작업 장소에 관한 명령

부속명령 중에서 작업 장소에 관한 것으로서는 기본적인 최저기준을 규정한 「작업장에서의 안전보건상의 최저기준에 관한 명령」(89/654/EEC)[9]이 있고, 그 외에 「임시 또는 이동 건설현장에서의 안전보건의 최저기준의 실시에 관한 명령」(92/57/EEC),[10] 「지표·지하에서의 광

---

9) O. J., 30 December 1989, No.L393.

물 채굴업에 종사하는 근로자의 안전보건을 위한 보호강화의 최저
기준에 관한 명령」(92/104/EEC),[11] 「어선갑판상에서의 작업의 안전
보건의 최저기준에 관한 명령」(93/103/EC)[12] 등 현장작업에 종사하
는 근로자를 위한 명령이 있다.

이 중 「작업장에서의 안전보건상의 최저기준에 관한 명령」은 부속
명령의 제1호로 제정되었는데, 건물의 강도, 전기설비, 피난로·비상
구, 화재감지경보장치·소화설비, 실온, 채광·조명, 바닥·벽·천정·지
붕, 창, 문, 통로, 휴게소 등의 설치요건을 규정하고 있다. 동 명령은
규정방식에 있어 구체적인 수치를 제시하고 있지 않다는 특징을 가
지고 있다. 예를 들면, 화재감지경보장치·소화설비에 대해서는 "건
축물의 크기, 용도, 사용, 화학물질, 종업원의 수 및 최대인수 등에
따라 적정한 소화설비와 화재감지경보장치를 설치하여야 한다"고
규정하고 있고, 수동 소화설비에 대해서는 "즉시 이용할 수 있는 장
소에 설치하고 간단히 이용할 수 있는 장치로 하지 않으면 안 된다"
고 규정하고 있다. 수치적 요건은 각국의 재량에 위임되어 있다.

3. 직장에서 근로자가 화학적·물리적·생물학적 인자에
   노출되는 위험으로부터의 보호에 관한 명령

「직장에서 근로자가 화학적·물리적·생물학적 인자에 노출되는
위험으로부터의 보호에 관한 명령」(80/1107/EEC)[13]은 「EU 산업안
전보건 기본명령」보다 일찍 1980년에 화학물질 노출 등에 대한 기

---

10) O. J., 26 August 1992, No.L245.

11) O. J., 31 December 1992, No.L404.

12) O. J., 13 December 1993, No.L307/1.

13) O. J., 3 December 1980, No. L327. 1988년 12월 16일 명령 88/642에 의해 수정(O. J., 24
    December 1988, No. L358).

본적인 대책을 규정하는 명령으로서 제정되었고 그 후 1988년에 수정명령이 제정되었다. 그런데 이 분야는 특히 과학적 지식의 진보, 기술혁신의 진전 등으로 변화가 심한 분야인바, 이와 같은 상황에 대응하기 위하여 새로운 명령들과 수정명령들이 제정되었다. 그중 상징적인 명령은 다음에 설명하는 「직장에서의 화학적 인자에 의한 위험으로부터의 근로자 보호에 관한 명령」(98/24/EC)[14)](이하 「화학물질 명령」이라 한다)이다. 이것은 화학적 인자에 관한 기본명령에 해당하는 것이다. 1998년에 제정되어 2001년에 5월부터 가맹국을 대상으로 시행에 들어갔다.

그 외에 화학적 · 물리적 · 생물학적 인자에 의한 위험으로부터의 보호에 관해서는 염화비닐모노머, 금속연, 석면, 소음 등의 개별인자에 노출되는 근로자의 보호에 관한 명령이 제정되어 있다. 이 중 많은 것은 기술적인 지식의 진전에 동반하여 그 후 수정이 이루어졌다. 예를 들면, 「직장에서의 발암성 · 변이원성 물질에의 노출 위험으로부터의 근로자 보호에 관한 명령」(2004/37/EC)[15)]은 「EU 산업안전보건 기본명령」의 6번째의 명령으로서 1990년에 제정(90/394/EEC)되었지만, 그 후 1997년(97/42), 1999년(1999/38/EC),[16)] 2004년 3번에 걸쳐 수정이 이루어졌다.

4. 화학물질 명령 등의 새로운 명령

이른바 「화학물질 명령」은 「EU 산업안전보건 기본명령」의 14번

---

14) O. J., 31 December 1992, No. L404.

15) O. J., 30 April 2004, No. L229.

16) 1999/38에 의하여 본 명령의 대상물질이 발암성물질에서 변이원성물질까지로 확장되었다.

째의 부속명령으로서 1998년에 제정되었다. 최근의 화학물질에의 노출문제의 중요성으로부터 제정된 것이다. 정식 명칭은 「직장에서의 화학적 인자에 의한 위험으로부터의 근로자 보호에 관한 명령」(98/24/EC)[17]이다.

이 명령은 모든 화학물질에 대한 일반적 원칙을 규정하고 있고 폭로한계, 생물학적 한계에 대해서 가맹국 및 가맹국의 사업주에게 다음과 같은 의무를 부과하고 있다.

(1) 사업주는 위험도가 높은 화학물질의 위험을 특정·평가하고 이를 제거 또는 감소하여야 하며 사고 시에 취하여야 할 조치를 문서로 작성하고 근로자에게 정보제공과 훈련을 제공하여야 한다. 그리고 위험성평가는 근로자에 대해서뿐만 아니라 주변의 영향을 받는 일반공중에 대해서도 실시하여야 한다.

(2) 가맹국은 명령이 제시한 노출한계치 설정 메커니즘을 고려하여 각국의 노출한계치를 설정하여야 한다.

(3) 가맹국은 근로자에 대한 건강감시를 실시하는 한편 그 결과를 유효하게 활용하여야 한다.

한편 「노출한계치의 설정에 대한 명령」이 「화학물질 명령」 제정 이전부터 1991년과 1996년에 제정되어 있었다. 그 후 「화학물질 명령」의 시행에 따라 새로운 노출한계치의 설정 목록(61개) 명령이 2000년 6월 8일에 2000/39/EC로 제정되었고, 두 번째 목록(33개)이 2006/15/EC 명령으로, 세 번째 목록(19개)이 2009/161/EU 명령으로 각각 제정되었다.

---

17) O. J., 7 April 1998, No. L131.

제3절 주요 제도

1. 기계류 명령과 유럽규격(EN) 및 적합성 인증제도

가. New Approach 결의

EU에서 기계안전에 대하여 새로운 체계가 구체화된 것은 1985년 유럽 이사회가 '기술적 정합성 조화와 표준화에 관한 New Approach (새로운 접근방법) 결의'를 채택한 것에서 비롯된다. 이 결의의 목적은 EU 가맹국 간에 제품의 안전성 등에 관한 법령과 규격 등의 불일치를 적극 배제하고 EU지역 내에서의 제품의 자유로운 유통을 촉진하는 것이었다. 이와 같이 유통을 제1의 목적으로 한 결의였지만 내용으로서는 기계 등의 제품의 안전성을 중시하는 것으로 되어 있다.

EU는 이 결의에 근거하여 New Approach 명령의 하나로서 1989년에 「기계류에 관련된 가맹국 법령의 접근에 관한 명령」 89/392/EEC (수정명령 98/37/EC[18]), 이른바 「기계류 명령」을 제정하였다. 그리고 이것에 대응하는 제품군의 구체적인 통일규격(정합규격)의 작성은 유럽표준화위원회(CEN)와 유럽전기표준화위원회(CENELEC)에 위임되었는데, CEN, CENELEC은 정합규격으로서 유럽규격(EN)을 제정하는 작업을 정력적으로 수행하여 오고 있지만, 제품의 수가 매우 많기 때문에 유럽규격(EN)의 제정은 현재에도 계속되고 있다.[19]

---

18) O. J., 9 July 1997, No. L181.

19) http://www.newapproach.org/Directives 참조.

나. 기계류 명령

「기계류 명령」은 기계류가 보유하여야 할 안전보건성능을 필수적 안전보건요구사항으로 규정하고 있는 외에 New Approach 결의를 다음과 같이 규정화하고 있다.

(1) 원칙적으로 모든 기계류 또는 안전부품이 이 명령의 대상으로 된다.

(2) 제조자 또는 수입업자는 EU지역 내에 유통시키는 기계류 또는 안전부품에 대하여 필수적 안전보건요구사항에 적합하게 할 의무를 진다.

(3) EU지역 내의 정합규격인 유럽규격(EN)에 적합한 경우에는 필수적 안전보건요구사항에 적합하다고 간주된다.

(4) 제조자 또는 수입자는 EU지역 내에 유통시키는 기계류 또는 안전부품이 필수적 안전보건요구사항에 적합한 것을 증명하는 기술시방서(technical file)를 작성·보존할 의무가 있다.

(5) 인정된 인증기관의 인증을 받을 필요가 있는 일정한 위험기계류를 제외하고는 필수적 안전보건요구사항에의 적합성의 증명은 자기적합성 증명으로 무방하다.

(6) 제조자 또는 수입업자는 EU지역 내에 유통시키는 기계류 또는 안전부품이 필수적 안전보건요구사항에 적합하다는 것을 자기선언하고 제품에 CE마크[20]를 부착하여야 한다.

「기계류 명령」의 가맹국에 대한 효력은 안전보건에 관한 최소필요조건은 달리 가맹국이 어떤 제품에 대하여 명령 이상의 엄격한 기준을 설정하였다고 하여도 그 기준은 EU지역 내의 다른 국가에서는 통용되지 않는다. 「기계류 명령」의 시행일은 1995년 1월부터였는바,

---

20) 소정의 제품이 EU명령에서 규정된 안전규격에 적합하다는 것을 증명하는 마크를 말한다.

각 가맹국은 그때부터 「기계류 명령」을 각국의 법제에 도입하게 되었다. 이에 따라 한국으로부터 EU 가맹국에 제품을 수출하는 경우에도 이 명령의 기준이 적용되게 되었다.

「기계류 명령」은 1989년에 제정된 후 몇 번 개정되었지만 기본적인 구조 자체는 변하지 않고 있다.

New Approach 명령으로는 「기계류 명령」 외에도 「전자파 적합성(EMC) 명령」 89/336/EEC,[21] 「가스기구 명령」 90/396/EEC,[22] 「리프트 명령」 95/16/EC,[23] 「저전압 명령」 73/23/EEC[24] 등 개별적인 기계·기구 등을 대상으로 한 16개의 명령이 제정되어 있다.[25] 「EMC 명령」은 전기·전자부품을 사용한 전기·전자 기기·장치이면서 전자파를 발생시킬 우려가 있거나 또는 전자파에 의하여 오작동을 일으킬 가능성이 있는 모든 제품에 적용되는 명령으로서 IT시대에 중요한 명령이라 할 수 있다. 개별적인 제품의 경우, 적용을 받는 명령이 복수로 존재하는 경우에는 모든 명령에 적합하여야 한다.[26]

2. 화학물질 방출사고 등에 대한 명령

가. 세베소 명령

「중대사고위험의 관리에 관한 명령」, 소위 「세베소 명령」(82/501/EC)[27]

---

21) O. J., 23 May 1989, No. L139.

22) O. J., 26 July 1990, No. L196.

23) O. J., 7 September 1995, No. L213.

24) O. J., 26 March 1973, No. L077.

25) http://engineers.ihs.com/collections/bsi/bsi-newapproach.htm.

26) http://www.conformance.co.uk/directives/ce_machinery.php 참조.

27) O. J., 5 August 1982, No.L230 명령 87/216(O. J., 28 March 1987, No. L85) 및 명령

은 1974년 영국의 나일론 원료공장에서 발생한 화학플랜트 대사고와 1976년 이탈리아 세베소에서의 화학플랜트 폭발로 다이옥신류가 대량으로 방출된 사고(세베소 사고)를 계기로 하여 1982년에 제정된 명령이다. 정식 명칭이 「일정한 산업활동에 수반하는 중대한 사고위험에 관한 명령」인 것으로부터 알 수 있듯이 위험화학물질과 관련된 대규모사고의 방지와 피해의 확대 방지를 목적으로 하는 명령이다. 「세베소 명령」은 위험물질을 취급하는 시설의 근로자의 안전보건에 직접 관련을 갖기 때문에 안전보건 관련 명령으로서의 성격을 갖는 동시에 위험물질의 시설 밖으로의 방출에 관하여 규제하는 환경보호 관련 명령으로서의 성격도 아울러 가지고 있다.[28]

나. 세베소Ⅱ 명령

「세베소 명령」이 제정된 이후에도 대규모의 폭발·화재사고로 인하여 화학물질이 방출되는 사고가 계속하여 발생함에 따라 대상의 확대 등의 개정이 이루어졌다. 그리고 최근 환경문제에 대한 관심이 높아짐에 따라 전면적인 개정 작업이 이루어지게 되었는바, 1996년에 제정된 「중대사고위험의 관리에 관한 명령」(96/82/EC)[29](이른바 「세베소Ⅱ 명령」)은 「세베소 명령」의 개정판으로서, 이 명령에 의하여 앞의 「세베소 명령」은 폐지되었다.

「세베소Ⅱ 명령」은 위험시설을 가지고 있는 기업에 대하여 안전관리시스템, 위기관리, 나아가 토지사용계획 등에까지 미치는 전반

88/610(O. J., 7 December 1988, No. L336)에 의해 수정.

28) http://www.ess.co.at/HITERM/REGULATIONS/82-501-eec.html 참조.

29) O. J., 14 January 1997, No. L010.

적인 사고방지관리를 규제하는 명령이다. 나아가 각국 정부에 대해
서도 중대한 결함이 있는 위험시설의 이용을 금지할 의무, 점검 등
을 실시할 의무가 부과되는 등 매우 엄격한 내용으로 되어 있다. 이
명령은 가맹국에 대하여 1999년 2월까지 국내법령을 정비하도록 의
무를 부과하였고, 이에 따라 가맹국은 자국 실정에 맞추어 이를 국
내법령에 반영함으로써 중대산업사고 예방체제를 갖추게 되었다고
평가할 수 있다.[30)

3. REACH 규칙

가. 제정 배경

「REACH 규칙」이란 EU에서의 화학물질의 등록·평가·인가 및
제한에 관한 규칙이다. 이 규칙은 2006년 12월 30일 관보 공시를 거
쳐 2007년 6월 1일에 발효하였다[Regulation (EC) No. 1907/2006].[31)
규칙의 명칭은 Registration, Evaluation, Authorization and Restriction
of Chemicals의 두문자를 발췌하여 'REACH'라고 부르고 있다.

「REACH 규칙」의 제정에 있어서는, 21C에의 지속 가능한 개발을
지향하는 지구규모의 행동계획인 '어젠다 21'의 채택[환경과 개발에
관한 UN회의(UNCED)], 이것을 토대로 인간의 건강과 환경에 초래
되는 현저한 악영향을 2020년까지 최소화하는 화학물질관리에 관한
지침인 '요하네스버그 실시계획'의 채택[지속가능한 개발에 관한 세
계정상회의(WSSD), 2002년], 나아가 이것을 구체화하기 위한 국제적인

---

30) http://mahbsrv.jrc.it/Framework-Seveso2-LEG-EN.html 참조.

31) 제정 이후 현재까지 Regulation (EC) No 1972/2008과 Regulation (EC) No. 790/2009에 의하여
두 차례 개정되었다.

화학물질관리를 위한 전략적 접근방법인 'SAICM'(Strategic Approach to International Chemicals Management)[32]의 채택[국제화학물질관리회의(IDCCM), 2006년] 등 화학물질을 적절하게 관리하기 위한 국제적인 체계 만들기의 진전 등이 그 배경에 있다.

나. 사업주에 대한 영향

「REACH 규칙」의 목적은 '인간의 건강과 환경의 높은 수준의 보호 및 EU시장에서의 물질의 자유로운 유통의 확보, EU 화학산업의 경쟁력과 혁신의 강화'에 있다. 「REACH 규칙」이 요구하는 의무를 이행하지 않으면 EU역내에서의 화학물질의 제조, 공급 또는 사용하는 것이 불가능하다. EU에 가맹하고 있지 않는 국가의 사업주는 직접적으로는 「REACH 규칙」의 구속을 받지 않지만, 그 사업주가 EU역내에 제품을 수출하고 있는 경우에는 EU역내의 수입업자가 이 법률을 준수하여야 한다.

다. 규제 대상

「REACH 규칙」에서는 '물질'(substance), '혼합물'(제제, mixture), '성형품'(article)[33]이라는 관점에서 제품을 파악한다. 본 규칙에서의 대상이 되는 것은 물질 그 자체, 혼합물 중의 물질, 성형품 중의 물질이다.

---

32) 화학물질의 제조와 사용에 의한 사람의 건강과 환경에의 악영향을 최소화하기 위한 접근을 말한다.

33) 생산과정에서 화학적 조성보다 기능 결정에 더 영향을 미치는 특정 형상, 외관 또는 디자인이 주어진 물체(제품, 물품)를 말하며(제2조 제9호), 완제품이라고도 번역한다. 「REACH 규칙」에서는 제2장 제3조 제3호에 정의되어 있다.

「REACH 규칙」에서는 2개 이상의 물질로 된 혼합물 또는 용액에 대하여 당초 제제(preparation)라는 용어를 사용하였었지만, 「CLP 규칙」에서는 「REACH 규칙」에서 규정한 제제와 동일한 의미로 혼합물(mixture)이라는 용어를 사용하고, 「REACH 규칙」도 조문개정 부분(조문에 따라 개정시기가 다름)에서 제제를 혼합물로 치환하여 기재하고 있다.

라. 요구되는 의무내용

(1) 물질, 혼합물을 제조 또는 수입하는 사업주

(가) 등록 의무
EU역내에서 제조 또는 수입하는 물질의 물질별 총량이 연간 1톤 이상인 사업주는 EU 화학물질청(The European Chemicals Agency, 이하 'ECHA'라 한다)에 당해 물질을 등록하여야 한다. 등록을 신청할 수 있는 기간(유예기간)은 취급하는 물질의 제조량·수입량 및 유해위험성에 따라 다르다. 등록 시에는 ECHA가 정하는 기술문서를 제출하여야 한다. 그리고 제조량 또는 수입량이 연간 10톤 이상인 경우는 화학물질 안전성 보고서(Chemical Safety Report: CSR)를 제출하여야 한다. 제출된 기술문서와 CSR의 정보를 기초로 하여 ECHA 및 가맹국은 평가를 한다. 이 경우 사업주에 대하여 추가시험의 실시, 추가정보의 제출을 요구하는 경우가 있다.

(나) 인가신청의 의무
인가신청물질[34]을 EU역내에서 제조 또는 수입하는 사업주 또는 그 물질을 인가조건 외로 사용하는 사용사업주는 그 취급량이 연간 1톤 미만이더라도 그 물질의 용도를 특정한 인가요청, 대체물의 분석 등의 정보를 ECHA에 제출하여 인가를 얻어야 한다. 인가를 얻으면, 자신 또는 공급망의 사용자 누구라도 신청한 용도로 사용할 수 있다.

(다) 사용제한의 의무

부록 XVII에서 정하는 제한대상 물질은 지정된 제한조건에서의 제조, 공급, 사용이 금지되어 있다.

(라) 정보전달의 의무

유해위험한 물질 · 혼합물, PBT(Persistent, Bio-accumulative and Toxic),[35] vPvB(very Persistent and very Bio-accumulative),[36] 인가대상 후보물질(Substances Very High Concern: SVHC)[37]에 대해서는 안전보건자료(Safety Data Sheet, 이하 'SDS'라 한다)[38]를 사용사업주에 제공할 의무가 있다. 게다가 SDS의 제공의무가 없는 물질에 대해서도 입수 가능하면 등록번호, 인가 · 제한의 대상이 되는지 등 관련 정보를 제공할 필요가 있다.

---

34) 부록 XIV에 수록된 물질을 말한다.

35) 난분해성, 생물축적성, 독성을 보이는 성질 또는 그와 같은 성질을 가지는 물질을 의미한다.

36) 극난분해성, 극생물축적성을 보이는 성질 또는 그와 같은 성질을 가지는 물질을 의미한다.

37) 부록 XIV에 수록된 후보물질로서 ECHA 홈페이지에 인가대상 고우려물질의 후보리스트(Candidate List of Substances Very High Concern for authorization)로 수록되어 있다. 일반적으로는 SVHC라고 말하는 경우에는 이 인가대상 후보물질을 가리키는 경우가 많다.

38) SDS에 기재하여야 할 내용은 REACH 부록 Ⅱ에 기재되어 있다. 종래의 「SDS 명령」 (91/155/EEC)은 「REACH 규칙」으로 통합되었다.

(2) 성형품을 제조 또는 수입하는 사업주

(가) 등록 의무

성형품을 EU역내에서 제조 또는 수입하는 사업주는 그 성형품 속에 있는 물질이 의도적으로 방출되고 성형품 속의 그 물질이 1년 단위로 합계하여 1톤을 초과하여 존재하는 경우에는 스스로 ECHA에 기술문서를 제출하여 등록하여야 한다. 단, 그 물질이 그 용도 때문에 이미 등록되어 있는 경우에는 이 등록을 할 필요가 없다.

(나) 제출 의무

성형품을 EU역내에서 제조 또는 수입하는 사업주는 그 성형품 속에 인가대상 후보물질이 중량 0.1%를 초과하여 존재하고 성형품 속의 그 물질이 1년 단위로 합계하여 1톤을 초과하여 존재하는 경우는 스스로 ECHA에 정해진 정보를 제출하여야 한다. 단, 그 물질이 그 용도 때문에 이미 등록되어 있는 경우에는 제출할 필요가 없다.

(다) 사용제한의 의무

부록 XVII에서 정하는 제한대상 물질은 지정된 제한조건에서의 제조, 공급, 사용이 금지되어 있다.

(라) 정보전달의 의무

인가대상 후보물질을 중량 0.1%를 초과하여 함유하는 성형품을 EU역내에서 제조 또는 수입하는 사업주는 그것을 사용하는 이용자에 대하여 당해 제품을 안전하게 사용할 수 있는 조건을 제시한 정보를 전달하여야 한다.

4. CLP 규칙

「CLP 규칙」[Regulation (EC) No. 1272/2008 on Classification, Labelling and Packaging of substances and mixtures]은 주로 유해위험성의 전달(hazard communication)을 목적으로 하는, EU에서의 유해위험 화학물질의 새로운 분류·표시·포장에 관한 규칙으로서 2009년에 발효(2008.12.31 공포)되었다.[39] 「CLP 규칙」은 종래의 EU의 분류·포장·표시시스템(DSD,[40] DPD[41])에 GHS를 도입한, 이른바 EU판 GHS이다.[42] 본 규칙은 높은 수준에서의 사람의 건강과 환경보호를 보장하는 한편, 물질, 혼합물 및 일정한 종류의 성형품의 자유로운 유통을 보장하는 것을 목적으로 한다(제2조 제10호).

「CLP 규칙」이 종래의 DSD, DPD와 비교하여 변경된 주요 내용은 다음의 3가지로 정리될 수 있다. 첫째, GHS에 맞춘 라벨표시시스템의 변경으로서, 그림표시가 GHS에 맞추어 변경되었고, Risk phrase(위험경구)가 Hazard statement(유해위험정보)로, Safety phrase(안전경구)가 Precautionary statement(주의정보)로 각각 변경되었다. 둘째, 분류 카테고리의 추가 및 분류기준의 변경으로서, '고압가스', '자기발열성물질', '금속부식성' 등이 추가되었고 분류판정기준이 GHS에 맞추어 변경되었다. 셋째, 용어의 수정으로서, '제제'(preparation)가 '혼합물'(mixture)로, '위험한'(dangerous)이 '유해위험한'(hazardous)으로 각각 변경되었다.

「CLP 규칙」은 기본적으로는 GHS에 따른 분류·표시·포장과 정

---

39) 2011년 3월 10일 Regulation (EC) No 286/2011에 의하여 한 차례 개정된 바 있다.

40) Directive 67/548/EEC on Dangerous Substances(「유해위험한 물질에 관한 명령」).

41) Directive 1999/45/EC on Dangerous Preparations(「유해위험한 제제에 관한 명령」).

42) 이 때문에 「CLP 규칙」을 「EU GHS 규칙」이라고 부르기도 한다.

합하고 있지만 보충정보(필요에 따라 라벨에 기재하는 정보), 분류와 표시의 제출 등 EU만의 독자적인 내용도 있다.

본 규칙의 스케줄은, 물질에 대해서는 2010.12.1부터, 혼합물(제제)에 대해서는 2015년 6월 1일부터 각각 적용되는 것으로 되어 있다. 단, 이 규칙 이전에 본 규칙에 따라 분류·표시·포장하는 것이 가능하다. 그리고 물질에 관해서는 2010.12.1부터 2015.6.1까지의 기간은 본 규칙과 DSD의 양쪽에 따라 분류(SDS에 기재)할 필요가 있다.

또한 「CLP 규칙」에 따르면, EU역내의 제조자 또는 수입자는 분류·표시·포장의 의무 외에 분류와 표시의 정보를 ECHA에 제출할 의무가 있다. 제출대상이 되는 물질은, 시장에 공급되는 물질로서 ⅰ) REACH 등록대상 물질(연간 1톤을 초과하여 EU에서 제조되거나 EU로 수입되는 물질), ⅱ) 「CLP 규칙」에 따라 유해위험성을 가진 것으로 분류되는 물질(톤수에 관계없음), ⅲ) 혼합물 중에 「CLP 규칙」 또는 DPD에 따른 유해위험물질이 한계농도를 초과하여 함유된 물질(그 결과 혼합물이 유해위험하다고 분류되는 물질)이다. 제출의 내용은, ① 제출자의 소속, 연락처, ② 물질의 명칭, CAS번호 등, ③ 물질의 분류, ④ 분류되지 않는 경우 그 이유('자료 없음', '신뢰할 수 없는 자료', '신뢰할 수 있는 자료이지만 분류하기에는 불충분' 중 어느 하나를 기재), ⑤ 고유의 한계농도치 또는 M-factor, ⑥ 라벨 요소[그림표시(Pictogram), 주의환기어(Signal word), 유해위험 정보(Hazard statement)]이다.

참고문헌

1. 국내 문헌

김용진, 『영국의 형사재판』, 청림출판, 1995.

심재진, 「영국의 2007년 기업과실치사법과 그 시사점」, 『산재사망 처벌 및 원청 책임강화 법 개정방안 토론회 자료집』, 2013. p. 96.

정진우, 「미국 산업안전보건법에서 일반의무조항의 제정배경과 운용에 관한 연구」, 한국안전학회지 제30권 제1호, 2015.

정진우, 「사망재해 발생 기업에 대한 형사책임 강화: 영국의 '법인 과실치사법'을 중심으로」, 한국산업위생학회지 제23권 제4호, 2013.

정진우, 『산업안전보건법론』, 한국학술정보(주), 2014.

2. 독일 문헌

Bley · Kreikeblom, Ralf, Sozialrecht, 7. überarb. Aufl., 1993.

Bücker · Feldhoff · Kohte, Vom Arbeitsschutz zur Arbeitsumwelt, 1994.

Däubler, Das Arbeitsrecht 2, 10. Aufl., 1995.

Fabricius, Einstellung der Arbeitsleistung bei gefährlichen und normwidrigen Tätigkeiten, 1997.

Fabricus · Kraft · Wiese · Kreutz · Oetker · Raab · Weber, Betriebsverfassungsgesetz, Gemmeinschaftskommentar, 7. Aufl. 2002.

Fittung · Auffarth · Kaiser · Heither · Engels · Betreibsverfassungs-gesetz, 18.Aufl., 1996.

Hueck · Nipperdey, Lehrbuch des Arbeitsrechts, Band I, 7.Aufl., 1963.

HVBG, Geschäfts-und Rechnungsergebnisse der gewerblichen Berufsgenossenschaft, 1994.

Igl · Welti, Sozialrecht, 8.Aufl., 2007.

Kollmer · Klindt, ArbSchG, 2.Aufl., 2011.

Kohte, Arbeitnehmerhaftung und Arbeitgeberrisikio, 1981.

Lauterbach, Gesetzliche Unfallversicherung, 3. und 5. Buch der Reichsversicher
ungsordnung, Band I, 3.Aufl., 1963-.

Lorenz, Münchener Kommentar zum BGB, Bd.1, 1980.

Löwisch, Arbeitsrecht, 8. Aufl. 2007.

Pieper, Arbeitsschutzrecht, Kommentar für die Praxis, 5. Aufl., 2012.

Radek, Aktuelle Probleme und Entwicklungen im Bereich des Berufskrankheite
nrechts, NZA, 1990.

Soergel · Siebert, Bürgerliches Gezetzbuch, Bd.4/1, Schuldrecht, 12.Aufl., 1997.

Spinnarke, Arbeitssicherheitsrecht von A-Z 2.Aufl. 1992.

Staudinger · Nipperdey · Mohnen · Neumann, Kommentar zum BGB, 11.Aufl., 1958.

Vogl, Das neue Arbeitsschutzgesetz, NJW, 1996.

3. 미국 문헌

C. Hament, B. Wolffe and J. M. McGuire, Employer Rights and Obligations
under the Occupational Safety and Health Act, Business Law
Monographs, Vol. 15, §1. 01, 1991.

D. J. Kolesar, Cumulative Trauma Disorders: OSHA's General Duty Clause and
the Need for an Ergonomics Standard, 90 Michigan Law review, 1992.

D. L. Morgan et al., Forum: OSHA's General Duty Clause: An Analysis of
its Use and Abuse, 5 Industrial Relations Law Journal, 1983.

G. Z. Nothstein, The Law of Occupational Safety and Health, The Free Press,
1981.

H. D. Thoreau, Occupational Health Risks and the Worker's Right to know,
90 The Yale Law Journal, 1981.

J. B. Hood et al., Workers Compensation and Employee Protection Laws, Th
omson/West, 1990.

J. L. Hirsch, OCCUPATIONAL SAFETY and HEALTH HANDBOOK, §6-4,
2007.

L. L. Byrum et al., Occupational Safety and Health Law Handbook, Government Institutes, 2001.

M. A. Rothstein, Occupational Safety and Health Law, 2006 ed., Thomson/West, 2006.

M. A. Bailey et al., Occupational Safety and Health Law Handbook. 2nd ed., Government Institutes, 2008.

OSHA, Compliance Operations Manual, ch. Ⅷ § A. 2. c., 1972.

OSHA, OSHA's Field Operations Manual(FOM), 2011.

R. S. Morey, The General Duty Clause of the OSHA of 1970, 86 Harvard Law Review, 1973.

R. S. Rabinowitz et al., Occupational Safety and Health Law, 2nd ed., The Bureau of National Affairs Inc., 2002.

S. A. Bokat et al., Occupational Safety and Health Law, The Bureau of National Affairs Inc., 1988.

Senate Comm. on Labor and Public Welfare, Legislative History of the Occupational Safety and Health Act of 1970, 92d Cong, 1st Sess., 1971.

W. B. Connolly and D. R. Crowell, A PRACTICAL GUIDE TO THE OCCUPATOIONAL SAFETY AND HEALTH ACT, 4-29, 2011.

4. 영국 문헌

British Standards Institution, BS 8800, 1996-Guide to occupational health and safety management systems, 1996.

C. D. Drake, Law of Health and Safety at Work: The New Approach, Sweet & Maxwell, 1983.

C. Davis, Making companies safe: What works? London: Centre for Corporate Accountability, 2004.

Centre for Corporate Accountability, Safety Statistics, 2003.

D. Feldman, English Public Law, Oxford University Press, 2004.

D. Hencke, "Peers widen scope of manslaughter bill in rebuff to Reid", The Guardian 2007 Feb 6.

D. Leckie, Bad press is biggest deterrent in 'kill' Bill, Personnel Today, 2007 Jun 5.

F. B. Wright, Law of Health and Safety at Work, Sweet & Maxwell Ltd., 1997.

First Joint Report, House of Commons Home Affairs and Work and Pensions Committees, Draft Corporate Manslaughter Bill First Joint Report of Session 2005-2006, 2005.

G. Hurst, "Lords set to scupper corporate killing bill", The Times 2007 Feb 5.

G. Janner, Janner's Compendium of Health AND Safety Law, Business Books, 1982.

G. McManus, Health and Safety North: Looking Back at some Landmark Judgments, 2014.

G. Monbiot, "Far too soft on crime", The Guardian 2004 Oct 5.

Home Office, Corporate Manslaughter and Corporate Homicide: A Regulatory Impact Assessment of the Government's Bill, 2006 Jul 20.

Home Office, Corporate Manslaughter: The Government's Draft Bill for Reform, 2005.

Home Office, Reforming the Law on involuntary manslaughter: The Government's Proposals, 2000.

HSE, Guide to successful health and safety management, 1991.

HSE, Reducing risks, protecting people-HSE's decision-making process, 2001.

HSE, Revitalising Health and Safety Strategy Statement, 2000.

I. Fife & E. A. Machin, Health and Safety, Butterworths, 1990.

INQUEST Charitable Trust. Statistics-Deaths in police custody. 2013.

J. Gobert, The Corporate Manslaughter and Corporate Homicide Act 2007 - Thirteen years in the making but was it worth the wait?, The Modern Law Review, Vol. 71, 2008.

J. Hendy & M. Ford, Health and Safety 1, Tolly Publishing, 1992.

J. Munkman, Employer's Liability at Common Law, 11th ed., Butterworth, 1990.

J. Stranks, Health and Safety Law, 4th ed, Prentice Hall, 2001.

J. Stranks, Health and Safety Law, 5th ed, Prentice Hall, 2005.

Lord Robens(chairman), Safety and Health at Work Report of the Committee, 1970-1972.

M. Dewis, The law on health and safety at Work, Macdonald and Evans Ltd., 1978.

Ministry of Justice, Understanding the Corporate Manslaughter and Corporate

Homicide Act 2007, 2007.

M. Whincup, Modern Employment Law, 7th ed., Butterworth-Heinemann, 1991.

M. Tran, Corporate killing bill unveiled, The Guardian, 2004 Nov 23.

N. Selwyn, Law of Health and Safety at Work, 17th ed., Croner Books, 2008.

R. Lewis, Labour Law in Britain, Basil Blackwell, 1986.

R. Matthews & J. Agreros, Health and Safety Enforcement: Law and Practice, LexisNexis UK, 2003.

S. Dawson et al., Safety at Work: the limits of self-regulation, Cambridge University Press, 1988.

The Law Commission, Legislating the Criminal Code: involuntary manslaughter, Law Com No. 237(HC 171), 1996.

The Sentencing Council, Consultation Paper on Sentencing for Corporate Manlaughter 2007.

5. 일본 문헌

青木宗也・片岡昇編, 『勞働基準法 II 』, 青木書林, 1995.

井上浩, 『最新勞働安全衛生法[第6版]』, 中央經濟社, 2004.

岩村正彦, 『勞災補償と損害賠償』, 東京大學出版會, 1984.

內田貴, 『民法 III 債權總論・担保物權(第3版)』, 東京大學出版會, 2005.

大內俊身, 「國家公務員に對する國の安全配慮義務」, 法律のひろば, 28권 6호, 1975.

木下秀雄, 『ビスマルク勞働者保險法成立史』, 有斐閣, 1997.

奧田昌道, 『債權總論(上)』, 筑摩書房, 1982.

片岡昇, 『勞働法(2)[第4版]』, 有斐閣, 1999.

金子正史・西谷敏編, 『勞働基準法[第5版]』, 日本評論社, 2006.

鎌田耕一, 「ドイツにおける使用者の安全配慮義務と履行請求」, 釧路公立大學 社會科學研究 6호, 1994.

厚生勞働省 勞働基準局 安全衛生部編, 『實務に役に立つ勞働安全衛生法』, 中央勞働災害防止協會, 2000.

厚生勞働省 勞働基準局 安全衛生部編, 『わかりやすい勞働安全衛生法』, 勞働行政, 2002.

下森定編, 『安全配慮義務の形成と展開』, 日本評論社, 1988.

高橋眞, 『安全配慮義務の研究』, 成文堂, 1992.

西谷敏・萬井隆令編, 『勞働法 2 [第5版]』, 法律文化社, 2005.

沼田稻次郎編, 『勞働法事典』, 勞働旬報社, 1979.

畠中信夫, 「改正勞働安全衛生法と今後の勞働安全衛生法上の課題」, 季刊勞働
法 215호, 2006.

林弘子, 「アメリカにおける勞災補償法責任の法理と保險制度の生成」, 『勞働
災害補償法論』, 法律文化社, 1985.

保原喜志夫・山口浩一郎・西村健一郎編, 『勞災保險・安全衛生のすべて』, 有斐
閣, 1998,

前田達明, 「債務不履行責任の構造」, 判例タイム 607호, 1986.

松岡三郎, 『安全衛生・勞災補償』, ダイヤモンド社, 1980.

宮本健藏, 『安全配慮義務と契約責任の擴張』, 信山社, 1993.

盛誠吾, 「懲戒處分法理の比較法的研究 I」, 一橋大學研究年報, 1983.

安枝英伸, 「諸外國における勞災補償制度およびその法理の生成と發展(イギリ
ス)」, 『勞働災害補償法論』, 法律文化社, 1985.

勞働省 勞働基準局 安全衛生部編, 『勞働安全衛生法の詳解』, 勞働法令協會,
1973.

6. EU 문헌 등

ILO, Guidelines on occupational safety and health management systems(ILO-OSH
2001), 2001.

N. Selwyn, Law of Health and Safety at Work, 17th ed., Croner Books, 2008.
Official Journal, EU.

R. Blanpain, European Labour Law, 8th ed., Springer, 2002.

http://europa.eu.int

http://osha.europa.eu/en/legislation/directives

http://www.conformance.co.uk/directives/ce_machinery.php

http://engineers.ihs.com/collections/bsi/bsi-newapproach.htm

http://www.ess.co.at/HITERM/REGULATIONS/82-501-eec.html

http://mahbsrv.jrc.it/Framework-Seveso2-LEG-EN.html

국문색인

(ㄱ)

개괄규정 90
개방조항 49, 74
공표명령 266, 267, 268
과실의 불법행위 182~184, 239, 240, 242
광업안전보건청(MSHA) 121
구제명령 266, 267
국립산업안전보건연구소(NIOSH) 134, 144
급부의무 99, 105
기계류 명령 211, 345, 358~360
긴급임시기준 145, 147

(ㄴ)

노동기준법 25, 274
노동안전법 23, 32, 40, 47, 48, 63, 66, 76, 86
노동안전위생법 25, 273, 274, 276, 279, 326
노무급부 25, 42, 62, 94, 99~102, 104, 105, 184, 185

(ㄷ)

독일가스·용수협회(DVGW) 65
독일규격협회(DIN) 64, 65
독일기술자협회(VDI) 65

독일전기기술자연맹(VDE) 64, 65
동일시(identification) 원칙 255

(ㄹ)

로벤스 보고 192, 193, 195, 197, 198, 209, 222, 223, 226

(ㅁ)

미국규격협회(ANSI) 134
미국방재협회(NFPA) 134
미국산업위생학자협회(ACGIH) 134
민사벌칙금 125, 130, 161, 167, 168

(ㅂ)

방법(specification)기준 148
배려의무 62, 86, 89, 93~98
배타적 구제조항 177
법인 과실치사법 252, 254, 257~259, 261, 263, 265, 267, 269, 270
보통법 126, 127, 139, 174, 176, 182, 191, 199, 239, 242, 243, 264, 269
부수의무 99, 321
불법행위 62, 80, 98, 99, 106, 176, 180, 237, 240, 254

(ㅅ)

사법적 효력　24, 25, 174
사업장협정　85, 102
사용자책임　140, 255
산업안전보건 기본명령　34, 35, 40, 66, 218, 220, 250, 348, 353, 355, 356
산업안전보건보호법　23, 31, 32, 34~40, 42, 47, 52, 65, 108, 109
산업안전보건청　27, 111, 121, 128
산재보험조합　27, 36, 37, 59, 60, 69~72, 75, 76, 82, 111
산재예방규칙　36, 37, 45, 50, 64, 69, 75, 79, 81, 87, 91, 92, 109
선점의 원칙(Principle of Preemption)　123
성과(performance)기준　148
성형품　52, 53, 363, 366, 367
세베소 명령　360, 361
손해배상청구　105, 177, 180, 181, 182, 183, 236, 237, 239, 327
수직적(vertical) 기준　148
수평적(horizontal) 기준　148

(ㅇ)

안전배려의무　61, 63, 93, 98, 100, 104, 105, 321~323, 326, 327
안전보건자료(SDS)　54, 365
안전주의의무　199, 242, 243, 244
엄격책임　140, 184
위반통고　118, 129~131, 135,

165, 169, 170
위험성평가　43, 54, 56, 57, 108, 109, 111, 219, 250~252, 329, 330
유럽규격(EN)　358, 359
이행청구　102, 177, 238
인가대상 후보물질　365, 366
인격법적 공동체관계　94, 95
인증실행준칙(ACOP)　209, 221, 222, 226
일반(general)기준　148
일반의무조항　24, 124~126, 128~130, 132, 135, 136, 138, 140

(ㅈ)

자율적 보호 프로그램(VPP)　186
적용제외(variance)　149
전국노사관계위원회(NLRB)　185
점사 안전위생관리자　302
제제　52~54, 350, 363, 364, 368
제조물책임소송　182, 183
종업원대표　35, 37, 50, 85~89, 104
주 안전보건계획　122, 123
주의의무　81, 127, 183, 191, 239, 241, 243, 259, 264, 265, 270

(ㅊ)

채권법상의 이행거절의 항변권　104
총괄 안전위생책임자　300~303, 312
충실의무　93, 94, 95
취업자　25, 31, 35, 41, 43, 52, 55

(ㅌ)

특별(special)기준   148
특정기준   124, 125, 128~130, 139

(ㅍ)

판례법   126, 254
필수적 안전보건요구사항   359

(ㅎ)

한계농도   53, 368
합리적으로 실행 가능한 범위   198, 201, 202, 224
혼합물   53, 363, 364, 367, 368
화학물질청(ECHA)   364
화학물질 안전성 보고서   364

영문색인

(A)

ACGIH 134
ACOP 209, 221, 222, 226
ANSI 134

(B)

BS 8800 218, 249, 250
BSI 248~250

(C)

CEN 358
CENELEC 358
CLP 규칙 54, 364, 367, 368
CSR 364

(D)

DIN 64, 65
DVGW 65

(E)

ECHA 364, 366

(G)

general duty clause 119, 124
GHS 367

(H)

HSC 194, 203, 204, 246, 247
HSE 26, 27, 203~207, 226, 227, 232
HSWAct 24, 26, 193~196, 200, 204, 207, 221, 224, 233, 236, 267

(I)

ILO 22, 23, 45, 187, 249
ISO 248, 249, 250

(M)

MSHA 121

(N)

negligence 222, 237, 252
New Approach 223, 358, 359, 371
NFPA 134
NIOSH 134, 144
NLRB 185

(O)

OHSAS 18001 218, 250
OHSMS 248~250
OSHAct 24, 118~126, 128, 130, 141, 144, 151, 157, 163,

164, 172, 175, 184

(R)

REACH 규칙 54, 362~364
RIDDOR 213

(S)

SDS 365

Seveso 217
State Plans 122

(V)

VDE 64, 65
VDI 65
VPP 186, 187

정진우

서울대학교 자연과학대학 치의예과 수료
서울대학교 치과대학 본과 2년 수료 자퇴
고려대학교 노동대학원 노동경제학과 졸업(경제학 석사)
일본 교토대학교 대학원 법학연구과 법정이론과정(사회법) 졸업(법학 석사)
고려대학교 일반대학원 법학과 박사과정(사회법) 졸업(법학 박사)
행정고시 합격
고용노동부 고용정책실·노정국·산업안전보건국 등 사무관 역임
고용노동부 산업안전보건국·고용정책실 서기관 역임
고용노동부 근로자건강보호과장, 산업보건과장,
제조산재예방과장, 산재예방정책과장, 성남고용노동지청장, 국제협력담당관 역임
현) 서울과학기술대학교 안전공학과 교수

『산업안전보건법론』
『위험성평가 해설』
『산업안전관리론』 등 저서 다수
「상병시 소득보장제도에 관한 비교법적 고찰-독일과 일본을 중심으로-」
「외국에서의 작업거절권에 관한 법리와 그 시사점」
「사내하도급 근로자에 대한 도급사업주의 안전배려의무와 산안법상
안전보호조치의무」(공저)
「산업안전보건법상 알 권리에 관한 비교법적 연구」
「근로자의 화학물질 노출 관련 기록 보존에 관한 연구」(공저)
「미국 산업안전보건법에서 일반의무조항의 제정배경과 운영에 관한 연구」
「우리나라의 사업장 위험성평가 제도 실시에 관한 연구」
「사망재해 발생 기업에 대한 형사책임 강화-영국의 '법인 과실치사법'을 중심으로-」 등
논문 다수

산업안전보건법
국제비교

초판 1쇄 발행 2015년 4월 24일
초판 2쇄 발행 2024년 12월 9일

지은이 정진우
펴낸이 채종준
펴낸곳 한국학술정보㈜
주소 경기도 파주시 회동길 230(문발동)
전화 031) 908-3181(대표)
팩스 031) 908-3189
홈페이지 http://ebook.kstudy.com
전자우편 출판사업부 publish@kstudy.com
등록 제일산-115호(2000. 6. 19)

ISBN 978-89-268-6935-2 93360